Klaus Dittrich/Robert Günthner (Hg.)

## Lehrstück Novemberpogrom 1938

Klaus Dittrich/Robert Günthner (Hg.)

# Lehrstück Novemberpogrom 1938

Ein Lesebuch der DGB-Jugend

A1 VERLAG

Die DGB-Jugend Bayern widmet dieses Buch

Bertl Lörcher
(1913–1997)

Bertl Lörcher, im Juni 1913 in München geboren, wuchs im traditionellen sozialdemokratischen Milieu auf und war früh in der sozialistischen Arbeiterjugend und in der Gewerkschaft aktiv. Kaum 20 Jahre alt, schloß er sich 1933 nach der sogenannten »Machtübernahme« dem Widerstand an, um, wie er sagte, sofort etwas gegen den Nationalsozialismus zu tun.

Bertl Lörcher hat seine Aktivitäten gegen die Nazis mit vielen Verhaftungen, Gefängnis und der Inhaftierung im Konzentrationslager Dachau bezahlt. Bereits als junger Mann in der organisierten Arbeitnehmerschaft aktiv, blieb er den Gewerkschaften Zeit seines Lebens intensiv, aber nie unkritisch verbunden.

Er war aufgrund seiner Geradlinigkeit eine moralische Instanz für viele innerhalb und außerhalb der Gewerkschaften. Generationen von jungen Gewerkschafterinnen und Gewerkschaftern brachte Bertl Lörcher theoretisch und praktisch »das Laufen bei«.

Es sagt sich oft so leicht, und dennoch trifft es für Bertl Lörcher uneingeschränkt zu: er war immer ein Vorbild für junge Kolleginnen und Kollegen.

Rechtem Gedankengut ist Bertl Lörcher Zeit seines Lebens entgegengetreten. Besonders verdient machte er sich um den beharrlichen und toleranten Dialog mit jungen Menschen, in Schulklassen, bei Führungen durch die KZ-Gedenkstätte Dachau und in Diskussionsveranstaltungen.

Das Leben und Wirken Bertl Lörchers ist Verpflichtung, sich nicht zu verstecken, sondern allen neonazistischen, rassistischen und antisemitischen Entwicklungen entgegenzutreten.

**Denkarbeit für die Demokratie**
Vorwort der Herausgeber

*»Weil Du ein Deutscher bist und außerdem jung, betrachten Dich viele von uns auf eine andere und besondere Weise. Es ist nicht leicht, am Ende dieses Jahrhunderts ein Deutscher zu sein. Du gehörst einer Generation an, die entschlossen ist, all das aufzudecken, was man vor ihr verborgen hielt. Da Du nun für eine Erinnerung verantwortlich bist, deren Spur sich eingebrannt hat, brauchst Du nicht nur unsere Unterstützung, sondern auch unser Vertrauen – Vertrauen in Deinen Hunger nach Integrität und Deine Befähigung, sie zu erreichen. Vertrauen in Deinen eigenen Durst nach einer Kultur der Hoffnung.«*
Elie Wiesel: Brief an einen jungen deutschen Freund.

60 Jahre nach der Pogromnacht von 1938 und über 50 Jahre nach der Befreiung der Konzentrationslager gibt es in Deutschland immer noch und wieder Diskussionen darüber, wie das Gedenken an die Opfer des Holocaust angemessen erfolgen soll. Die aktuelle Debatte über die Errichtung eines Holocaust-Mahnmals in Berlin dreht sich ja nicht nur darum, welche ästhetische Form ein solches Denkmal haben soll, sondern auch darum, ob überhaupt mit einem solchen Mahnmal der Shoa gedacht werden kann. Ist ein solches Mahnmal eine »zentrale Kranzabwurfstelle«, mit der die Erinnerung an den Holocaust öffentlichkeitswirksam entsorgt werden soll, wie manche meinen? Ist es gar der Endpunkt des Nachdenkens über den Holocaust?

Zeitgleich liegt der Vorschlag auf dem Tisch, in Deutschland ein Holocaust-Museum einzurichten. Dagegen gibt es vernünftige Einwände. Denn die Frage ist berechtigt, ob Deutschland angesichts der authentischen Orte der Verbrechen ein Museum für den Holocaust braucht.

Positiv an diesen Debatten ist zweifelsohne, daß mit Ernst und Sachverstand über die Frage des Gedenkens diskutiert wird, daß im Laufe der Zeit Meinungen dazu verändert wurden und eine quer zu Parteien und Organisationen verlaufende Diskurslinie zu erkennen ist.

Argumente wie früher, ob Deutschland aus dem Schatten der Vergangenheit treten muß, gab es in der Debatte kaum, insoweit zeugt die Diskussion von demokratischer Reife. Dies läßt für die Zukunft hoffen.

Die Frage des Gedenkens an die Opfer des Holocaust, an die Entstehungsbedingungen des Nationalsozialismus und an die katastrophalen Folgen von Vernichtung, Deportation und Krieg bewegt nicht nur Intellektuelle und Politiker, sondern seit vielen Jahrzehnten auch und gerade die Gewerkschaftsjugend.

Die bayerische DGB-Jugend hat sich sehr früh ihrer Verantwortung gestellt. Bereits im Jahre 1952 gab es in München die erste Gedenkveranstaltung anläßlich der Pogromnacht.

Ausgangspunkt aller Überlegungen zu diesem Thema war stets die Ungeheuerlichkeit des Nationalsozialismus und die sich daraus ableitende moralische und politische Verpflichtung gerade für Jugendliche. Damit ist natürlich nicht gemeint, im Büßergewand durch die Weltgeschichte zu laufen. Vielmehr müssen wir uns der Verantwortung aus der Geschichte stellen, Schlußfolgerungen und Lehren für die Gegenwart ziehen und alles dafür tun, eine demokratische Entwicklung der Gesellschaft voranzubringen.

Diesen Auftrag hat die DGB-Jugend Bayern immer ernst genommen. Zum einen aus der Tradition heraus, daß zahlreiche Gewerkschafterinnen und Gewerkschafter aktiv im Widerstand gegen den Nationalsozialismus waren und dafür ins Gefängnis oder Konzentrationslager gesperrt, mißhandelt und ermordet wurden. Zum anderen wurde gerade die Pogromnacht als Gedenktag der Gewerkschaftsjugend gewählt, weil die Ereignisse in der Nacht vom 9. auf den 10. November 1938 das sichtbarste Fanal für die dann beginnende Ausrottung der europäischen Juden war und niemand sagen konnte: »Wir haben es nicht gewußt«. In jener Nacht wurden in Deutschland Synagogen angezündet, jüdische Geschäfte geplündert und zerstört, Wohnungen jüdischer Bürger demoliert, Juden angegriffen, gedemütigt, verhaftet, in Konzentrationslager verschleppt und getötet. Was als spontaner »Ausdruck des Volkszorns« gegen Juden dargestellt wurde, war der Auftakt zur systematischen Verfolgung und Vernichtung der Juden.

Die bayerische Gewerkschaftsjugend blickt nicht ohne Stolz auf eine über 40jährige Tradition des kontinuierlichen Gedenkens an die Pogromnacht zurück. Obgleich sich manches in den letzten Jahren und Jahrzehnten in der Gewerkschaftsjugend verändert hat, und die Gewerkschaften gerade in den letzten Jahren immer häufiger auf sich verändernde Bedingungen reagieren mußten, blieben und bleiben die beiden Gedenkveranstaltungen zur Pogromnacht in der bayerischen Gewerkschaftsjugend als »Mahnmale« unbestritten. Daß die DGB-Jugend Bayern mit der Gedenkarbeit das, wie es die Leiterin der KZ-Gedenkstätte Dachau ausdrückt, »längste Gedenkprojekt einer Nichtverfolgtenorganisation in der Bundesrepublik begründet hat«, zeugt von tiefer Verantwortung dem Thema gegenüber und hat Ausstrahlung weit über den Bereich der Gewerkschaften hinaus.

Das Gedenken an die Pogromnacht ist in Bayern untrennbar mit der Gewerkschaftsjugend verknüpft, viele Referenten haben dies durch beeindruckende Gedenkreden unterstrichen. Ob Willy Brandt oder Bruno Kreisky, Michael Ende oder Ignatz Bubis, Rita Süssmuth oder Joschka Fischer, sie alle belegen den Stellenwert, den die Gedenkveranstaltungen über die Grenzen Bayerns hinaus haben. Im Laufe der Jahrzehnte entstand immer stärker der Wunsch, die Anfänge der Pogromnacht-Gedenkveranstaltungen zu erforschen und ihre Entwicklung im Laufe der Jahre nachzuzeichnen. Manches war nur noch für die damals unmittelbar Beteiligten nachvollziehbar, vieles war in Vergessenheit geraten. Nun liegt erstmals eine zusammenfassende systematische Darstellung der Pogromnacht-Gedenkveranstaltungen im Wandel der Zeit vor. Mit diesem Buch verbinden wir unseren Dank an all diejenigen, die über Jahrzehnte hinweg das Gedenken getragen haben, die nie von diesen beiden Veranstaltungen abgerückt sind und somit erreicht haben, daß Flossenbürg und Dachau seit Beginn der 50er Jahre organisatorisches und inhaltliches Zentrum des Erinnerns und Gedenkens an die Zeit des Nationalsozialismus sowie in der aktuellen Auseinandersetzung mit Rechtsentwicklungen waren und sind.

Die Pogromnacht-Gedenkveranstaltungen spiegeln einen deutlichen Schwerpunkt der gewerkschaftlichen Jugendarbeit in Bayern wider: Die Auseinandersetzung mit Rechtsextremismus war und ist immer eines ihrer zentralen Aufgabenfelder gewesen. Ob es nun die Debatte um das Auflodern der NPD in den 60er Jahren war, die Auseinandersetzung mit den besonders in Bayern erstarkten »Republikanern« Ende der 80er Jahre oder die heutige Diskussion über Rechtsentwicklung von Jugendlichen und einer sich erneuernden NPD, immer war sich die Gewerkschaftsjugend ihrer Verantwortung, rechtsextremistische Bestrebung zu bekämpfen, bewußt.

Die DGB-Jugend Bayern hat dabei versucht, Gedenken nicht nur rückwärts gewandt zu sehen und die historischen Ereignisse ins Gedächtnis zu rufen, sondern sie hat sich auch immer in die politische Diskussion eingemischt. Nur wenn es gelingt, aktuelle Bezüge herzustellen, ohne platten Analogien das Wort zu reden, wenn die Brücke geschlagen werden kann von der Vergangenheit zu aktuellen Gefahren, die von Rechts ausgehen, und wenn Themenstellungen wie Asylpolitik oder Ausländerpolitik und der Umgang mit Minderheiten in die Diskussion gebracht werden, hat Gedenken und jegliche Art von Erinnerung Zukunft. Erst wenn dies eingelöst wird, kann das Gedenken weitergetragen und können neue Generationen von Jugendlichen miteinbezogen werden.

Wir hoffen, mit dem Lesebuch zur Pogromnacht auch diesem Anspruch gerecht zu werden: Mit der historischen Darstellung der Ereignisse der Pogromnacht von 1938, einem Augenzeugenbericht, einer ausführlichen Darstellung der Pogromnacht-Gedenkveranstaltungen im Wandel der Zeit und einem Ausblick auf zukünftige Perspektiven des Gedenkens, sowohl für die Gewerkschaftsjugend als auch für die Jugendarbeit insgesamt, ist im Buch der Brückenschlag zwischen der Vergangenheit und der Zukunft hergestellt.

Wir haben Wert darauf gelegt, ein Lesebuch zu konzipieren. Es soll vor allen Dingen für Jugendliche Anreiz sein, darin zu blättern und zu lesen und es soll Ansporn sein, sich mit der Geschichte auseinanderzusetzen, um aktuelle Entwicklungen besser beurteilen zu können.

Ohne die großzügige Unterstützung der Stadtsparkasse München, der Kulturstiftung der Stadtsparkasse München, der Hans-Böckler-Stiftung, der Bayerischen Volksstiftung und der Weiße Rose Stiftung, wäre dieses Buch nicht möglich gewesen. Ihnen allen gebührt dafür Dank.

Unser ebenso großer Dank gilt allen, die inhaltlich mitgewirkt haben und für Interviews und Gespräche zur Verfügung standen, insbesondere aber den Gastautoren Prof. Dr. Wolfgang Benz, Franz J. Müller, Jörg Skriebeleit, Barbara Distel und Gerhard Engel.

Wir wünschen dem Buch, daß es als Lesebuch von Jugendlichen genutzt, in Schulklassen eingesetzt wird und eine weite Verbreitung findet.

Klaus Dittrich/Robert Günthner

**Verantwortung für die Zukunft**
Von Josef Turiaux, Vorstand der Kulturstiftung der Stadtsparkasse München

Umfragen sind eine Sache für sich – manche aufschlußreich und amüsant, andere einfach nur überflüssig. Eine dritte Kategorie aber stimmt uns nachdenklich. Zum Beispiel das, was eine Wochenzeitung jüngst bei einer Erhebung unter deutschen Jugendlichen ermittelte. Nur sieben Prozent der 14- bis 18jährigen, so das bittere Ergebnis, wußten, was auf der Wannsee-Konferenz beschlossen wurde; gerade 13 Prozent kannten die Nürnberger Gesetze; und nicht einmal ein Drittel (exakt 29 Prozent) konnte wenigstens annähernd sagen, wie viele Millionen in den Konzentrationslagern ermordet wurden.

Sicher, als die befragten Teenager das Licht der Welt erblickten, waren Drittes Reich und Holocaust – rein faktisch – seit Jahrzehnten Vergangenheit. In den meisten Fällen dürften nicht einmal die Eltern der Jugendlichen direkt mit diesem dunkelsten Kapitel deutscher Geschichte in Berührung gekommen sein. Insofern wird kein vernünftiger Mensch erwarten, daß die Heranwachsenden der Neunziger ein Büßerhemd tragen, nur weil sie Deutsche sind. Was man aber erwarten kann, was man sogar erwarten muß, ist, daß sie Bescheid wissen. Daß sie sich offen und ehrlich mit der Geschichte ihres Volkes auseinandersetzen. Und das nicht nur aus Respekt vor der Historie, sondern aus Verantwortungsbewußtsein für die Zukunft – so, wie es der ehemalige Bundespräsident Richard von Weizsäcker in seiner berühmten Rede vom 8. Mai 1985 formulierte: »Wer vor der Vergangenheit seine Augen verschließt, wird blind für die Gegenwart. Wer sich der Unmenschlichkeit nicht erinnern will, der wird wieder anfällig für neue Ansteckungsgefahren.«

Tatsächlich gibt es gerade heute wenig Grund zur Entwarnung. Totalitäre und rassistische Tendenzen finden auch innerhalb der »Enkelgeneration« Anhänger, wobei – und darin liegt der verhängnisvolle Unterschied – die Demagogen und Heilsverkünder längst nicht mehr nur der extremen politischen Szene entstammen, sondern zunehmend auch in Gestalt pseudoreligiöser oder -philosophischer Lebenshelfer auftreten.

Das Engagement der bayerischen Gewerkschaftsjugend, die seit über vier Jahrzehnten mit einer jährlichen Gedenkveranstaltung an die Pogromnacht erinnert, gewinnt vor diesem Hintergrund zusätzlich an Bedeutung. Das vorliegende Lesebuch will dokumentieren, reflektieren, aufarbeiten und Zeichen setzen – ganz im Sinne Richard von Weizsäckers: »Die Jungen sind nicht verantwortlich für das, was damals geschah. Aber sie sind verantwortlich für das, was in der Geschichte daraus wird.«

Inhaltsverzeichnis

Einleitung .................................................... 13

*Lernen aus der Geschichte*
Prof. Dr. Wolfgang Benz  **Der Novemberpogrom 1938** .................. 17
Franz J. Müller  **Die Pogromnacht in Ulm** ............................. 31
Jörg Skriebeleit  **Das Konzentrationslager Flossenbürg** ................. 39
Barbara Distel  **Juden im Konzentrationslager Dachau** ................. 53

*Erinnern und Gedenken*
Wolfgang Veiglhuber  **Das Gedenken der DGB-Jugend** ................. 61
**Interviews zur Geschichte der Gedenkveranstaltungen** ................ 138

*Aufgaben für die Zukunft*
Gerhard Engel  **Aufgaben der Jugendarbeit** ......................... 157
Robert Günthner/Wolfgang Veiglhuber  **Perspektiven des Gedenkens** ...... 165

*Anhang*
Unvollständige Chronik des Terrors und Massenmordes ............... 181
Chronologie der Gedenkveranstaltungen ........................... 193
Kommentiertes Bücherverzeichnis ................................ 203
Filmempfehlungen ............................................. 215
Adressen .................................................... 217
Autorenverzeichnis ............................................ 221

# Einleitung

Der 9. November 1998 ist der sechzigste Jahrestag des Novemberpogroms von 1938. In der Nacht vom 9. auf den 10. November 1938 überfielen SA-Horden in ganz Deutschland jüdische Synagogen, Wohnungen und Geschäfte. Raub, Mord, Vergewaltigung und Mißhandlungen waren die Methoden, mit denen die als »spontane Reaktion« des »Volkes« auf das Attentat auf einen deutschen Diplomaten in Paris bezeichneten Gewaltaktionen durchgeführt wurden. Diese verharmlosend als »Reichskristallnacht« bezeichneten Stunden waren der vorläufige Höhepunkt der Judenverfolgung in Deutschland und gleichzeitig Ausgangspunkt der systematischen Judenvernichtung in Deutschland und Europa.

Thomas Mann schrieb dazu im Herbst 1939 in einem Aufsatz mit dem Titel »Dieser Krieg«: »Ist es möglich, daß irgendein vollsinniger Deutscher, der das gesehen, auch nur eine Stunde geglaubt hat, diese Regierung habe den Frieden gewollt, der Krieg sei ihr und dem Volk von böswilligen Feinden aufgezwungen worden? Hat es einen Sinn, die Augen vor der Wahrheit zu verschließen, die selbst durch geschlossene Lider beißt: daß in solchen Taten und Bildern, in allem, aber auch allem, was in Deutschland seit dem Machtantritt dieser Minderwertigen vor sich ging, der Krieg schon enthalten war?«

Die bayerische Gewerkschaftsjugend gedenkt seit 1952 des Novemberpogroms 1938 mit Veranstaltungen in den ehemaligen Konzentrationslagern Dachau und Flossenbürg. Hierbei ging und geht es nicht allein um das Gedenken einer stillen Trauergemeinde. Die Trauer wird ergänzt um die Erinnerung an ein historisches Geschehen, das für den Verlauf der Geschichte von zentraler Bedeutung war. Gedenken in dieser Perspektive enthält also eine moralische Dimension im Sinne einer moralisch-humanitären Verpflichtung gegenüber den Opfern des Nationalsozialismus und ebenso eine politische Dimension. Diese besteht im Begreifen des Geschehenen und in der Formulierung von Konsequenzen für die Zukunft. Diese doppelte Funktion des Gedenkens dient der Schärfung des Bewußtseins gegenüber ideologisch-politischen Überresten und Neuformierungen menschenverachtenden Denkens und Handelns.

Der bayerischen Gewerkschaftsjugend war und ist es deshalb wichtig, der Auseinandersetzung mit dem Nationalsozialismus Wertvorstellungen hinsichtlich des eigenen Politikverständnisses und der eigenen praktischen Politik zu entnehmen, die bewußtseinsbildend wirksam werden sollen:
- Demokratie in Staat und Gesellschaft – gegen Autoritarismus und Führerprinzip
- Analyse und Bekämpfung sozialer Ungleichheit – gegen Volksgemeinschaftsideologien
- Friedensliebe und Internationale Solidarität – gegen Nationalismus und Aufrüstung
- Solidarität und Schutz von Minderheiten – gegen Konkurrenz, Egoismus und das »Recht des Stärkeren«
- Offenheit gegenüber anderen Völkern, Denkweisen und Kulturen – gegen Rassismus und Ausländerfeindlichkeit
- Gleichberechtigung der Geschlechter und sexueller Pluralismus – gegen Männlichkeitswahn
- Rationalität und Aufklärung – gegen Irrationalismus, Mythen und Vorurteile

Das Ringen um die Durchsetzung demokratischer und sozialer Wertvorstellungen ist gerade in unserer Zeit von nicht zu unterschätzender Bedeutung. Einschlägige Wahlergebnisse, Gewalt und Mord, die Etablierung »national befreiter Zonen« ohne »Fidschis«, »Asseln«, »Zecken« und Behinderte, bei gleichzeitiger Verharmlosung dieser Entwicklungen in Teilen der Gesellschaft und der Politik, geben dem Gedenken im dargestellten Sinne die Richtung vor.

Das vorliegende Lesebuch der DGB-Jugend Bayern erscheint anläßlich des sechzigsten Jahrestages des Novemberpogroms 1938. Es ist kein Geschichtsbuch, sondern ein Mosaik aus Rückschau, Informationen, Anregungen und Empfehlungen zum Umgang mit Vergangenheit und Gegenwart und zur demokratischen Gestaltung der Zukunft.

Für einige Veranstaltungen standen leider keine schriftlichen Unterlagen zur Verfügung. Dasselbe gilt für einzelne Reden, die nur auf der Basis vorhandener Presseberichte in Auszügen rekonstruiert werden konnten.

Die Redaktion bedankt sich bei Sabine Stanger, München, und Helmut Reitberger, Bruckmühl, für die Mitarbeit, bei Gabi Mayer, Kolbermoor, für die Transkription der Texte, bei Herbert Woyke vom A1 Verlag, München, für die kritische und beratende Begleitung sowie bei allen, die in der einen oder anderen Weise die Arbeit unterstützt haben.

Die Münchner Synagoge nach der Pogromnacht

Wolfgang Benz

# Der Novemberpogrom 1938

Müssen wir den Tag der Schande, jenen 9. November 1938, als Monument kollektiver Erinnerung an die Verfolgung der Juden verewigen? Ist es notwendig, der Ereignisse immer wieder zu gedenken, die mit einem zeitgenössischen Ausdruck verharmlosend als »Reichskristallnacht« umschrieben werden?

Nicht nur um der Opfer willen ist der Tag freilich ein Gedenktag. Als Wendepunkt im Verhalten der Mehrheit ist er ein Mahnmal schlechthin. Der 9. November 1938 markiert das Ergebnis der Erosion menschlichen Anstandes in Deutschland bei den Unbeteiligten ebenso wie den Umschlag staatlichen Handelns von legislativer und administrativer Diskriminierung der jüdischen Minderheit zur brachialen Gewalt.

Der Tag des staatlich inszenierten Pogroms gegen die Juden steht für den Rückfall von Staat und Gesellschaft in die Barbarei, für den Zivilisationsbruch, verübt von einem Staat, der zur diktatorischen Obrigkeit verkommen war – allerdings akzeptiert von seinen Untertanen, zu denen die einstmaligen Bürger herabgesunken waren.

### Vorwand und Inszenierung

Das nationalsozialistische Regime hatte in dieser Nacht die Maske fallen lassen, seine wahre Natur enthüllt. Als Vorwand diente das Attentat des 17jährigen Herschel Grünspan auf einen Beamten der deutschen Botschaft in Paris. Der junge Jude hatte protestieren wollen gegen die brutale Abschiebung von Juden polnischer Nationalität aus Deutschland. Die Nachricht vom Tod des Diplomaten am Abend des 9. November traf die im Alten Rathaus in München versammelten NS-Größen, die dort wie jedes Jahr ihre Traditionsfeier zum Putschversuch von 1923 begingen. Es war der richtige Moment für die folgende Inszenierung. Die Stimmung war durch eine Pressekampagne längst angeheizt. Goebbels predigte, als die Nachricht vom Tod des Diplomaten kam, Rache und Vergeltung. Das war mit Hitler verabredet. Die Aufforderung wurde bei den Nationalsozialisten im ganzen Land verstanden, wenige Stunden später standen die Synagogen in Flammen, wurden Juden öffentlich mißhandelt, wurde jüdisches Eigentum zerstört und geraubt.

Aber es passierte noch viel mehr in dieser Nacht. Die Aufforderung zum Pogrom durch die NSDAP kam einem bei vielen Parteigenossen seit der »Kampfzeit der Bewegung« brachliegenden Aktionsbedürfnis entgegen. Der Vandalismus der im organisierten Aufruhr gegen die Minderheit Agierenden sprang aber auch auf Unbeteiligte über. Die Tragödie lag in der Anpassung und Nachahmung. In einem kleinen Ort dringen am frühen Nachmittag des 10. Novembers Kinder und Jugendliche in jüdische Wohnungen ein und zerstören, was sie können, während eine größere Menschenmenge durch die Stadt zieht und Gewalttätigkeiten begeht. Der Pogrom wird offensichtlich für nicht wenige zum Ventil für Mord- und Zerstörungslust, die jetzt öffentlich – weil sanktioniert – ausgelebt wird. Kaum reputierlicher freilich die Reaktionen von Schadenfreude und Genugtuung über das Schicksal der Juden, die sich in Plünderung, Erpressung und Denunziation äußern und vor allem auf Bereicherung zu Lasten der rechtlos gewordenen Juden zielen: Es geht um die Übernahme der zu »arisierenden« Geschäfte, um Wohnungen, um Büros, um Arztpraxen und anderes. Diese Reaktionen setzen erst nach dem Pogrom ein. Sie sind aber von dauernder Wirkung.

Die Schreckensnacht verlief im ganzen Deutschen Reich – zu dem seit einigen Monaten auch Österreich gehörte – in ähnlicher Form. Zumeist in Zivil erschienen SA-Männer und Angehörige anderer Parteigliederungen, als »spontan aufwallender Volkszorn« getarnt, vor Gebäuden der Jüdischen Gemeinde, vor Geschäften und Wohnungen bekannter Juden. Sie johlten und warfen Fenster ein. Die Synagogen waren bevorzugte Ziele, die krawallseligen Horden erbrachen die Türen, verwüsteten das Innere und legten schließlich Feuer. Die Feuerwehr hatte ausdrücklichen Befehl, brennende Synagogen nicht zu löschen, sie sollte lediglich Nachbarhäuser schützen, wenn der Brand überzugreifen drohte. Im ganzen Land machte sich der von Funktionären der SA und der NSDAP (die oft auch Bürgermeister waren) geführte Mob das Vergnügen, in jüdische Wohnungen einzudringen, Mobiliar zu zerstören und verängstigte Juden, angesehene Kaufleute, Rechtsanwälte, Rabbiner und andere Leute von Reputation, zu mißhandeln und zu demütigen, sie etwa im Nachthemd durch die Straßen zu jagen.

Die in der SA und anderen Gliederungen der Partei Organisierten waren seit langer Zeit wieder einmal zur Ausübung von Gewalt aufgefordert, die sie nun im guten Glauben ausleben konnten. Das Bewußtsein, an einer parteikonformen Machtdemonstration teilzuhaben und die Erinnerung an die Kampfzeit vor 1933 bildeten die Hauptmotive der Zerstörungswut gegen Sachen und Menschen. Der Vandalismus der im organisierten Pogrom Randalierenden sprang aber auch auf Unbeteiligte über: als Frucht antisemitischer Propaganda, als Folge der Pressekampagne nach dem Grünspan-Attentat oder, was am häufigsten und wahrscheinlichsten war, aus dumpfer Aggression, aus Sensations- und Zerstörungslust, wie sie durch den Pogrom entfesselt wurden. Beispiele sind gerade aus kleineren Orten überliefert, vielleicht auch deshalb, weil die Anonymität der Täter dort weniger gewährleistet war als in der Großstadt.

### Zivilcourage und Protest waren möglich

Es gibt Beweise dafür, daß viele Deutsche im November 1938 Scham empfanden, daß sie erschrocken waren über das, was sie für einen Rückfall in die Barbarei hielten: die öffentliche Demütigung, Mißhandlung und Beraubung einer längst entrechteten Minderheit, die im Herbst 1935 per Gesetz von Vollbürgern zu Staatsangehörigen minderen Rechts herabgestuft waren. Einige haben sich auch, über die Scham hinaus, engagiert. Das Engagement reichte von tätiger Solidarität mit der verfolgten Minderheit bis zum Widerstand gegen das Regime. Die folgenden drei Beispiele von Zivilcourage, Anstand, Protest gegen die Obrigkeit zeigen die Möglichkeiten.

Auch in der Neuen Synagoge, Oranienburger Straße 30, in Berlin Mitte, waren SA-Männer erschienen und hatten im Vorraum Feuer gelegt. Die Synagoge, 1866 eingeweiht, war mit 3.000 Plätzen und einer prächtigen Innenausstattung eine der prunkvollsten jüdischen Kultusstätten in Deutschland. Die aufwendige Fassade und die weithin sichtbare goldene Kuppel demonstrierten auch äußerlich Anspruch und Rang des Gebäudes. Die Brandstifter kümmerte das nicht, aber sie wurden an weiterer Zerstörung gehindert durch den herbeieilenden Vorsteher des zuständigen Polizeireviers 16 am Hackeschen Markt, Wilhelm Krützfeld. Er war mit einigen Beamten und bewaffnet mit einem Dokument, das den Bau als unter Denkmalschutz stehend auswies, in der Synagoge erschienen, hatte die SA-Männer davongejagt und die Feuerwehr herbeigeholt, die auch tatsächlich kam und den Brand löschte. Der Reviervorsteher mußte sich am 11. November vor dem Polizeipräsidenten verantworten, geschehen ist ihm nichts. Auf eigenen Antrag wurde er, längst Regimegegner geworden, 1942 in den Ruhestand versetzt.

Den Landshuter Landgerichtsdirektor Dr. Ignaz Tischler konnte man kaum einen Mann des Widerstands nennen. Er war konservativ von Gesinnung, er stand zur Zeit des Novemberpogroms im 62. Lebensjahr. Er war von 1918 bis 1933 Mitglied der Deutschnationalen Volkspartei gewesen und zur Förderung seiner Karriere 1935 der NSDAP beigetreten. Dr. Tischler hatte sich aber in seinem Rechtsempfinden nicht beirren lassen und stellte es am Vormittag des 10. November 1938 unter Beweis, als ein Justizangestellter sich damit brüstete, wie er mit anderen SA-Männern in der Nacht die Wohnung des jüdischen Geschäftsmannes Ansbacher verwüstet hatte. Der Landgerichtsdirektor mißbilligte die Tat ausdrücklich und erklärte, wenn er darüber zu richten habe, würde er auf Schadensersatz erkennen und möglicherweise eine Gefängnisstrafe verhängen. Am Abend des folgenden Tages wurde Tischler in einer Kundgebung vom NSDAP-Kreisleiter angegriffen, am 12. November stand es in den lokalen Zeitungen, und am Nachmittag dieses Tages wurde der Jurist von 50 jungen Leuten, angeführt von einem NSKK-Obertruppführer, durch die Stadt getrieben, als »Judenknecht« und »Sauhund« verhöhnt, mit Fußtritten traktiert. Der grölenden Menge mußte er ein Plakat zeigen, auf dem zu lesen war »Tischler ist ein Volksverräter, er gehört nach Dachau«.

Entscheidend für den Fall ist, daß Tischler über die öffentliche Schmähung hinaus nichts passiert ist. Sein Vorgesetzter, der Landshuter Landgerichtspräsident, wußte bei der dienstlichen Behandlung der Angelegenheit so geschickt die offizielle Lesart vom »spontanen Volkszorn«, der zum Pogrom geführt habe, mit der tatsächlichen Steuerung der Ereignisse durch die NSDAP zu konterkarieren, daß Tischler alle Hürden vom angedrohten Strafprozeß (wegen Verstoßes gegen das »Heimtückegesetz«) bis zum Parteiverfahren unbehelligt überstand. Sein Gesuch um Versetzung in den Ruhestand wurde gegenstandslos, die Rehabilitierung bereitete lediglich 1947 beim Entnazifizierungsverfahren Schwierigkeiten, die in zweiter Instanz 1948 aber auch ausgeräumt wurden.

Weniger glimpflich kam Julius von Jan, der Pfarrer im württembergischen Oberlenningen, davon. In seiner Bußtagspredigt im November 1938 hatte er in aller Deutlichkeit den Pogrom verurteilt: »Ein Verbrechen ist geschehen in Paris. Der Mörder wird seine gerechte Strafe empfangen, weil er das göttliche Gesetz übertreten hat. Wir trauern mit unserem Volk um das Opfer dieser verbrecherischen Tat. Aber wer hätte gedacht, daß dieses eine Verbrechen in Paris bei uns in Deutschland so viele Verbrechen zur Folge haben könnte? Hier haben wir die Quittung bekommen auf den großen Abfall von Gott und Christus, auf das organisierte Antichristentum. Die Leidenschaften sind entfesselt, die Gebote Gottes mißachtet, Gotteshäuser, die anderen heilig waren, sind ungestraft niedergebrannt worden, das Eigentum der Fremden geraubt oder zerstört, Männer, die unserem deutschen Volk treu gedient haben und ihre Pflicht gewissenhaft erfüllt haben, wurden ins Konzentrationslager geworfen, bloß weil sie einer anderen Rasse angehörten! Mag das Unrecht auch von oben nicht zugegeben werden – das gesunde Volksempfinden fühlt es deutlich, auch wo man nicht darüber zu sprechen wagt ... Ja, es ist eine entsetzliche Saat des Hasses, die jetzt wieder ausgesät worden ist. Welche entsetzliche Ernte wird daraus erwachsen, wenn Gott unserem Volk und uns nicht Gnade schenkt zu aufrichtiger Buße.«

Der unerschrockene Pfarrer, dessen Predigt Jeremia 22, 29 (»O Land, Land, höre des Herrn Wort!«) zugrunde lag, der die Gelegenheit auch nützte, um die staatsfrommen »Deutschen Christen« als »Lügenprediger« zu geißeln, die nur Heil und Sieg rufen könnten, aber nicht im Stande seien, des Herrn Wort zu verkünden, schloß mit den ahnungsvollen Worten: »Wenn wir heute mit unsrem Volk in der Buße vor Gericht gestanden sind, so ist dies Bekennen der Schuld, von der man nicht sprechen zu dürfen glaubte, wenigstens für mich auch heute gewesen wie das Abwerfen einer großen Last. Gott Lob! Es ist herausgesprochen vor Gott und in Gottes Namen. Nun mag die Welt mit uns tun, was sie will.«

Die Predigt wurde am 16. November gehalten, neun Tage später erschien ein Trupp von 200 Nationalsozialisten vor dem Oberlenninger Pfarrhaus, prügelte den Pfarrer nieder und schleppte ihn ins Gefängnis Kirchheim/Teck. Nach vier Monaten Haft wurde er aus Württemberg ausgewiesen, war dann in Bayern als Pfarrverweser tätig. Im folgenden Jahr wurde er wegen Verstoßes gegen das »Heimtückegesetz« zu 16 Monaten Gefängnis verurteilt, später auf Bewährung entlassen, schließlich zur Wehrmacht eingezogen. Im September 1945 kehrte er in sein Pfarramt nach Oberlenningen zurück. Aus den Reihen der Bekennenden Kirche erfuhren Pfarrer Jan und seine Familie Fürsorge und Zuspruch, die Amtskirche zeigte sich dagegen zurückhaltend. Ein Erlaß der Kirchenleitung in Württemberg vom 6. Dezember 1938 nahm Bezug auf die Bußtagspredigt mit der Bemerkung, es sei »selbstverständlich, daß der Diener der Kirche ... alles zu vermeiden hat, was einer unzulässigen Kritik an konkreten politischen Vorgängen gleichkommt«. Der Kirchenleitung war, bei allem Vorbehalt gegen den Nationalsozialismus, am Frieden mit der staatlichen Obrigkeit gelegen.

Die Phantasie derer, die sich wie Pfarrer Jan der Untaten des NS-Regimes schämten, die Zivilcourage zeigten wie Reviervorsteher Krützfeld oder die sich nach dem Pogrom Juden gegenüber solidarisch zeigten, dürfte im November 1938 kaum weiter gereicht haben als zur Vorstellung, die Machthaber wollten die Juden gewaltsam ins Ghetto zurücktreiben oder schlimmstenfalls endgültig aus Deutschland jagen.

Bis Auschwitz reichte keine Vorstellungskraft. Wie hätte sie das auch können, überstieg doch das Bevorstehende, die mit dem Pogrom erst eingeleitete letzte Ausgrenzung, noch lange die Phantasie sogar der meisten unmittelbar vom nationalsozialistischen Rassenwahn Betroffenen.

### Schrecken und Unmenschlichkeit

Der Abscheu der Welt über die Ereignisse in Deutschland war grenzenlos. Die internationale Presse berichtete in aller Ausführlichkeit, was in der Nacht des 9. November 1938 und in den folgenden Tagen geschah. Es fehlte nicht an Protesten und Bekundungen der Verachtung für die deutsche Regierung, die nicht nur zugelassen, sondern angezettelt hatte, was unter dem niedlichen Signum »Reichskristallnacht« über die deutschen Juden hereingebrochen war. An den »spontanen Volkszorn« glaubte zwar niemand, aber man wußte auch nicht, welchen Grad die Zustimmung der Deutschen zur Rassenpolitik des NS-Regimes erreicht hatte. Die »Washington Post« verglich den 9. November 1938 mit dem 24. August 1572, als Tausende Hugenotten in der »Pariser Bluthochzeit« ermordet worden waren. Die europäische Welt habe seither nichts Ähnliches mehr erlebt: »Und es ist offensichtlich, daß, wie beim Gemetzel der Bartholomäusnacht, auch bei dem jüngsten grausamen Racheakte gegen die deutschen Juden die Regierung Pate gestanden hat.«

Heinrich Mann erkannte in den von höchster Stelle in Deutschland inszenierten und sanktionierten Untaten des November 1938 zwei Absichten: Der Hitlerstaat mache Reklame auch mit seinen Verbrechen, um die Welt in Schrecken zu halten; die Menschheit solle erstarren und darüber den Widerstand – den er wie viele andere ins Exil getriebene Intellektuelle, Künstler, Wissenschaftler von den Deutschen forderte – vergessen. Der andere Zweck des Pogroms gegen die Juden in Deutschland sei ein pädagogischer, er bestünde in der »Erziehung der gesamten Mitwelt zur Unmenschlichkeit, vermittels der Gewöhnung an ihren Anblick«. Entmenschung sei die einzige Lehre des Nationalsozialismus, sein eigentlicher Lehrsatz bestehe in der Botschaft, der Mensch habe kein Recht »auf Freiheit und Würde«, und er habe »selbst das Leben nur so lange der Führer es ihm schenkt«.

Im Ausland wurde die Verletzung elementarer deutscher Tugenden wie Respekt vor privatem Eigentum, Sparsamkeit, Achtung religiöser Stätten und nachbarschaftliches Verhalten (womit die ganze Skala von Zurückhaltung bis Hilfsbereitschaft gemeint ist) mit Verwunderung registriert – die alltäglichen Normen bürgerlichen Verhaltens im Rechtsstaat schienen für den Novemberpogrom suspendiert. Zutreffend an solchen Vermutungen, die sich in den Spalten der internationalen Presse fanden, war, daß das Deutsche Reich vor aller Welt demonstrierte, daß es kein Rechtsstaat mehr war. Die bürgerlichen Konventionen galten zwar weiter, nur eben nicht mehr für die Juden in Deutschland und je nach Belieben auch nicht für andere Minderheiten.

Man kann den Novemberpogrom als ein Ritual öffentlicher Demütigung deuten. Beispiele dafür gibt es in fast jedem Ort. In Dinslaken, einer Mittelstadt am Niederrhein, zwischen Duisburg und Oberhausen gelegen, lebten Anfang 1938 146 Juden. Am Ende des Jahres waren es nur noch 72. Dinslaken beherbergte seit 1885 ein jüdisches Waisenhaus, das für die ganze Rheinprovinz zentrale Bedeutung hatte. Am Morgen des 10. November erschienen etwa 20 Männer, die alles kurz und klein schlugen; die 32 jüdischen Waisen, zwischen sechs und sechzehn Jahre alt, flohen durch die Fenster in den Garten. Während die Synagoge und einige Häuser von Juden brannten, beschloß der Polizeichef, eine »Judenparade« durchzuführen: Die Kinder und die Angestellten des Waisenhauses wurden zum Gaudium der Schaulustigen auf einem Karren durch den Ort gefahren, zum Hof der jüdischen Schule, wo die Mitglieder der jüdischen Gemeinde bereits interniert waren. Eine Woche lang wurden alle jüdischen Einwohner der Stadt in einem öffentlichen Gebäude gefangengehalten, eng zusammengepfercht auf Strohlager. Die Situation war ganz ähnlich in vielen anderen Orten des Deutschen Reiches.

Die öffentliche Erniedrigung und Demütigung der jüdischen Minderheit diente nicht nur der Zerstörung des Eigentums, der Verhöhnung und Mißhandlung der Menschen in der Nacht und am folgenden Tag. Der Befehl zur Inhaftierung von rund 30.000 jüdischen Männern in den drei Konzentrationslagern Dachau, Buchenwald und Sachsenhausen hatte zum einen das Ziel, Druck zur Auswanderung auszuüben, deshalb hatte man gut situierte Juden ausgewählt und ließ sie wieder frei, als die Angehörigen Visa und Fahrkarten nach irgendwohin vorweisen konnten, zum anderen sollten die Unglücklichen an Person und Persönlichkeit Schaden erleiden, durch Appellstehen und Prügel, durch sinnlose körperliche Arbeit, durch Todesangst und Entehrung. Das letztere war durch die Entprivatisierung jeglicher Lebensäußerung unter Lagerbedingungen, durch entwürdigende sanitäre Verhältnisse, durch den Sadismus der Bewacher ohne weiteres herzustellen. Die Vorstufe zum KZ erlebten jüdische Männer in Turnhallen, Schulen und Festsälen ihrer Heimatstädte, wo sie tagelang gequält und beschimpft wurden. Das Ende des Hohnes war oft noch nicht erreicht, als den jüdischen Gemeinden Rechnungen für den an ihrem Eigentum begangenen Vandalismus präsentiert wurden. In Erfurt mußte die jüdische Gemeinde nicht nur die Beseitigung des Schutts der zerstörten Synagoge bezahlen, in der Abrechnung fand sich auch ein Posten von zwei Fässern Benzin, verwendet zur Brandstiftung am Gotteshaus.

### Entrechtung, Raub und Mord

Eine Bilanz des Sachschadens, von Reinhard Heydrich für Göring erstellt, ergab, daß 7.500 jüdische Geschäfte zerstört, daß »dem Volkszorn« und der »gerechten Empörung« Fensterscheiben im Wert von 10 Millionen Reichsmark zum Opfer gefallen waren, daß durch Vandalismus und Plünderung ein Schaden von mehreren hundert Millionen Mark entstanden war. Fast alle Synagogen und Bethäuser waren demoliert oder in Flammen aufgegangen und gebrandschatzt. Dazu kamen Hunderte Todesopfer, die Morde, die tödlichen Mißhandlungen und die Selbstmorde, begangen aus Verzweiflung und Entsetzen.

Im Reichsluftfahrtministerium konferierten am 12. November 1938 unter Görings Vorsitz Vertreter aller Reichsministerien und der deutschen Versicherungswirtschaft. Die Enteignung der Juden war zu diesem Zeitpunkt schon beschlossene Sache, die vollständige »Arisierung« der deutschen Wirtschaft bereits von Hitler entschieden.

Einig waren sich die Minister und Beamten auf der Sitzung, daß die Juden nicht nur für die Pogromschäden haften sollten (durch die Beschlagnahme der Versicherungsleistungen war sichergestellt, daß sie auch wirklich geschädigt blieben), ihnen wurde darüber hinaus eine »Sühneleistung« als Sondersteuer von mehr als einer Milliarde Reichsmark auferlegt. Auf einer Art Ideenbörse wurde dann diskutiert, wie die Juden endgültig und unter möglichst demütigenden Umständen aus der deutschen Gesellschaft entfernt werden könnten. Die Vorschläge reichten vom Verbot, den deutschen Wald zu betreten, bis zur Kennzeichnung durch eine bestimmte Tracht oder ein Abzeichen und vom Verbot, Eisenbahnen zu benützen, bis zum Judenbann für ganze Stadtteile.

Durch eine Flut von Verordnungen und Befehlen wurde die Entrechtung und Beraubung in der Folgezeit verwirklicht. Von der Ghettoisierung über die Kennzeichnung (im September 1941), bis zur Deportation und Ermordung in der Tötungsmaschinerie der Lager im Osten war es nach dem Pogrom kein weiter Weg mehr. Die Frage, seit wann die Vernichtung der physischen Existenz der Juden geplant war, wie logisch die einzelnen Schritte aufeinanderfolgten, ob die Nationalsozialisten sich ursprünglich mit der Vertreibung begnügen wollten, ab wann sie dann die Ermordung anstrebten, mag angesichts des Ergebnisses des in Politik umgesetzten Rassenwahns weniger erheblich bleiben. Zur schlüssigen Antwort wird der Hinweis auf die in Programmschriften und Reden in reichlicher Zahl ausgestoßenen Drohungen seit Hitlers Bekenntnisbuch »Mein Kampf« ebenso dienen wie die Tatsache, daß nationalsozialistische Politik immer bestand in der Wechselwirkung von spontanem Handeln, wenn sich Chancen boten, dem Ausnutzen von nicht selbst verursachten Ereignissen (wie dem Reichstagsbrand 1933 oder dem Grünspan-Attentat 1938) und der Verfolgung des kalkulierten Endziels, aber auch Zögern in Phasen der Unsicherheit.

In einer Rede, die Göring am 6. Dezember 1938 vor Gauleitern, Oberpräsidenten und Reichsstatthaltern über »die Judenfrage« gehalten hat, machte er nicht nur klar, daß auf ausdrücklichen Befehl Hitlers die Ausgrenzung der Juden künftig diskreter und weniger auffällig als im November 1938 demonstriert vonstatten gehen solle, daß staatliche Organisation vor wildem Aktionismus, praktiziert durch die NSDAP, rangiere. Man war offenbar nervös geworden, da der von Goebbels angezettelte Pogrom außer Kontrolle geraten war. Den »Alten Kämpfern« mußte klar gemacht werden, daß keine Rückkehr zu den Formen offener und öffentlicher Gewalt beabsichtigt war. Hitler habe deshalb auch entschieden, »daß keinerlei Kenntlichmachung der Juden« erfolge, weil niemand in der Lage wäre, dauernde Exzesse zu verhindern (»denn wenn irgendeiner über den Durst getrunken hat und auf der Straße geht oder an der Laterne steht und sieht plötzlich zufällig einen Juden, dann wird er den über den Leisten knallen«) und weil es nach Meinung Hitlers gewisse Gaue gebe, »in denen ein solcher gekennzeichneter Jude nichts mehr zu essen bekommen würde und überhaupt nichts mehr kaufen könnte«.

Vermutlich hat Hitler den Antisemitismus der Deutschen gar nicht als so stark eingeschätzt, daß solche Fürsorge notwendig gewesen wäre. Der Grund für diese letzte Zurücknahme von Tempo und Geräusch bei der »Endlösung der Judenfrage« lag wohl eher darin, daß man sich der allgemeinen Zustimmung für die öffentliche und excessive Form der Vertreibung und Ermordung der Juden noch nicht sicher genug war. Die stillschweigende Hinnahme und Billigung aller dann verordneten Diskriminierungen, vom Verbot, Haustiere zu halten, über den Verlust von Telefonanschlüssen und Radioapparaten bis zum Judenstern beseitigte die Zweifel an der Einstellung der Deutschen freilich ziemlich rasch.

## Aus der Geschichte lernen

Etwas mehr als 50 Jahre später, nach dem Zusammenbruch des Hitler-Staats, nach vier Jahrzehnten mißmutig betriebener »Vergangenheitsbewältigung« im Westen und ritualisiertem Antifaschismus im Osten bot Deutschland der Welt abermals Pogromszenen, in Hoyerswerda 1991 und Rostock 1992, als eine Minderheit – Gastfreundschaft und Hilfe suchende Ausländer, Asylbewerber, Flüchtlinge – beleidigt, geschmäht, am Leben bedroht, vertrieben wurde.

Ähnlich wie im November 1938 raste im Sommer 1992 entfesselter Mob, tobte sich in Brandstiftung und Steinwürfen aus. In Rostock und zuvor schon andernorts spendeten Bürger den Randalierern Applaus, feuerten sie an, vermittelten ihnen, während die Obrigkeit unsichtbar war, den Eindruck, sie handelten im Auftrag der schweigenden Mehrheit, ja, sie hatten gar den Beifall interessierter Politiker, wenn sie mit Krawall und Feuer, mit Haßgesang und Mordversuch die unerwünschte ausländische Minderheit vertrieben, bzw. so lange terrorisierten, bis sie amtlicherseits abtransportiert wurde, weil ihre Sicherheit nicht mehr gewährleistet werden konnte. Andere nahmen die Reaktion staatlicher Stellen als Ansporn, fühlten sich in ihrer Fremdenfeindlichkeit bestätigt, und wieder andere zogen eigene Schlüsse zur Nutzanwendung aus den Ereignissen: Eine Gemeinde in Brandenburg wehrte die Einquartierung von Asylbewerbern dadurch ab, daß sie jugendliche Rechtsextremisten dazu anstiftete und dafür bezahlte, die vorgesehene Unterkunft niederzubrennen. Der Erfolg wurde mit einem bierseligen Fest gefeiert.

Sind die Parallelen zwischen Rostock 1992 und dem Novemberpogrom 1938, von der Größenordnung der Ereignisse abgesehen, nur äußerlich? Oder haben die ausländischen Beobachter recht, die die beschämenden Ereignisse in Deutschland nach »der Wende« als Beweis dafür werten, daß die Deutschen quasi genetisch bedingt faschistische Eigenarten aufweisen, die erst jetzt, nach dem Ende der Aufsicht der Siegermächte des Anti-Hitler-Kriegs über das geteilte Deutschland wieder zutage träten? Um Annäherungen an eine Antwort zu finden, muß man sich differenziert vergegenwärtigen, was jeweils geschah.

In der »Reichskristallnacht« wurde unter regierungsamtlicher Regie das Signal gesetzt zur definitiven, zur physischen Ausgrenzung der Juden in Deutschland, die mit den Nürnberger Gesetzen 1935 und einer Flut von diskriminierenden Verordnungen längst begonnen hatte, die nach dem Pogrom aber mit der Wegnahme des Eigentums durch »Arisierung«, durch Ghettoisierung, Stigmatisierung durch den Judenstern und schließlich mit der Deportation in die Vernichtungslager im Osten endete.

In Rostock entluden sich Frustrationen und sozialer Streß an unschuldigen Opfern der Aggression, an Ausländern, auf die ein verbreitetes Unbehagen an unübersichtlichen und als bedrohend empfundenen Zuständen projiziert wurde.

Interessierte Politiker haben, als sie »das Ausländerproblem« in Szene setzten, das ihre dazu beigetragen. In ungläubigem Staunen sahen sie dann zu, wie ihnen die Kontrolle über den Protest entglitt. Der entfesselten Wut der Straße – die auch und vor allem ihnen galt – haben sie stunden- und tagelang nichts entgegenzusetzen gehabt. Unter dem Beifall der in ihrem Ordnungssinn gekränkten Bürger (die Asylbewerber im Wohnviertel Rostock-Lichtenhagen störten ja wirklich die bürgerliche Ordnung, und das war von den Verantwortlichen beabsichtigt oder doch wenigstens mit Billigung in Kauf genommen) errang die Straße einen vorübergehenden Sieg. Nicht anders war, trotz allem Entsetzen, trotz der Scham und des Zorns der Mehrheit der deutschen Bürger, der Abtransport der Asylbewerber, die Abwesenheit der Polizei, die anschließende Publizität der rechten Szene, die vielfache Nachahmung des Rostocker Aufruhrs bis hin zu den Morden in Mölln und Solingen zu verstehen.

Die Ereignisse in Rostock und Hoyerswerda waren, das bleibt festzuhalten, jedoch spontaner Ausfluß von Unsicherheit, Angst und Intoleranz von unten, und darin liegt der wesentliche Unterschied zur Schreckensnacht des Jahres 1938. Im November 1938 war die Situation trotz äußerer Ähnlichkeiten anders, die »Reichskristallnacht« war von Staats wegen inszeniert, kaltblütig und flächendeckend kalkuliert und diente als Auftakt für Schlimmeres, für den letzten Akt aggressiver Rassenpolitik des NS-Regimes.

Auch in Rostock wurde der materielle Schaden bilanziert. Allein drei Millionen Mark betrugen die Kosten für den Einsatz von Polizei, Feuerwehr und Krankenwagen, dazu kommen die Schadenersatzforderungen von Wohnungsbaugesellschaften und Hauseigentümern. Sie begründen ihre Forderungen gegen die öffentliche Hand – Schäden durch Vandalismus sind nicht versichert – damit, »daß die Regierung die Eskalation zugelassen habe und so für die entstandenen Kosten haftbar sei«.

Die materiellen Schäden des Novemberpogroms von 1938 und seiner Folgen wurden im Rahmen der »Wiedergutmachungs«-Gesetzgebung der Bundesrepublik, so gut es geht, behoben. Die immateriellen Beschädigungen der Menschen durch Demütigung und Mißhandlung, durch den Verlust von Heimat und Selbstvertrauen, von Glück und Gesundheit waren nicht gutzumachen. Das Schicksal von Julius Loewy steht für viele: Julius Loewy kommt im Jahr 1900 in Hofgeismar bei Kassel zur Welt. Er wird im September 1918 noch Soldat, macht dann das Abitur und beginnt in Würzburg Zahnmedizin zu studieren. Er wird Mitglied in der schlagenden Verbindung »Salia«, die in den achtziger Jahren des vorigen Jahrhunderts gegründet worden war als betont jüdische Antwort auf den Antisemitismus der meisten akademischen Korporationen. Nach dem Examen kann sich Loewy als junger Assistenzarzt und Vertreter von Kollegen bis Anfang 1936 in Hamburg beruflich entfalten. Als Kriegsteilnehmer ist er von manchen Diskriminierungen noch ausgenommen, aber die Zulassung zu Krankenkassen bekommen jüdische Ärzte und Zahnärzte nicht mehr. Da die Chancen zur Auswanderung so schlecht sind, weil aber Loewy als deutscher Patriot sein Vaterland auch nicht verlassen will, gründet er mit seinen Ersparnissen eine Privatpraxis mit bester Adresse, am Jungfernstieg 2 in Hamburg. Nach günstigem Start wagen es jedoch immer weniger Patienten, ihn aufzusuchen. Bis zum 9. November 1938 hält er sich gerade über Wasser.

Das Berufsverbot für jüdische Zahnärzte, Tierärzte und Apotheker tritt im Januar 1939 in Kraft, aber Dr. Loewy praktiziert schon seit 10. November 1938 nicht mehr, dem Tag, an dem er verhaftet und ins Konzentrationslager gesperrt wird. Unter den Mißhandlungen und Schikanen zerbricht die bürgerliche Existenz, der Entlassung folgen Auflösung und Flucht. Das ist schwer genug zu bewerkstelligen. Julius Loewy, der durch den Schock des Lagers für Wochen die Stimme und fürs Leben die Gesundheit verliert, bemüht sich verzweifelt um die Einreiseerlaubnis – egal für welches Land. Die Behörden von USA, Australien, Griechenland, Holland, Luxemburg und sämtlichen britischen Kolonien bittet er um ein Visum; in letzter Minute, Ende Juli 1939, bekommt er die Erlaubnis für Indien. Die Auflösung der Praxis betreibt der jüdische Zahnarzt mit größter Hast, denn ein nichtjüdischer Kollege hat ihm gedroht, wenn er die Räume nicht vor Weihnachten 1939 übernehmen könne, würde er ihn mit Gewalt hinauswerfen.

Am 24. August 1939 verläßt Dr. Loewy mit kleinem Gepäck und zehn Reichsmark Ausreisegeld (mehr war keinem Emigranten erlaubt) sein Vaterland Richtung Großbritannien. Am 3. September kommt seine Frau mit dem letzten Schiff aus Holland nach. Dann ist Krieg. Das Umzugsgut geht verloren, Loewy kommt ins Internierungslager auf die Insel Man, die Weiterreise nach Indien bleibt ein Traum. Nach der Internierung, 1941, darf er als Assistent in einer Klinik arbeiten, später wird er britischer Staatsbürger und läßt sich als Zahnarzt in London nieder. Knappe zehn Jahre bleiben ihm, dann versagt seine Gesundheit. Im Sommer 1937 muß er sich als Invalide zur Ruhe setzen, wegen der späten und dauerhaften Folgen einer kurzen Haft im KZ. Zwei Jahre später ist er gestorben.

Joseph Goebbels, der Regisseur des Pogroms, hat dreieinhalb Jahre später, als der Völkermord an den Juden längst im Gange war, in seinem Tagebuch die Absichten des Regimes (und Hitlers Anteil daran) dokumentiert. In der armseligen und zynischen Sprache, die auch Göring in seiner Rede »Über die Judenfrage« im Dezember 1938 führte, berichtet der Reichspropagandaminister Ende März 1942, die Juden würden jetzt nach Osten abgeschoben: »Es wird hier ein ziemlich barbarisches und nicht näher zu beschreibendes Verfahren angewandt, und von den Juden selbst bleibt nicht mehr viel übrig.« Und Heinrich Himmler, Chef der SS, die die Morde ausführte, brüstete sich mehrfach darüber vor SS-Führern und Wehrmachtsoffizieren, durchdrungen von Biederkeit und geschwollen von Pflichterfüllung. Zuletzt im Mai 1944: »Es war die furchtbarste Aufgabe und der furchtbarste Auftrag, den eine Organisation bekommen konnte: der Auftrag, die Judenfrage zu lösen ... Es ist gut, daß wir die Härte hatten, die Juden in unserem Bereich auszurotten.«

In der Nacht vom 9. zum 10. November 1938 hatten die Vorbereitungen dazu begonnen.

Franz J. Müller
# Die Pogromnacht in Ulm

In unserem Haus in Ulm wohnten außer meiner Familie noch zwei Mietparteien. Im 1. Stock ein pensionierter Lehrer mit seiner Frau, Protestanten, von der Schwäbischen Alb stammend. Herr E. war kein offener Gegner, doch sehr mißtrauisch gegen das Dritte Reich. Über Hitler sagte er zu meiner Mutter: »Wenn der Bettelmann auf's Roß kommt, reitet er's zuschand.«

Im Dachgeschoß wohnten die »Naze«, Familie B., er kleiner Speditionsangestellter, beide Töchter führend beim Bund Deutscher Mädchen (BDM); die ganze Familie häufig in Uniform, außer der Frau, die so dick war, daß ihr vermutlich keine paßte. Dafür warb sie eifrig für die NS-Frauenschaft.

Im Parterre wohnten wir Müller: Vater (Angestellter bei der NS-Kreisbauernschaft; Parteimitglied seit 1933), Mutter (Hausfrau), Sohn (Jahrgang 1924) und Tochter (Jahrgang 1926).

Meine Eltern waren beide katholisch, Kirchgänger und – das gilt vor allem für meine Mutter – gegen die Nationalsozialisten, weniger aus politischer Überzeugung, sondern »weil diese Schreier den ganzen Tag in Uniform rumrennen, d'Juden verschlagen und Tagdiebe sind«. Bei Hitler-Reden im Radio sagte meine Mutter zu meinem Vater: »Mach den Schreier aus!« Mein Vater war, was man später »Mitläufer« nannte. Der Grund war weniger NS-Überzeugung, sondern Furcht vor Arbeitslosigkeit. Er hatte eine konservative kirchliche Bindung, was damals ja auch politisch war. (»Der Hitler wär' scho recht, wenn er bloß d'Kirch ond Jude en Ruh ließ.«) 1938 war meine Schwester 12 und ich 14 Jahre alt, beide Mitglied in der Hitlerjugend (HJ).

Ab 1933 konnte man aus der Beflaggung des Hauses Rückschlüsse auf seine Bewohner ziehen: Bei Müller zwei kleine Fahnen an einem Holzstecken, im ersten Stock eine Fahne, kaum zu bemerken, im Dachgeschoß eine große Fahne, die an einem Querstab hing und sich kräftig im Wind bewegte.

Am 9. November 1938 kam die Dämmerung noch früher als gewöhnlich: Der Donaunebel, wie wir in Ulm sagten, lag über der Stadt. Mein Vater und ich machten den Garten um unser Haus winterfertig, fegten zusammen, deckten die Rosen mit Tannenzweigen ab, kehrten die Wege.

Ich hörte die Haustür ins Schloß fallen. Herr B. kam in Zivilanzug mit »Heil Hitler« an uns vorbei. »Wo ist denn heute die Uniform, Herr B.?« fragte ihn anzüglich mein Vater. Der antwortete mit gesenkter Stimme: »Heute nicht. Heute ist's geheim. Es geht gegen die Juden; aber die Rohrstiefel hab' ich an.« Er hob das Hosenbein, zeigte sie und marschierte ab. Mein Vater, mir schien er nervös und drängend, schloß das Garagentor und sagte: »Wir gehen ins Haus und lassen die Rolläden runter. Das wird eine schlimme Nacht.« Der Reichssender Stuttgart brachte in den Nachrichten Kommentare zum Mord am deutschen Botschaftsrat von Rath in Paris durch den »Juden Grünspan«.

Ich war 14 Jahre alt, in der 8. Klasse im alten humanistischen Gymnasium, in dem immer noch etwas vom humanistischen Geist zu spüren war. Seit einigen Jahren war ich Ministrant in der katholischen Suso Kirche, ein bemerkenswerter Neubau, der leider im Krieg durch Bomben zerstört wurde. Um die Kirche gab es einen Spielplatz und einen größeren, von Arkaden begrenzten Vorplatz. Alles war zur Straße hin abschließbar, also ein eigener Bezirk, in den man nicht einfach eindringen konnte, auch nicht in brauner Uniform. Hier hatten wir Ministranten einen Freiraum, der von ca. 20 Jungen genützt wurde. Praktisch waren wir eine katholische Jugendgruppe; natürlich ohne uns so zu nennen, denn jegliche Jugendgruppe neben der HJ war ja verboten.

Mit 14 hat man noch keine eigene Meinung. Ich hatte aber Prägungen durch die große, meist bäuerliche Verwandtschaft, durch die Kirche, d. h. durch Pfarrer, durch Dialekt, HJ, Propaganda, Radio, Film und (NS-)Presse.

Juden verkehrten im Hause meines Großvaters, in den Häusern meiner Onkel und Tanten als Viehhändler aus einem nur 2 km entfernten Dorf, in dem es ein Drittel jüdische Einwohner gab. Ich kannte den Sigges, der das Vieh kaufte und schnappte aus dem Preishandeln einiges auf, was Sigges in schwäbisch-fränkischem Dialekt sprach. Es waren jiddische Wörter dabei, die übrigens z.T. auch in unseren Dialekt übernommen wurden. Noch heute werden Ausdrücke wie Galomes (Gauner), Raibach, Massel benutzt, Bezeichnungen, hinter denen Verächtliches stecken konnte. Zu Sigges, der am Tisch bei uns saß, Most trank und Brot aß, gab es ein nicht-ganz-ernst-nehmendes, ein wohl provozierendes, aber doch nicht direkt beleidigendes Verhältnis. Nach dem Preishandel hörte ich oft: »s'isch halt e Jidle«, vor allem wenn Sigges durch Zähigkeit und Ausdauer seiner Preisvorstellung nahe gekommen war. Zu mir, dem ältesten Enkel, war er immer freundlich. Manchmal nahm er mich mit in sein Dorf. Ich durfte im Sattel auf seinem Pferd sitzen, das er am Zügel führte. Seine Mutter und er hatten eine kleine Wirtschaft. Es gab kein Bier, aber Most, Orts-Wein und Limonade. An einen Freitagabend erinnere ich mich besonders: Sigges alte Mutter fütterte mich auf das Freundlichste mit Mazzes. Ich durfte essen, soviel ich wollte, bekam sogar Marmelade dazu.

Wir wußten, daß Jesus Jude war. Aber er war ein anderer Jude als seine Feinde, die Pharisäer. Deren Name stand im Deutschen für Heuchler. Es gab die guten Juden und die schlechten Juden. So sah man es auch auf der bildlichen Darstellung des Abendmahles in unserer Kirche: Christus war blond, hatte glattes Haar. Judas war dunkel, hatte krauses Haar. Die Gesichtszüge von Jesus waren durchaus nordisch mit gerader Nase und blauen Augen. Als Volksschüler saß ich in der Kirche jahrelang unter einer Kanzel, auf der holzgeschnitzt die Leidensgeschichte Jesu dargestellt war. Die Henkersknechte hatten alle sogenannten jüdischen »Rassemerkmale«. Sie waren mit verzerrten, grausamen Gesichtern dargestellt und gewalttätiger Gestik. Der »Hohe Rat« schaute wohlgefällig zu. Das prägte sich ein. Wir erfuhren nicht, daß Jesus durchaus in der jüdischen Religion lebte, die Gesetze einhielt und als »Rabbi« angesprochen wurde. Schon gar nicht erfuhren wir, daß Jesus nicht von Juden, sondern von Römern hingerichtet worden war. Wir wurden aber, wenn auch nicht oft und eindringlich, darauf aufmerksam gemacht, daß das Alte Testament durchaus zur Heiligen Schrift gehörte. Wir lernten es in Bildergeschichten kennen, kindlich einfach gestaltet, aber eindrucksvoll.

Trotz derart stark negativ beeinflußter Vorstellungen war ich nicht gegen Juden eingestellt. Ich sympathisierte mehr mit dem Verhalten meiner Mutter, die bis zum November 1938 oft in jüdischen Geschäften einkaufte. »Die Juden sind gute Geschäftsleute, freundlich und billiger.« Ich glaube, es war auch Trotz gegen die Bevormundung, gegen die aggressive Anti-Juden-Propaganda der Nazis. Der »Stürmer«, dieses antisemitisch-sexistische Hetzblatt, hatte auf mich und meine Freunde eine abstoßende Wirkung. Es hing in besonderen Holzkästen hinter Glas aus. Wir hielten es für unanständig, unkeusch, säuisch und mieden es. »Die Juden sind unser Unglück.« Solche Sprüche fielen bei uns in die Kategorie des Allzu-oft-Gehörten, Langweiligen und waren wie so vieles in der NS-Propaganda ohne große Wirkung auf uns, besonders aber wenn sie auf antisemitischen Heimabenden im Jungvolk von sprachlich unfähigen »Führern« vorgestottert wurden.

Fußball spielte eine wichtige Rolle in unserer Freizeit, – wie ja Sport überhaupt vom Nationalsozialismus als Staatsziel gefördert wurde. Einer der besten Fußballspieler unseres Gymnasiums war Nathan, zwei Jahre älter als ich, viel bewundert. Als ich einmal mit seiner Mannschaft spielen durfte und er mich lobte, war das höchste Anerkennung für mich. Der Mittelstürmer des Ulmer Fußball Vereins hieß Vollweiler. Obwohl er unentbehrlich für die Mannschaft war, durfte er ab 1933 nicht mehr spielen. Juden als gute Sportler widersprachen dem nationalsozialistischen Bild vom Juden und beeindruckten mich.

Unser altes humanistisches Gymnasium hatte uns, zumindest in Ansätzen, Bildung vermittelt, die zum Lesen und Diskutieren anregte. Möglicherweise lasen wir zu der Zeit schon erste Gedichte von Heinrich Heine (später unsere lyrische Bibel), der dann als »unbekannter Dichter« unter seinem Loreley-Gedicht in unserem Lesebuch stand. Unser Widerwille gegen die HJ wuchs, gegen den sinnlosen Dienst, das endlose Marschieren, die aggressiven Geländespiele, das lange Antreten und Herumstehen, das Anhören von HJ-Führer-Reden mit den immer gleichen Leerformeln. Immer unwilliger waren wir in der per Gesetz obligatorischen HJ. Es wuchs das Desinteresse, aber auch das Mißtrauen gegen die anti-jüdische Propaganda, gegen den Nationalsozialismus überhaupt. Das war noch keine bewußte politische Einstellung oder Tradierung, die uns das Elternhaus ja nicht vermittelte. Ich war 14 Jahre alt, das hieß: Beginn der Pubertät, gesteigertes Freiheitsstreben und Nein-sagen. Der »Taugenichts« von Eichendorff wurde eine Art Kult-Buch für mich, bald gefolgt von Goethes Werther und Gedichten von Mörike. Meine Freunde und ich empfanden stark den radikalen Widerspruch dieser phantasievollen, weichen, lyrischen Welt zum gepredigten und praktizierten »Gelobt sei, was hart macht!«

In der Nacht zum 10. November schlief ich unruhig, hörte Alarm-Glokken von Feuerwehrautos. Lange vor Schulbeginn fuhr ich ohne Frühstück mit dem Fahrrad zur Schule und weiter zum Weinhof, zur Synagoge. Unterwegs sah ich einige Geschäfte mit eingeschlagenen Scheiben und mußte aufpassen, daß ich nicht in die Glassplitter geriet.

Der älteste Teil des mittelalterlichen Ulm liegt um das Münster, vor allem am Weinhof, und wie der benachbarte »Neue Bau« im Bereich der ehemaligen Kaiserpfalz. Der »Neue Bau« war Polizeihauptquartier, Sitz der Polizei und des SS-Führers der Stadt; unmittelbar dahinter lag die Synagoge.

Ich wußte, daß die Synagoge der jüdisch-religiöse Mittelpunkt war. Juden am Sabbath hatte ich aber nie gesehen. Juden in Ulm waren mir hauptsächlich als Geschäftsinhaber bekannt, bei denen meine Mutter einkaufte. Meinem Vater war das nicht recht. Ich hörte ihn sagen: »Du bringst uns noch ins Unglück mit deinen Einkäufen bei Juden!« Daß meine Mutter sich davon nicht beeindrucken ließ, weiß ich auch, denn diese Szenen wiederholten sich. Meine Mutter hatte auch einen jüdischen Arzt, Dr. Glück. Sie mußte ihn wegen ihrer guten Gesundheit zwar wenig konsultieren, blieb aber seine Patientin.

Die Architektur der Synagoge fiel auf. Sie war anders als die umliegenden, meist spitzgiebeligen Häuser mit Fachwerk: Aus massivem Stein, neoromanisch-byzantinisch habe ich sie in ungenauer Erinnerung. Nahebei stand der gotische Fischbrunnen, in den im Mittelalter die in der Donau gefangenen Fische eingesetzt wurden. Wegen der Jahreszeit enthielt er aber kein Wasser.

Fast gleichzeitig mit mir trafen zwei Klassenkameraden ein. Die Synagoge brannte im Inneren, wie ich später erfuhr, in kleineren Einzelfeuern, von denen die leeren Fensterhöhlen erleuchtet waren. Qualm, wohl durch das Wasser der Feuerwehr verursacht, verhinderte den Blick ins Innere. Löschzüge der Feuerwehr waren in Aktion, hatten Schläuche gelegt, verhinderten das Übergreifen des Brandes auf die benachbarten, eng aneinander gebauten Häuser. Wir sahen die behelmten, dunkelblau uniformierten Feuerwehr-Männer, aber weit mehr braun-uniforme SA, jetzt also offen in Uniform. Das sah alles präventiv organisiert aus, als ob man vorher alarmiert worden war. Die SA war angeblich von auswärts nach Ulm gefahren worden. Die Aktion war offenbar vorüber. Einige kleine Feuer vor der Synagoge wurden zum Wärmen genützt. Händereibend standen die »Braunen« herum. Wir lehnten, auf den Sätteln unserer Fahrräder sitzend, am Brunnen. Die einzigen Ulmer Bürger zu dieser Zeit. Ein SA-Mann sprach uns an: So ginge es heute den Juden überall in Deutschland. Höchste Zeit, daß die mal spürten, daß sie hier nichts mehr zu suchen hätten. Wir seien doch in der HJ und wüßten wohl warum. Wir hatten keine Lust auf ein Gespräch ...

Soweit die Beschreibung des Gesehenen, wie ich es erinnere.
Was ich glaube zu erinnern:

Im Inneren des »Fischkasten« sahen wir Blutspuren, möglicherweise auch einige ausgeschlagene Zähne. Der erwähnte SA-Mann klärte uns auf. Hier hätte man die Juden im Kreis laufen lassen und, da dies nicht schnell genug gegangen sei, mit dem Gummiknüppel nachgeholfen. Dabei hätten halt auch einige »etwas in die Fresse« bekommen. Das war kein Schock für uns. Geschlagen wurde bei den Nazis oft. In der HJ waren brutale Kämpfe Alltag. Blutende Nasen, auch mal ein ausgeschlagener Zahn machten hart; also hatte man nicht zu lamentieren. Und Gummiknüppel waren nicht nur bei der Polizei zu sehen. Ein Lastwagen stand in der Nähe. Er hatte Planen ringsum. Ich meine gesehen zu haben, wie Juden, gestoßen von der SA, ihn besteigen mußten.

Der SA-Mann roch nach Schnaps, hatte daher wohl auch das Vertrauliche. Er war kein Einzelfall. Man trank nicht nur wegen der Kälte. Der Dienst dieser Nacht war ja anstrengend ...

Wir waren uns einig: »Gemein!«, was den Juden da angetan wurde! So viele, dazu bewaffnete Männer gegen so wenige, meist ältere Menschen. Wie oft war uns gesagt worden: Germanisch ist der offene Zweikampf, der »faire« Kampf und fair heißt bekanntlich blond ... Das hier aber war alles andere als fair. Die Juden hatten keine Chance gegen diese Übermacht. Mit solchen Gedanken fuhren wir in die Schule und erzählten den Freunden, nicht den Kameraden, was wir gesehen hatten.

Gab es Nachwirkungen? Es scheint so. Wirkungen könnten sein:
— 1941 illegales Ausscheiden aus der HJ durch Unterlassen der Neuregistrierung bei der Umorganisation der Gefolgschaften nach Kriegsbeginn; damit Zeitgewinn für Lesen, Diskutieren, Gruppenbildung, Aktionen
— passive, wenn auch zunächst eher spielerische Resistenz in unserer Klasse gegen den NS-Rektor und seine Weltanschauungs-Lehrerin; erste Verweigerungsaktionen
— ab 1940 Pater-Eisele-Kreis, auf dem Heimweg zweimal Opfer brutaler Überfälle durch »HJ-Streifen«
— 1941 Verbreitung der ersten Predigt des Bischofs von Galen gegen die Tötung von geistig Behinderten per Flugblatt durch unseren Klassenfreund Heinz Brenner und seine Gruppe
— Juni 1942 Lesen und Diskutieren des 2. Flugblattes der Weißen Rose (zugesandt von Hans Scholl) im engsten Freundeskreis: Judenmord und deutsche Schuld ..., für uns sofort glaubhaft
— Januar 1943 Versand des 5. Flugblattes der Weißen Rose (überbracht von Sophie Scholl) nach Stuttgart, Aktion von Hans Hirzel und Franz J. Müller
— 19. April 1943 Verurteilung von Hanz Hirzel, Franz J. Müller und Heiner Guter aus erwähnter Gymnasiumsklasse durch den Volksgerichtshof unter Roland Freisler

Die Pogromnacht bestärkte uns wohl in unserer Haltung. Hinsehen, Diskutieren, Erkennen und Handeln wurden noch intensiver und führten uns in den Widerstand. »Wer Augen hat zu sehen, der sehe, wer Ohren hat zu hören, der höre ...«

Mitarbeit: Britta Müller-Baltschun

## Biographie Franz J. Müller

| | |
|---|---|
| 1924 | geboren am 8. September in Ulm, katholisch, konventionell erzogen, Ministrant, Humanistisches Gymnasium, oppositionelle Einübung in Schule und Hitlerjugend (HJ), deshalb mehrfach Schulstrafen, Konflikte in der HJ |
| 1941 | illegaler Austritt aus der HJ |
| 1942 | Lesen und Diskutieren im Freundeskreis des von Hans Scholl gesandten 2. Flugblatts der Weißen Rose; Reichsarbeitsdienst, Mitwirkung bei Widerstandsaktion |
| 1943 | im Januar Flugblatt-Aktion mit Hans Hirzel (Finanzierung, Besorgung von Briefmarken und Umschlägen, Adressierung, Kuvertierung von ca. 1.200 Flugblättern); das 5. Flugblatt der Weißen Rose hatte Sophie Scholl nach Ulm gebracht<br>Februar/März Wehrmacht, am 16. März Verhaftung in Epinal/Frankreich, am 19. April zweiter Prozeß gegen die Weiße Rose in München vor dem Volksgerichtshof unter Vorsitz von Roland Freisler, Verurteilung wegen Hochverrat u. a. zu 5 Jahren Gefängnis |
| 1945 | im April Befreiung aus der Haft durch die US-Army |
| 1946 – 1952 | Studium in Tübingen, Basel und Freiburg (Philosophie, Geschichte und Jura) |
| 1952 | Staatsexamen in Jura |
| 1953 | Studienstipendium in Frankreich |
| 1955 – 1962 | Lehrer in München |
| 1963 – 1981 | freiberuflich tätig |
| 1972 | Eintritt in die SPD |
| seit 1979 | Vortrags- und Diskussionstätigkeit in Schulen, Universitäten etc. |
| seit 1980/81 | stellvertretender Bundesvorsitzender der AvS (ArGe verfolgter Sozialdemokraten), Landesvorsitzender der AvS Bayern<br>3mal Sachverständiger im Innen- und Rechtsausschuß des Bundestages |
| 1986 | Mitbegründer der White Rose Foundation im Capitol Washington D.C. |
| 1987 | Gründer der Weiße Rose Stiftung e.V. in München, seither deren Vorsitzender |
| 1988 | Initiator der Weiße Rose Ausstellung, Erarbeitung zusammen mit Otl Aicher zahlreiche Vorträge: BRD, USA, Italien, Österreich, Frankreich, Chile, Polen, Slowenien, Lettland, meist bei Ausstellungseröffnungen, oft in Goethe-Instituten |
| 1989 | Raoul Wallenberg Award, New York |
| 1991 | Yad Vashem Medaille, Jerusalem |
| 1993 | »München leuchtet« in Silber |
| 1995 | Bayerischer Verdienstorden und andere Ehrungen |
| 1997 | Initiator der »DenkStätte Weiße Rose am Lichthof«, LMU München<br>Franz J. Müller lebt in München, ist verheiratet und hat 5 Kinder |

Jörg Skriebeleit

# Das Konzentrationslager Flossenbürg

## Die Anfänge

Vor genau 60 Jahren, Anfang Mai 1938, wurde das Konzentrationslager Flossenbürg am Rande des nördlichen Oberpfälzer Waldes eröffnet. In den sieben Jahren seines Bestehens entwickelte sich Flossenbürg mit seinem netzartigen System von fast hundert Außenlagern zu einem Terrorsystem, dessen wahre Bedeutung heute nur wenig bekannt ist. Über 100.000 Häftlinge des Flossenbürger KZ-Systems lassen sich namentlich belegen, ein Drittel davon überlebte nachweislich nicht.

Für die Wahl der kleinen Gemeinde an der Grenze zur damaligen Tschechoslowakischen Republik als Standort für ein Konzentrationslager waren mehrere Gründe ausschlaggebend. So lagen die Expansionspläne Nazideutschlands in Richtung Osten schon fertig ausgearbeitet in den Schubladen der Wehrmachtsgeneräle (sie wurden im Oktober 1938 mit dem Anschluß der »Sudetengebiete« an das Deutsche Reich sowie der Zerschlagung der Tschechoslowakei im März 1939 dann auch vollzogen). In der Nähe der Ostgrenzen mußten Kapazitäten für die zu erwartenden Häftlinge aus den besetzten Ländern geschaffen werden.

Entscheidend waren aber auch die Vorbereitungen für einen »Großdeutschen Wirtschaftsraum« als Ausgangsbasis für einen Expansions- und Vernichtungskrieg. Gleichlaufend mit dem »Vierjahresplan« der deutschen Wirtschaft, setzte in diesem Zusammenhang auch die SS beim Bau neuer Konzentrationslager andere Schwerpunkte. Bei der Anlage der Konzentrationslager Flossenbürg, Neuengamme, Sachsenhausen und Mauthausen war die wirtschaftliche Ausbeutbarkeit der Häftlinge von herausragender Bedeutung. Die Standorte dieser »neuen Lagergeneration« wurden nicht mehr allein nach strategischen Gesichtspunkten ausgewählt. Potentielle Produktionsstätten, wie

Granitsteinbrüche oder Ziegelwerke, traten bei der geographischen Entscheidung in den Vordergrund.

Günstig an der Grenze zur Tschechoslowakei gelegen, war Flossenbürg für seine reichen Granitvorkommen bekannt und bot trotz seiner Abgeschiedenheit in einer äußerst dünn besiedelten Region den infrastrukturellen Vorteil als Endbahnhof einer Nebenbahnlinie. Häftlinge konnten problemlos in größerer Anzahl per Bahn nach Flossenbürg gebracht werden. Ebenso war es umgekehrt möglich, die hergestellten Granitprodukte, später dann Rüstungsgüter, über längere Distanzen an ihre Zielorte zu transportieren. Zudem gab es in Flossenbürg bauliche Erweiterungsmöglichkeiten für die noch zu erwartenden Häftlingsmassen.

**Zur Lagergeschichte**

Aufgabe der ersten Häftlinge, die ab Mai 1938 mit Transporten aus dem KZ Dachau kamen, war es, Erschließungsmaßnahmen für das Lager durchzuführen und die Baracken, erste Verwaltungsgebäude sowie Sicherungsanlagen zu errichten. Gleichzeitig wurde aber bereits mit Arbeitseinsätzen in den Steinbrüchen des SS-eigenen Wirtschaftsunternehmens DEST (Deutsche Erd- und Steinwerke) begonnen.

Nach der Aufbauphase erreichten nun größere Häftlingstransporte das Konzentrationslager Flossenbürg. Geplant für zunächst 1.600 Insassen, wurde die Lagerkapazität bereits im Juli 1939 auf 3.000 vergrößert. Trotz weiterer baulicher Erweiterungen – bis zu einer Aufnahmemöglichkeit von schließlich 5.000 Häftlingen – war das Lager der Anzahl der eingelieferten Menschen zu keiner Zeit gewachsen. In der Endphase 1945 waren bis zu 15.000 Personen auf engstem Raum unter unbeschreiblichen Bedingungen zusammengepfercht.

Bis 1943 wurden die Häftlinge überwiegend zur Zwangsarbeit in den Steinbrüchen eingesetzt. Von den SS-Bewachern und den Kapos systematisch gedemütigt und gequält, mußten sie auch Material für die prestigeträchtigen Monumentalbauten des nationalsozialistischen Größenwahns liefern (beispielsweise für das Reichsparteitagsgelände in Nürnberg). Mit Beginn des Krieges änderte sich sowohl die Häftlingsstruktur als auch der Charakter der Zwangsarbeit. Es kam zu Einlieferungsschüben von Verhafteten aus den besetzten Ländern, und die Produktion für die Kriegswirtschaft wurde immer wichtiger. Gleichzeitig nahm die Bedeutung der Steinbrucharbeiten ab. Bereits Ende 1942 wurde geplant, Produktionsanlagen des Rüstungsbetriebs Messerschmitt

Sklavenarbeit der Häftlinge im Steinbruch. Hier das Ausheben eines Fundamentes für eine Werkhalle des SS-Unternehmens DEST (Deutsche Erd- und Steinwerke).

in Flossenbürg zu errichten. Ab Februar 1943 wurde dann ein Teil der Häftlinge in neu errichteten Fertigungshallen für die Produktion des Jagdflugzeugs Me 109 eingesetzt.

Mit der erweiterten, kriegswirtschaftlichen Häftlingsarbeit expandierte das Konzentrationslager Flossenbürg auch räumlich. Ab 1942 wurden in Bayern, Böhmen und Sachsen an die 100 Außenlager des Hauptlagers errichtet. Zehntausende Häftlinge wurden dort zu Sklavenarbeiten gezwungen – viele überlebten nicht.

Die unvorstellbaren Haftbedingungen, der Terror der Bewacher und der Kapos bestimmten den Lageralltag. Dennoch hatte das KZ Flossenbürg nicht den Charakter eines reinen Vernichtungslagers. Vielmehr sollten die Häftlinge durch die Arbeit, die unzureichende Ernährung und Versorgung im Lager sowie durch die allgegenwärtigen Schikanen zugrunde gerichtet werden. »Versklavung und Vernichtung« oder auch »Vernichtung durch Arbeit« lautete die von Himmler an die SS ausgegebene Devise. Menschliches Leben wurde als ausbeutbarer Rohstoff bei der Produktion kriegswichtiger Güter betrachtet. Da durch willkürliche Verhaftungen jederzeit »Nachschub« herbeigeschafft werden konnte, hatte das »Material Mensch« nur einen geringen Wert.

In Flossenbürg fanden aber auch gezielte und systematische Vernichtungsaktionen statt. So entstand beispielsweise neben dem eigentlichen »Schutzhaftlager« ein abgetrennter und gesondert gesicherter Bereich für sowjetische Kriegsgefangene mit einem Fassungsvermögen von 2.000 Häftlingen. Sie wurden nach Hitlers »Kommissarbefehl« massenweise ermordet. Da diese Gefangenen nicht in der offiziellen Lagerkartei registriert wurden, lassen sich über die Zahl nur Vermutungen anstellen.

Ende 1944 befanden sich über 8.000 Häftlinge in den Baracken des Konzentrationslagers, überwiegend aus Polen, der Sowjetunion und der Tschechoslowakei. Mehr als 5.000 von ihnen waren in der Produktion der Me 109 Jagdflugzeuge eingesetzt. Zum gleichen Zeitpunkt erreichten bereits fast täglich Häftlingstransporte aus den Konzentrationslagern Auschwitz, Buchenwald oder anderen Lagern Flossenbürg. Aufgrund seiner geographischen Lage wurde das KZ Flossenbürg vorübergehend zur Auffangstation für Tausende von Häftlingen, die vor den heranrückenden Alliierten in Richtung Süden getrieben wurden. Kein Häftling sollte lebend in die Hände der Befreier fallen. Die SS-Bewacher versuchten, in den verlassenen Lagern die Spuren ihrer Mordtätigkeit zu verwischen. So wurde z. B. die SS-Gesamtpersonalkartei Anfang 1945 von Oranienburg nach Flossenbürg verlagert, wo sie Mitte April von der SS verbrannt wurde.

Ab März verließen aber auch Flossenbürg die ersten Transporte in Richtung Süden; das Lager wurde aufgelöst. Auf sogenannten »Todesmärschen« starben nochmals Tausende an Erschöpfung oder wurden von den begleitenden Wachmannschaften erschossen und erschlagen. Am 23. April 1945 befreite die 90. US Infanterie Division das Konzentrationslager Flossenbürg.

## Die Häftlinge

Wie in fast allen Konzentrationslagern der »neuen Generation« waren auch in Flossenbürg die ersten Häftlinge sogenannte »Grünwinkel« oder »Kriminelle« (verschiedenfarbige, auf die Kleidung aufgenähte Dreiecke unterteilten die Häftlinge in Kategorien). Dabei handelte es sich einerseits tatsächlich um Schwer- und Berufskriminelle, andererseits aber auch um Personen, die wegen Bagatelldelikten mit dem nationalsozialistischen Staat in Konflikt gekommen waren. Bereits seit Herbst 1939, vermehrt aber nach Abschluß der Aufbauphase des Lagers, Anfang 1940, kamen auch deutsche politische Häftlinge aus Dachau und Sachsenhausen nach Flossenbürg. Bald machte die Gruppe der »Politischen« ein Drittel der Belegung aus. Die privilegierten »kriminellen Grünwinkel« besetzten jedoch die wichtigen Funktionsstellen innerhalb der Häftlingshierarchie und ließen sich in hohem Maße zu willfährigen Handlangern (Kapos) der SS-Schergen machen. Eine solche, bereits in Dachau erprobte Lagerstruktur hatte Methode: Die »grünen« Kapos wurden zum Instrument des Terrors gegenüber anderen Inhaftierten. Das sollte die Solidarisierung der Häftlinge untereinander verhindern, jegliche Privatsphäre und Individualität zerstören und einen ständigen Verfolgungs- und Vernichtungsdruck erzeugen.

1943 faßte das Lager bereits über 4.000 Häftlinge, hauptsächlich politische Gefangene aus dem Ausland: Größtenteils Polen, sowjetische Kriegsgefangene und Zivilarbeiter, Tschechen, Belgier, Franzosen und Holländer. Ab Mitte 1944 trafen zahlreiche polnische und ungarische Juden in Flossenbürg ein, die vor ihrer geplanten Vernichtung zur Sklavenarbeit gezwungen wurden. Ende 1944 befanden sich über 8.000 Menschen im Lager, das für maximal 5.000 Häftlinge ausgerichtet war. Bis zur beginnenden Auflösung im Februar 1945 waren fast 15.000 Menschen gleichzeitig in den Baracken eingepfercht.

Insgesamt waren von 1938 bis 1945 über 100.000 Häftlinge im Konzentrationslager Flossenbürg und den Außenlagern interniert. Nachweislich kamen durch gezielte Tötungen oder durch die katastrophalen Lebensbedingungen rund 30.000 Menschen um. Da aber die in Flossenbürg ankommenden Häftlingstransporte in der Endphase des Lagers nicht mehr registriert wurden und die Nummern toter Lagerinsassen teilweise wieder an neue Gefangene vergeben wurden, wird sich die Zahl der Opfer nie exakt feststellen lassen.

### Die Täter

Ebenso wie alle anderen Konzentrationslager wurde auch Flossenbürg von einer eigenen SS-Einheit bewacht und beherrscht. Der Terror dieses »SS-Totenkopf-Sturmbanners Flossenbürg« erstreckte sich jedoch nicht nur auf das Hauptlager, auch die meisten Außenkommandos waren der Flossenbürger SS-Einheit unterstellt. Während 1938 nur wenige SS-Leute die ersten Häftlinge bei der Errichtung des Lagers bewachten, hatte sich bis zum Jahr 1945 ein über 4.000 Männer und mehr als 500 Frauen umfassender Wachverband entwickelt. Die weiblichen SS-Angehörigen wurden hauptsächlich in verschiedenen Außenlagern eingesetzt, allerdings mußten alle Neu-Bewerberinnen eine Art »Praktikum« im Hauptlager Flossenbürg absolvieren.

Entgegen anderslautenden Behauptungen waren die Wachmannschaften der Konzentrationslager eine der Keimzellen der Waffen-SS. Der Wachdienst in den Lagern galt als wichtiger Bestandteil der Ausbildung. Ebenso waren Versetzungen von Wachleuten zu den Feldtruppen und umgekehrt gängige Praxis. In den Außenlagern beteiligten sich aber auch immer wieder Einheiten der Wehrmacht an der Aufsicht über die KZ-Häftlinge. So stellte z. B. die Luftwaffe die Bewachung des Außenlagers Kronach-Gundelsdorf.

Immer wieder stellt sich die Frage nach Herkunft und Lebenslauf der SS-Schergen. Die meisten von ihnen waren keineswegs sozial Unterprivilegierte mit einem schon immer vorhandenen, besonderen Hang zur Brutalität. Einzelne Studien belegen, daß die SS-Bewacher aus der Mitte der damaligen Bevölkerung stammten, mittlere bis höhere Schulbildung hatten und von Opportunismus, Karrierechancen oder soldatischem Elitewahn geleitet wurden.

Die Biographien der Flossenbürger Lagerkommandanten sind relativ gut erforscht. Gemeinsam mit vielen anderen Tätern war ihnen die Teilnahme am Ersten Weltkrieg, eine verhinderte bürgerliche Laufbahn nach 1918 und damit eine ablehnende Einstellung zur Weimarer Republik. Entscheidend für das Verständnis der Motive von SS-Führern und Bewachungsmannschaften sind aber weniger biographische Ähnlichkeiten und Besonderheiten, sondern vielmehr die Merkmale eines gemeinsamen Elite-Ideals und einer gemeinsamen Gruppenidentität. Die überhöht eingeschätzte Sicht des eigenen Daseins sowie der Überlegenheitsglaube der eigenen »Volkszugehörigkeit« und »Rasse« förderte den Gruppenzusammenhalt und die Kameraderie. Ständige Gewaltbereitschaft gehörte zu einem der wichtigsten Merkmale dieser Gruppe. Wer nicht die Zugehörigkeit zur SS aufs Spiel setzen wollte, mußte die Erwartungen erfüllen und erfüllte sie oft genug auch gerne.

Der Soziologe Wolfgang Sofsky schreibt zu den Motiven der Täter: »Für Grausamkeit reicht ein Mangel an moralischem Sinn und die Verrohung durch den täglichen Dienstbetrieb. Die Aufseher prügelten, quälten und töteten, nicht weil sie mußten, sondern weil sie durften.«

Die Außenlager

Das Scheitern des »Blitzkriegkonzepts« der Wehrmacht nach dem Überfall auf die Sowjetunion 1941 führte zu einer Zunahme des Einsatzes von Häftlingen in der Kriegswirtschaft. So entstanden ab 1942 an verschiedenen Orten Bayerns, Böhmens und Sachsens über 100 Außenkommandos des Konzentrationslagers Flossenbürg, in denen Häftlinge bei kriegswichtigen Bauvorhaben, aber auch direkt in der Rüstungsproduktion eingesetzt wurden. Organisatorisch waren sie dem Hauptlager in Flossenbürg unterstellt, zeichneten sich aber durch eigene Lagerstrukturen, eigene Unterkünfte und eigene Wachmannschaften aus. Die Schikanen und der Terror der Bewacher und Kapos unterschieden sich in den Außenkommandos kaum von denen im Flossenbürger Hauptlager.

Zwei der berüchtigsten Außenlager waren Hersbruck in Franken und Leitmeritz in Böhmen, wo jeweils einige tausend Häftlinge an Stollenbauprojekten und in unterirdischen Fabriken arbeiten mußten. Über die Hälfte der nach dort verschleppten Häftlinge hat die Torturen nicht überlebt. Während das Hauptlager Flossenbürg bis auf die letzten Monate ein reines Männerlager war gab es unter den Außenkommandos auch über 30 Lager mit weiblichen Gefangenen.

### Die Todesmärsche und die Befreiung

Bereits im Sommer 1944 wurden die ersten großen Konzentrationslager im Osten angesichts der heranrückenden alliierten Befreier aufgelöst. Die noch lebenden Häftlinge kamen mit Eisenbahntransporten ins Landesinnere. Ein großer Teil dieser Routen hatte das Konzentrationslager Flossenbürg zum Ziel. Aufgrund seiner geographischen Lage war Flossenbürg zu einer der letzten Stationen des nationalsozialistischen KZ-Systems geworden.

Mitte April 1945 begannen auch hier die Wachmannschaften mit der Auflösung. Zur selben Zeit wurden die Außenkommandos »evakuiert«. Ein erster Transport mit ca. 1.700 jüdischen Häftlingen verließ Flossenbürg am 17. April in Richtung Dachau – das Lager von dem die amerikanischen Streitkräfte noch am weitesten entfernt waren. Ohne Nahrung und nur notdürftig bekleidet, wurden in den folgenden Tagen weit über 10.000 völlig abgemagerte und erschöpfte Häftlinge nach Süden getrieben. In mehreren Kolonnen mit bis zu 4.000 Menschen durchkreuzten diese Elendsmärsche bayerische Ortschaften. Unzählige Häftlinge starben an Entkräftung. Andere wurden bei Fluchtversuchen, oder weil sie vor Erschöpfung nicht mehr weiter konnten, erschossen oder erschlagen. Ein Sonderkommando von Häftlingen, mußte die Leichen notdürftig verscharren. Nach Kriegsende wurden über 5.000 Tote entlang dieser Routen entdeckt.

Das Eingangstor des KZ Flossenbürg mit Blick auf den Appellplatz wenige Tage nach der Befreiung durch die US-Armee. Einwohner von Flossenbürg werden zum Abtransport der noch nach der Befreiung an den Folgen der KZ-Haft verstorbenen Häftlinge verpflichtet. Diese werden auf einem Ehrenfriedhof in der Ortsmitte beigesetzt.

Als die 90. Infanterie Division der US-Armee am 23. April 1945 das Lager erreichte, fanden die Soldaten dort noch ca. 1.600 schwerkranke Häftlinge vor, die von den flüchtenden Wachmannschaften zurückgelassen worden waren. Viele dieser Todkranken überlebten ihre Befreiung nur um wenige Stunden oder Tage. In den folgenden Wochen starben noch über hundert ehemalige KZ-Gefangene an den Folgen der Lagerhaft.

**Das Lagergelände nach 1945**

Unmittelbar nach der Befreiung des Lagers durch die Amerikaner dienten die Baracken zunächst noch als Unterkunft und Krankenstation für die überlebenden Häftlinge. Im Mai 1945 wurde das Lager aufgelöst und die ehemaligen Häftlinge in ihre Heimatländer zurückgeführt. Ab Juli 1945 richtete die amerikanische Militärregierung auf dem Gelände ein Internierungslager für ca. 4.000 deutsche Kriegsgefangene ein – zum großen Teil ehemalige Angehörige der SS – das bis April 1946 bestand.

Auch danach wurden das Gelände und die Baracken weiterhin als Lager genutzt. Die UN-Flüchtlingsorganisation UNRRA (United Nations Relief and Rehabilitation Administration) brachte dort sogenannte »Displaced Persons« – Menschen fremder Staatszugehörigkeit, die sich nach der Befreiung in Deutschland aufhielten – unter. Dabei handelte es sich vorwiegend um Polen, die auch maßgeblich an der Gründung und Gestaltung der Gedenkstätte beteiligt waren.

Nach Auflösung des UN-Flüchtlingslagers Ende 1947 wurden die Steingebäude des Lagers und die bereits stark umgebauten Baracken abermals mit Flüchtlingen belegt. Zahlreiche Familien aus Schlesien, Ostpreußen und dem Sudetenland bewohnten nun Unterkünfte auf dem Gelände des ehemaligen Konzentrationslagers.

Bereits 1946 wurde auf Initiative einiger im UNRRA-Lager untergebrachter, ehemaliger polnischer Häftlinge eine Denkmalsanlage gestaltet, die das Erscheinungsbild der Gedenkstätte bis heute prägt. Allerdings umfaßte diese erste Gedenkstätte nur einen kleinen Teil des heutigen Gedenkstätten-, bzw. einen noch kleineren Teil des früheren Lagergeländes. Die vorrangigen Aktivitäten des damaligen Denkmalskomitees konzentrierten sich auf den Bau einer Sühnekapelle aus den Steinen der Lagerwachtürme und die dazugehörige Denkmalsanlage im »Tal des Todes«. Zentrales Element in der Gedenkstättengestaltung wurde das frühere Krematorium, das schon seit 1946 für Besucher zugänglich war.

Mitte der 50er Jahre wurden ein Großteil der ehemaligen Häftlingsbaracken abgebrochen, die Terrassen auf denen diese errichtet waren parzelliert und an die bislang in den umgebauten Baracken lebenden Vertriebenen verkauft. Im Rahmen eines »Landkreissiedlungswerks« wurden nun auf einem Großteil des ehemaligen Schutzhaftlagers und des SS-Bereichs Einfamilienhäuser errichtet.

Die von der SS geschaffene Infrastruktur, die 1938 für das peripher gelegene Flossenbürg einen gewaltigen Modernisierungsschub bedeutet hatte, wurde konsequent weiter genutzt. Der damals etwas abseits des KZ gelegene Ort Flossenbürg entwickelte sich buchstäblich in das Gelände des ehemaligen Lagers hinein. Bereits in der unmittelbaren Nachkriegszeit wurden die ehemalige Lagerküche und -wäscherei sowie das dazwischen liegende Areal des Appellplatzes gewerblich genutzt und seitdem immer wieder durch Zubauten ergänzt. Das ehemalige SS-Kasino, das nach 1945 als Kino fungiert hatte, wird seit 1950 als Gaststätte betrieben, während das gesamte Steinbruchgelände mit den Baracken und Betriebsgebäuden an den gewerkschaftseigenen Betrieb »Oberpfälzer Steinindustrie« (OSTI) verpachtet worden war.

Mit der Exhumierung der Opfer entlang der Todesmarschrouten und der Umbettung der sterblichen Überreste nach Flossenbürg erfuhr die Gedenkstätte mit der Anlage eines Ehrenfriedhofs ihre erste Erweiterung. Dies bedeutete jedoch eine Vernichtung von historischer Bausubstanz – für die Anlage des Ehrenhains wurde das noch erhaltene Desinfektionsgebäude abgerissen – und eine weitere Verwischung der füheren Dimension des KZ. Die Gedenkstätte Flossenbürg wurde fortan als Grab- und Gedenkstätte definiert und gestalterisch wie verwaltungstechnisch als Friedhof behandelt. Die Umbettung der Todesmarschopfer aus den Einzelorten bewirkte eine Zentralisierung des Gedenkens in Flossenbürg und eine auch optisch so angelegte Reduzierung des Gedenkens auf die rituellen Formen der Totenehrung.

Eine Zäsur für die Gedenkstättenentwicklung stellte der geplante Abbruch des noch erhaltenen Lagergefängnisses durch die Gemeinde Flossenbürg im Jahr 1964 dar. Erstmals erhob sich größerer Protest gegen die weitere Zerstörung historischer Bausubstanz, der vor allem von französischen Überlebenden und der Evangelischen Kirche getragen wurde.

Nach heftigen Diskussionen wurde als eher unbefriedigender Kompromiß der Abriß von drei Vierteln der Bausubstanz des Lagergefängnisses beschlossen. Der erhalten gebliebene Rest wurde restauriert und in den Räumen des »Restgefängnisses« eine 1985 letztmalig überarbeitete Dauerausstellung eingerichtet. Die Beseitigung von baulicher Originalsubstanz und die Verniedlichung des Ortes durch seinen parkähnlichen Charakter, der sich für uninformierte Besucher auch nicht sofort als Friedhof erschloß, ebenso wie die sich mit neueren Forschungen nicht mehr deckenden Opferzahlen auf den nationalen Gedenktafeln der ersten Gedenkstätte begünstigten geschichtsrelativierende Tendenzen.

Bis auf kleinere Maßnahmen hatte sich das Erscheinungsbild der Gedenkstätte bis 1995 kaum wesentlich verändert. Neben den auf dem Gelände der Gedenkstätte erhaltenen Originalgebäuden wie Krematorium, drei Wachtürmen, Resten des Lagergefängnisses sowie verschiedenen Bodendenkmälern blieben außerhalb der Gedenkstätte bis heute wesentliche Funktionsbauten des ehemaligen Lagergefängnisses erhalten: Das zentrale Verwaltungsgebäude, die sogenannte Kommandantur, die Lagerküche und -wäscherei mit dem Areal des Appellplatzes, das SS-Kasino, das DEST-Verwaltungsgebäude sowie die SS-Führerhäuser.

## Neue Perspektiven seit 1995

Das Jahr 1995, der 50. Jahrestag der Befreiung des Konzentrationslagers, bedeutete für die Gedenkstätte Flossenbürg erhöhte mediale Aufmerksamkeit, die das Bild eines »vergessenen Konzentrationslagers« transportierte und somit Handlungsbedarf in Bezug auf Ausstattung und Erscheinungsbild der Gedenkstätte anmeldete.

Von seiten des Freistaates Bayern wurde im Zuge der sich nun verstärkenden öffentlichen Diskussion erstmals der dringende Handlungsbedarf in Bezug auf eine Neukonzeption der Gedenkstätte offiziell anerkannt und eine Art Gedenkstättenbeirat ins Leben gerufen. Eines der ersten und wichtigsten Ergebnisse dieses neuen Gremiums war die Einrichtung einer Informationsstelle für die KZ-Gedenkstätte Flossenbürg. Im Frühjahr 1996, 51 Jahre nach der Befreiung des Konzentrationslagers Flossenbürg, wurde das Informationsbüro eröffnet. Der Übergang der staatlichen Zuständigkeiten für die bayerischen Gedenkstätten an die Landeszentrale für politische Bildungsarbeit im Jahr 1997 bedeutete für die Einrichtung in Flossenbürg nicht nur einen Stil-, sondern auch einen Qualitätswechsel. So gibt es inzwischen Bestrebungen, den Personalbestand des Informationsbüros dauerhaft zu sichern und auszubauen. 1997 markiert aber vor allem insofern eine weitere Zäsur in der Geschichte der Gedenkstätte, weil ein wesentlicher Teil des ehemaligen Konzentrationslagers dem Freistaat Bayern als Schenkung zur Eingliederung in die Gedenkstätte angeboten wurde. Die von der Firma »alcatel« industriell genutzte Lagerküche und -wäscherei sowie der dazwischen befindliche Appellplatz wird 1998 in den Besitz des Freistaates übergehen. Ebenso ist die Gemeinde Flossenbürg bereit, das Kommandanturgebäude dem Staat für Gedenkstättenzwecke zu überlassen. Die Gedenkstätte Flossenbürg wird – so der gegenwärtige Sachstand – um Kernareale des früheren Konzentrationslagers erweitert werden. Diese umfassen nicht nur zentrale Teile des ehemaligen Schutzhaftlagers, sondern auch einen wesentlichen Funktionsbau des SS-Bereichs.

Eine der größten Herausforderungen bei der gestalterischen Neukonzeption wird sein, die Spuren der Nachkiegsnutzung vorsichtig zurückzubauen, bzw. die in das Gelände eingelagerten Sinn- und Deutungsebenen freizulegen und teilweise abzutragen. Uneinigkeit besteht über den Umgang mit den teilweise direkt auf dem Appellplatz erstellten Fabrikhallen aus den 70er und 80er Jahren. Während die Denkmalpflege für einen Totalabriß der drei Gebäude plädiert, um die geometrische Raumstruktur des ehemaligen KZ wieder sichtbar zu machen, sprechen sich einzelne Historiker sogar für den Erhalt zumindest des jüngsten Gebäudes und seine kulturelle Nutzung aus. Die einzigartige Situation in Flossenbürg und das direkte Nebeneinander von Gedenkstätte und Einfamilienhäusern auf dem früheren Lagergelände ist aber bei allen zukünftigen Planungen zu berücksichtigen.

Für Flossenbürg könnte eine Konzeption entwickelt werden, die unter dem Arbeitsbegriff »Euregionale Gedenkstätte« firmiert. Hierbei gilt es, das KZ Flossenbürg zunächst historiographisch neu und umfassend zu erschließen, wobei ein besonderes Augenmerk neben der ausführlichen Darstellung und Entanonymisierung von Häftlingsschicksalen, aber auch von Täterbiographien- und strukturen, auf die annähernd 100 Außenlager zu richten ist, die sich bis nach Würzburg, Dresden und Leitmeritz (ČR) erstreckten. Der bereits bestehende grenzüberschreitende wissenschaftliche Austausch zu Stätten ehemaliger Außenlager soll auch auf pädagogischer und kultureller Ebene intensiviert werden. Die Gedenkstätte eines Konzentrationslagers mit überwiegend aus Osteuropa stammenden Häftlingen hätte ihr Augenmerk verstärkt Richtung Osten zu richten. Die vielfach beschriebene biographische Entfernung heutiger Jugendlicher von der Zeit des Nationalsozialismus muß dabei sehr ernst genommen werden. Es läßt sich heute schon beobachten, daß jugendliche Besucher von Gedenkstätten außer des Erwartung eines Gruselerlebnisses wenig Konkretes mit den Orten verbinden. Aus den aktuellen Lebensbezügen und Problemlagen heutiger Besucher, die sich im bayerischen Grenzland – aber nicht nur dort – in Form von Ängsten, Vorurteilen und Stereotypisierungen gegenüber den östlichen Nachbarn – womit auch die neuen Bundesländer gemeint sind – artikulieren, sind Lernangebote aus dem historischen Kontext zu entwickeln. Neben der angedeuteten Europäisierung steckt aber auch das Wortelement der Regionalität in der Wortneuschöpfung Euregional. Mit diesem Oberbegriff soll eine Rückbindung an die augenblicklichen Lebenswelten der Besucher versucht werden. Es ist auch Aufgabe der Gedenkstätten, die Polylokalität des nationalsozialistischen Terrors anzudeuten: Die hundertfachen Einzel- und Massengräber entlang der Todesmarschrouten, das erwähnte System der Außenlager, die Herkunft von Häftlingen und Tätern.

Die Überlegungen zur Zukunft der Gedenkstätte Flossenbürg beginnen sich gerade erst zu entfalten. Besondere Bedeutung kommt bei der Neukonzeption den wenigen Überlebenden des Flossenbürger Lagerterrors zu, denen die Möglichkeit gegeben werden soll, ihre Vorstellungen und Wünsche zur weiteren Gestaltung darzulegen. Ihrem Votum wird bei allen weiteren Vorhaben besonderes Gewicht einzuräumen sein.

Befreiung von Kindern und Jugendlichen im KZ Dachau am 29. April 1945

Barbara Distel

# Juden im Konzentrationslager Dachau

Was vermögen Gedenktage und Gedenkstätten? Diese Frage stellt sich an vielen Orten und bei vielen Gelegenheiten. Eine intensive Auseinandersetzung mit dem 9. November 1938 hat es zuletzt vor zehn Jahren, anläßlich des 50. Jahrestages des Geschehens gegeben. Nun gilt es erneut, den Zugewinn an historischem Faktenwissen über den Pogrom zu sichten und seine Bedeutung für den weiteren Verlauf der Katastrophe zu bewerten.

In Dachau richtet sich der Blick im Jahr 1998 nicht nur auf die elftausend jüdischen Männer deutscher und österreichischer Staatsangehörigkeit, die nach dem 9. November 1938 ins Konzentrationslager verschleppt wurden, sondern auf die Gesamtheit der jüdischen Opfer unter den rund 200.000 Häftlingen des Dachauer Lagerkosmos. Da das Konzentrationslager Dachau zur Ausschaltung der politischen Opposition errichtet worden war und der Massenmord an den europäischen Juden weitgehend an anderen Orten vollzogen wurde, fand das Schicksal der jüdischen Häftlinge in Dachau nach 1945 über viele Jahre hinweg wenig Beachtung.[1] Die Geschichte der Außenlager und die Bedeutung, die die osteuropäischen jüdischen Häftlinge in den letzten Monaten vor der Befreiung erlangten, geriet überhaupt erst in den letzten Jahren ins Blickfeld. Aber auch bei Gedenkveranstaltungen an Jahrestagen der sogenannten »Reichskristallnacht« auf dem Gelände des ehemaligen Lagers standen eher die Zerstörungen und die Morde der Nacht des 9. November im Mittelpunkt der Betrachtung als das Schicksal der Männer, die im Anschluß daran nach Dachau gebracht worden waren.

Im Jahr 1938 waren bereits fünf Jahre vergangen, seitdem die ersten jüdischen Häftlinge kurz nach der Einrichtung des Lagers brutal ermordet worden waren. Im Gegensatz zu den jüdischen Opfern des millionenfachen Mordens der späteren Jahre, deren Namen und genaues Schicksal nicht mehr rekonstruierbar sind, wurde die Geschichte dieser Männer dank staatsanwaltschaftlicher Ermittlungen, die ihre Ermordung im Frühjahr 1933 noch auslöste und der Sicherstellung dieser Ermittlungsunterlagen im Münchner Polizeipräsidium im Mai 1945 durch amerikanisches Militär fester Bestandteil der Historiographie.[2] Fotographische Aufnahmen der Gerichtsmedizin haben auch die bildliche Erinnerung an diese Männer bewahrt.

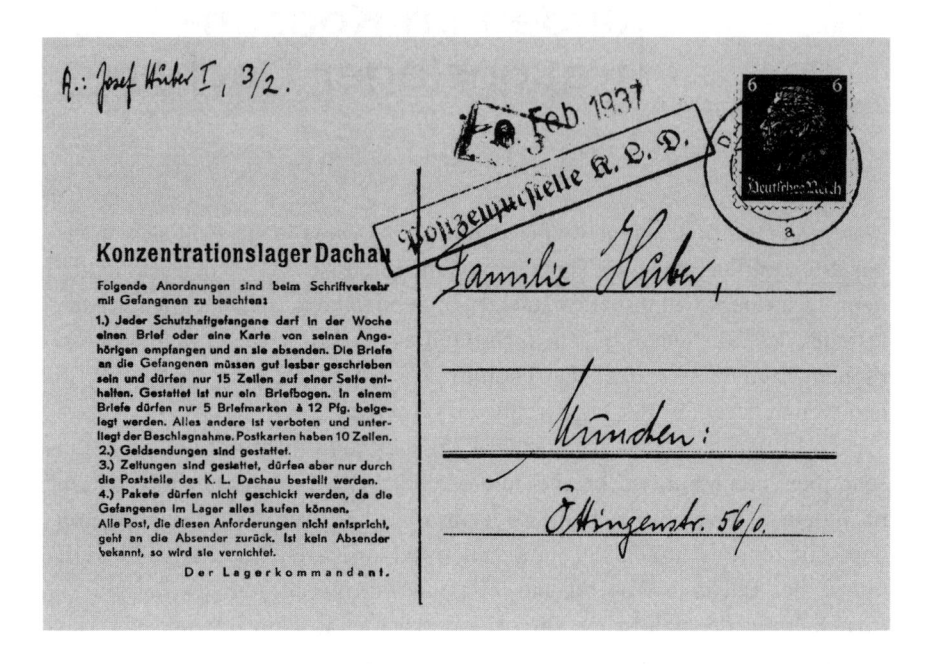

In den darauffolgenden fünf Jahren blieb der Anteil der jüdischen Häftlinge des Lagers Dachau gering, obwohl im Jahr 1937 die Juden aus anderen Konzentrationslagern nach Dachau gebracht wurden. Schilderungen über Schikanen, Erniedrigungen und Quälereien, denen jüdische Gefangene immer in besonderer Weise ausgesetzt waren, finden sich in zeitgenössischen ausländischen Presseberichten und in Erinnerungen von Überlebenden. Am 1. April 1938 begann mit dem ersten Transport österreichischer Häftlinge die Internationalisierung der Dachauer Häftlingsgesellschaft. Gleichzeitig nahm der Anteil der jüdischen Gefangenen zu. Sie mußten zunächst körperliche Schwerstarbeit beim Neuaufbau des Lagers leisten, bevor nahezu alle Juden im August und September 1938 von Dachau nach Buchenwald verlegt wurden.

Im November 1938 brach dann der letzte Rest der Fassade von Rechtsstaatlichkeit, die das Regime gegenüber dem Ausland noch aufrecht zu erhalten suchte, endgültig zusammen. Das Lager Dachau wurde zu einem der

Brennpunkte des Geschehens. Von den rund 30.000 festgenommen jüdischen Männern wurden im Laufe des November und Dezember 10.911 dort eingeliefert. »Es waren ja Menschen aller Altersklassen da«, heißt es in einem Bericht, »(allerdings hauptsächlich sehr junge und dann wieder Ältere über 50 und 60, da die mittleren Jahrgänge und überhaupt die lebenstüchtigsten Leute schon ausgewandert waren) und aus allen Berufen und Menschen aller Art: Gesunde und Kräftige und Schwache und Kranke und Optimisten und Pessimisten, Spaßmacher und Pechvögel, Psychopathen und sehr Normale – Viehhändler, Universitätsprofessoren, Vertreter, kleine und große Kaufleute, Anwälte, Ärzte, frühere Beamte, Schlosser, Chemiker, Metzger, Bankdirektoren, Chaluzim ...«[3]

Die meisten wiesen bereits bei ihrer Ankunft Spuren von zum Teil schweren Verletzungen auf, die sie bei Mißhandlungen bei oder nach ihrer Festnahme erlitten hatten. Die Dachauer SS-Bewacher nahmen das bei den anderen Gefangenen gefürchtete »Begrüßungszeremoniell« zum Anlaß, um die Neuankömmlinge erneut zu drangsalieren. Viele, die bis dahin noch an ein in Grenzen funktionierendes Rechtssystem geglaubt hatten, reagierten mit einem Schock oder auch schlicht mit Unglauben auf das Geschehen.

Das Ritual der »Aufnahme« zog sich über Tage hin. Zunächst gab es keinerlei Verpflegung, nachts wurden sie in überfüllte Baracken gepfercht, tagsüber mußten sie unbeweglich auf dem Appellplatz stehen. »Wir marschierten auf den großen Appellplatz«, heißt es in einem Erinnerungsbericht, »und aus allen Baracken strömten Juden – Juden – Juden – etwa 10.000! Seit Bar Kochba sind so viele Juden nicht im gleichen Schritt und Tritt marschiert. Die Alten, Kranken, Zerschlagenen humpelten mit, so gut es ging. Ein Zug des Leids, des Elends, des Grauens.«[4]

Die täglichen stundenlangen Appelle wurden in den kommenden Wochen und Monaten neben dem »Strafexerzieren« zur konstanten Tortur und im Rückblick der später Entlassenen zum herausragenden Merkmal, gleichsam zum Symbol der Erfahrung Konzentrationslager. »Etwa 80 solcher Appelle habe ich mitgemacht«, heißt es in dem Bericht, »die Zahl schreibt sich so leicht, doch welches Unmaß von Qual und Entsetzen steckt darin. Ich litt unter der Kälte unsäglich. Alle Glieder zitterten. Ein eisiger Wind fegte über den großen Platz. Zwischen den Baracken war es noch etwas wärmer, die Kamine rauchten und verbreiteten ein wenig Wärme. Aber auf dem freien Platz, auf dem etwa 5.000 Häftlinge und 11.000 Juden standen, hatte der Wind ungehinderten Spielraum. Wir versuchten so eng aufzumarschieren, wie es nur möglich war, um die körperliche Wärme des Nebenmenschen zu spüren. Jeder wollte mitten im Glied, nur nicht an den Flügeln stehen, wo es kälter war und man die erfrorenen

Hände nicht doch ab und zu in die Tasche stecken konnte. Alles blickte auf den Zeiger der Turmuhr. Neben, hinter einem hörte man es wie eine Bewegung die Reihen durchlaufen, wenn wieder einmal einer umfiel, einfach in sich zusammensackte. Ein feuchter Nebel kam. Um das Licht der Reflektoren bildeten sich weiße Mauern. Und dann begann ein Schneeregen. Das eisige Wasser lief an den Ohren, dem Nacken herunter, es schüttelte einen vor Kälte ... Stumm stand man, gepeinigte Kreatur, der Blick ging zu den leidenden Kameraden, zur Turmuhr, aushalten aushalten.«[5]

Die Statistik belegt die Schilderungen. So stieg die Zahl der registrierten Todesfälle im Lager Dachau von 17 während der Monate August bis Oktober 1938 bis Ende Januar 1939 auf 187 Tote an.[6] Frauen und Mütter der Inhaftierten bemühten sich inzwischen verzweifelt um die Beschaffung von Auswanderungspapieren, mit denen sie bei den lokalen Dienststellen versuchten, die Freilassung ihrer Angehörigen zu erreichen. Als Ende November dann die ersten entlassen wurden, verstärkte die scheinbar willkürliche Art der Entlassungen den pschychischen Druck auf die Gefangenen: »Vergeblich versuchten wir in den vorgenommenen Entlassungen ein System zu entdecken. Es hieß, daß die alten Leute über 60 Jahre zuerst entlassen würden. Aber es wurden zum Teil ganz junge Leute aufgerufen. Vielleicht war deren Auswanderung schon vorbereitet Aber das stimmte in vielen Fällen ebenfalls nicht ... Werde ich unter den letzten sein? Werde ich überhaupt den Winter überstehen?«[7] fragten sie angstvoll. Im Zusammenhang mit der in ganz Deutschland eingeleiteten »Arisierung« jüdischer Firmen und Betriebe mußten sich die jüdischen Häftlinge mit dem zwangsweisen Verkauf ihrer Geschäfte einverstanden erklären, oftmals eine vollständige Verzichtserklärung unterzeichnen.[8] Außerdem benutzten auch die Dachauer SS-Bewacher mit Vorliebe den Zeitpunkt der Entlassung, um sich am Eigentum der Gefangenen zu bereichern. Diese waren nach oftmals monatelanger Unsicherheit so erleichtert, tatsächlich freizukommen, daß sie nicht mehr auf ihren Eigentumsrechten bestanden. »Also ist es doch wahr, das große Glück ist da, die Rettung, das Phantasiebild des Traumes, die Erfüllung aller inbrünstiger Wünsche, das Ziel jeder Sehnsucht. Das Leben als gequältes, geschundenes verfolgtes, beschimpftes, gepeitschtes Tier hat ein Ende, du bist wieder ein Mensch, wie du es immer warst, du kannst atmen und dich bewegen und leben, wie du willst«[9] so heißt es in einer Schilderung der Gefühle, die die Gefangenen beim Verlassen des Konzentrationslagers bewegte. Wie vielen der im November 1938 nach Dachau verschleppten Juden noch die Flucht ins Ausland gelang und wie viele von ihnen unter den 134.000 Menschen waren, die schließlich aus Deutschland deportiert wurden

Befreiung der Gefangenen im Konzentrationslager Dachau am 29. April 1945

und von denen nur 8.000 zurückkehrten[10], läßt sich nicht mehr beantworten. In den drei Jahren zwischen dem Novemberpogrom und dem Beginn des systematischen Judenmordes blieb der Anteil der jüdischen Häftlinge im Konzentrationslager Dachau wiederum gering, bis nach einem Befehl Himmlers vom Oktober 1942 »sämtliche im Reichsgebiet gelegenen KL judenfrei gemacht werden«[11] mußten und die jüdischen Häftlinge zunächst gänzlich aus Dachau verschwanden.

Doch in der letzten Phase der zwölfjährigen Geschichte des Konzentrationslagers Dachau wurden die jüdischen Gefangenen noch einmal zu einem bedeutsamen Faktor der Häftlingsgesellschaft. Als ab Frühjahr 1944 die Zahl der bei Rüstungsbetrieben errichteten Außenlager um ein Vielfaches anstieg, holte man die jüdischen Arbeitssklaven zu Tausenden aus den Ghettos und Todeslagern Osteuropas in das als »judenfrei« erklärte deutsche Reichsgebiet. Unter ihnen waren auch Frauen und viele Kinder und Jugendliche, die die Ermordung ihrer Freunde und Familien oftmals aus nächster Nähe miterlebt hatten und die hofften, durch den Transport nach Deutschland ihrer Ermordung durch Exekutionskommandos oder dem Erstickungstod in den Gaskammern entronnen zu sein. Doch die mörderischen Arbeitsbedingungen und die katastrophale Versorgungs- und Unterbringungssituation in vielen der Dachauer Außenlager ließ die Todesrate in den letzten Monaten vor der Befreiung sprunghaft ansteigen. Außerdem wurden kleinere Kinder und Arbeitsunfähige nach Auschwitz deportiert. Schließlich kamen auf den Todesmärschen der letzten Tage, mit denen die Lager vor den heranrückenden alliierten Truppen evakuiert werden sollten, auch noch Tausende jüdische Gefangene zu Tode. Die meisten Namen dieser Opfer sind ebenso unbekannt wie Ort und Zeitpunkt ihres Sterbens. So fand der Massenmord an den europäischen Juden sein Ende auch im Umfeld von Dachau, ein halbes Jahr nachdem die Krematorien von Auschwitz gesprengt und drei Monate nachdem die zurückgelassenen kranken Häftlinge in Auschwitz befreit worden waren. Film- und Fotoaufnahmen der alliierten Kriegsberichterstatter verbreiteten die Bilder der Toten und das Antlitz der am Rande des Todes stehenden Überlebenden in aller Welt und trugen dazu bei, daß der Name »Dachau« neben »Auschwitz« zum Synonym für ein Menschheitsverbrechen wurde.

Im Rückblick wird auch der staatlich inszenierte Pogrom des 9. November 1938, mit dem die deutschen Juden beraubt und durch die Drohung mit KZ-Terrors zur Flucht ins Ausland gezwungen werden sollten und dem ihre vollständige Entrechtung folgte, von diesen Bildern und dem Wissen um die weitere Entwicklung überlagert. »Damals glaubten wir, daß dies der Höhepunkt der Judenverfolgung sei. In Wahrheit war es jedoch nur die letzte ernste Warnung vor der Vernichtung«[12], heißt es in einem Bericht.

### Anmerkungen

1 Marco Esseling: Juden als Häftlingsgruppe in Konzentrationslagern. Verhaftungen von Juden und ihre Stellung im Lager Dachau bis 1942 unter besonderer Berücksichtigung des KZ Dachau. Magisterarbeit Ludwig-Maximilians-Universität München, Institut für Neuere Geschichte, 1995

2 Lothar Gruchmann: Die bayerische Justiz im politischen Machtkampf 1933/34. Ihr Scheitern bei der Strafverfolgung von Mordfällen in Dachau, in: Bayern in der NS-Zeit II, München 1979, S. 415

3 Walter Solmitz: Bericht über Dachau. Unveröff. Manuskript, Archiv der KZ-Gedenkstätte Dachau Nr. 25 839, S. 42

4 Dachau 1938. Aufzeichnungen von Dr. Blumenthal, Institut f. Zeitgeschichte, München, Bibliothek, 54/19255, S. 17, unveröff. Mskr.

5 Ebenda S. 17

6 Internationaler Suchdienst des Roten Kreuzes, Arolsen: Vorläufige Aufstellung der Veränderungsmeldungen im Lager Dachau, 1971. Unveröff. Mskr., Archiv der KZ-Gedenkstätte Dachau Nr. AO 73/59

7 Dachau 1938. Aufzeichnungen von Dr. Blumenthal: s. o. S. 19

8 Heinrich Uhlig: Der nackten Gewalt und Feigheit begegnen. In: Aus Politik und Zeitgeschehen - Beilage zur Wochenzeitung Das Parlament B 45/63, S. 14

9 Erich Singer: Heil Hitler - meine Erlebnisse im Konzentrationslager. Unveröff. Manuskript, Archiv der KZ-Gedenkstätte Dachau Nr. 21074

10 Konrad Kwiet: Gehen oder bleiben? Die deutschen Juden am Wendepunkt. In: Der Judenpogrom. Von der »Reichskristallnacht« zum Völkermord. Frankfurt 1988, S. 133

11 Runderlaß des SS-WVHA an die Kommandanten der KL vom 2. Oktober 1942

12 Shaul Esh: Between discrimination and extermination. In: Yad Vashem Studies, Jerusalem Nr. II/1958, S. 98

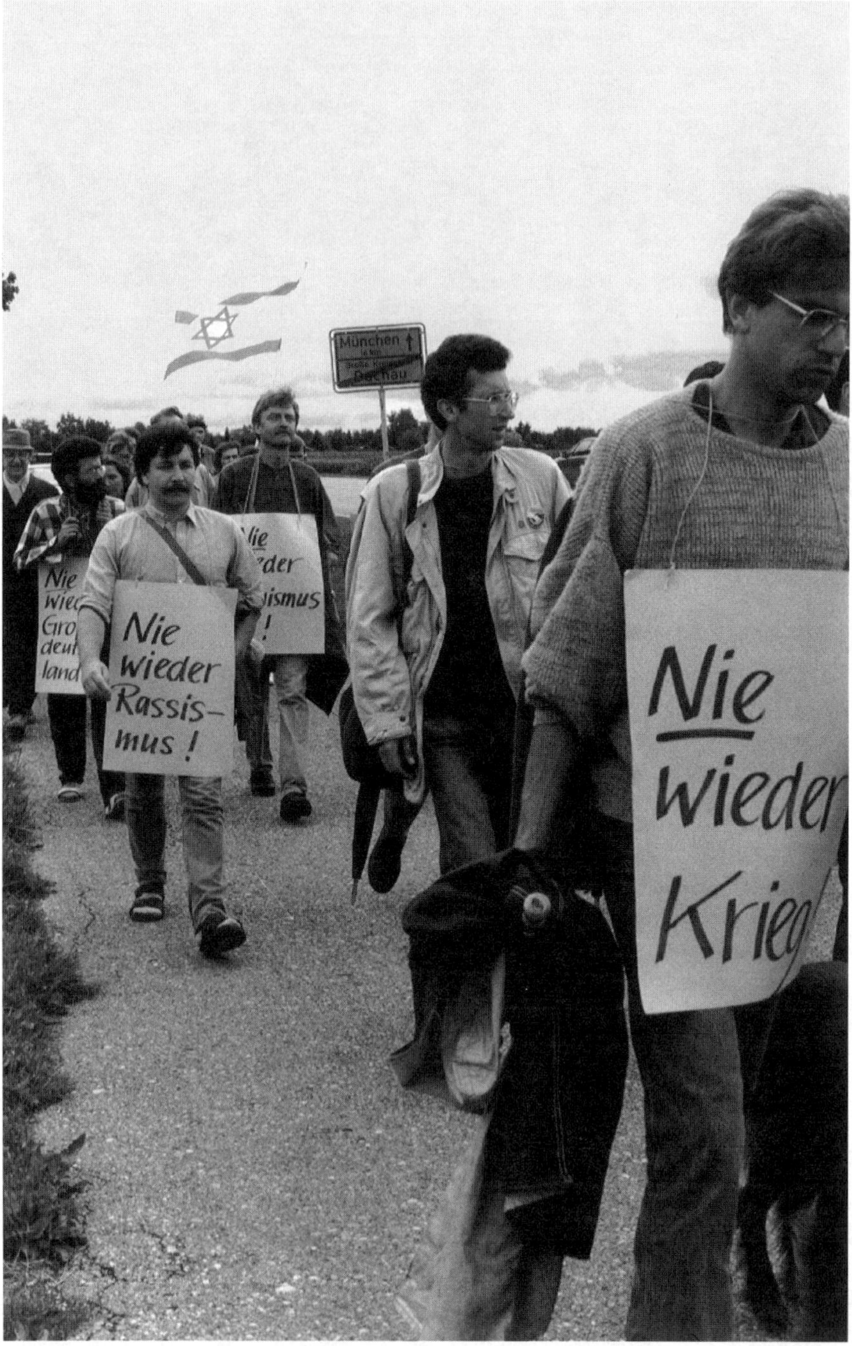
München
Dachau
Nie
wieder
Rassis-
mus !
Nie
wieder
Krieg

Wolfgang Veiglhuber

# Das Gedenken der DGB-Jugend

## Motivation und Perspektiven

Auf einer Fachtagung im Institut für Jugendarbeit des Bayerischen Jugendrings (BJR) zu den Anfängen der Gedenkveranstaltungen der DGB-Jugend erläuterte der frühere DGB-Landesjugendsekretär Helmut Hofer 1987: »Selbstkritisch ist festzustellen, daß in den ersten Nachkriegsjahren in der Jugendarbeit das ehemalige Konzentrationslager Dachau und andere Lager als Thema nicht aufgegriffen wurden. Dies ist verständlich, wenn man bedenkt, daß es neben der nackten Existenzsicherung erst einmal darum ging, die durch die Nationalsozialisten zerschlagenen Jugendverbände wieder aufzubauen, die Strukturen der Jugendarbeit überhaupt erst wieder einzurichten. Es war ja nach zwölf Jahren der Gleichschaltung in der Hitlerjugend nichts mehr vorhanden. Aber wenn auch zunächst die ehemaligen Konzentrationslager nicht als Lernorte direkt einbezogen wurden, so steht doch am Anfang der Neugründung der Jugendarbeit in allen ihren Verbänden und Bereichen eine grundsätzliche antifaschistische Haltung, die auch noch heute in der Präambel der BJR-Satzung verankert ist. Erst nach einer Phase der Konsolidierung der wirtschaftlichen und gesellschaftlichen Verhältnisse und dem gleichzeitigen Auftauchen von massiveren nationalistischen und antisemitischen Parolen und Aktivitäten in der jungen Bundesrepublik wurde der Blick schärfer für die Gefahr, die in diesen Tendenzen verborgen war. Dabei wurde die Erinnerung an die jüngste Vergangenheit und damit selbstverständlich auch an die Konzentrationslager zwingender.«

Anfang der 50er Jahre hatte sich bereits wieder eine Vielzahl rechtsextremer Organisationen gegründet und auch gewisse Wahlerfolge erzielt. So erhielt das Wahlbündnis Bund der Heimatvertriebenen und Entrechteten/Deutsche Gemeinschaft (BHE/DG) bei der Landtagswahl am 26. November 1950 in

> **Rechtsextreme Organisationen nach 1945, z. B.**
>
> 1949 Gründung des Witikobundes
> 1950 Gründung des Jugendbund Adler
> 1951 Gründung der Hilfsgemeinschaft auf Gegenseitigkeit der ehemaligen Angehörigen der Waffen-SS (HIAG)
> 1952 Gründung der Wikingjugend
>
> Eine umfassende Darstellung aller Organisationen und ihrer wichtigsten Repräsentanten findet sich im »Handbuch Deutscher Rechtsextremismus«.

Bayern 12,5 Prozent der Stimmen. Ab 14. November 1952 nannte sich der BHE Gesamtdeutscher Block/BHE (GB/BHE) und erhielt am 28. November 1954 bei der Landtagswahl in Bayern immerhin 10,2 Prozent der Stimmen, nachdem er bereits bei der Bundestagswahl am 6. September 1953 5,9 Prozent der Stimmen erreicht hatte. Im »Handbuch Deutscher Rechtsextremismus« wird die Bedeutung des GB/BHE folgendermaßen charakterisiert: »Der GB/BHE stellte eine extrem antikommunistische Interessenpartei dar, deren Programmatik sich teilweise mit der rechtsextremer Parteien wie der Sozialistischen Reichspartei und der Deutschen Reichspartei deckte. Führende BHE-Funktionäre bekleideten hohe Positionen in der NSDAP und in der SS.« (S. 167).

Die 1949 gegründete Sozialistische Reichspartei (SRP) wurde zwar am 23. Oktober 1952 verboten, dennoch waren vor und nach diesem Zeitpunkt viele rechtsextreme Organisationen politisch und publizistisch tätig.

Der Schriftsteller und Journalist Ralph Giordano formulierte nachstehende Sätze zum Umgang mit dem Nationalsozialismus in der Nachkriegszeit: »Wir leben in einem Land, wo dem größten geschichtsbekannten Verbrechen mit Millionen und aber Millionen Opfern, die hinter den Fronten umgebracht worden sind wie Insekten, das größte Wiedereingliederungswerk für Täter folgte, das es je gegeben hat. Von wenigen Ausnahmen abgesehen, sind sie letztlich nicht nur straffrei davongekommen, sondern sie konnten ihre Karriere auch unbeschadet fortsetzen … Die Spitzen des Vernichtungsapparates … wurden überhaupt nie vor Gericht gestellt. Und von den Mördern in der Richterrobe, auf deren Konto mehr als 32.000 politische Todesurteile kommen, wurde nicht nur kein einziger von der bundesdeutschen Justiz verurteilt, sondern nahezu alle in ihr weiterbeschäftigt, einige bis in die Ränge von Ersten und Oberstaatsanwälten, Senatspräsidenten, ja Bundesrichtern. So gut wie davon kamen die Ärzte, die sich allen NS-Tötungsgrogrammen nur zu willig zur Verfügung gestellt hatten, während die an den Ausrottungspraktiken im deutsch besetzten Europa, besonders im Osten, beteiligte Wehrmachtsgeneralität völlig verschont blieb … Die bundesdeutsche Restauration, dieser Triumph der Beharrungskräfte gegenüber allem, was nach 1945 an Erwartung, an Hoffnung und Licht aufgebrochen war, sie hatte ihr manisches Symbol, ihre exemplarische Personifikation gefunden – Dr. Hans Globke! Erster Staatssekretär Konrad Adenauers, Schöpfer des Bundeskanzleramtes, Graue Eminenz der bundesdeutschen Frühepoche und – Kommentator der Nürnberger Rassengesetze vom September 1935 ...: ›Artfremdes Blut ist alles Blut, das nicht deutsches Blut noch dem Blut verwandt ist. Artfremden Blutes sind in Europa regelmäßig nur Juden und Zigeuner‹ ... Im Rückblick taucht ein schwerer, kaum zu unterdrückender Verdacht auf – der Verdacht, als sei die Adenauer-Ära bis hinein in die sechziger Jahre so etwas gewesen wie eine gigantische Korrumpierungsofferte der konservativen Herrschaft an ein mehrheitlich auseinandersetzungsunwilliges Wahlvolk ... In seiner unübertroffenen und bitteren Charakteristik des Durchschnittsdeutschen im Dritten Reich und in den ersten zwanzig Nachkriegsjahren ... schreibt Alexander Mitscherlich: ›Es ist eine auffallende Gefühlsstarre, mit der auf die Leichenberge in den Konzentrationslagern ..., die Nachrichten über den millionenfachen Mord an Juden, Polen, Russen, auf den Mord an politischen Gegnern aus den eigenen Reihen geantwortet wurde.‹ Es ist die Rede von der totalen inneren Beziehungslosigkeit breitester Bevölkerungskreise zur Welt der Naziopfer.« (Ralph Giordano: Die unbewältigte Vergangenheit. Zur Nachkriegsgeschichte der Bundesrepublik. In: Handbuch Deutscher Rechtsextremismus. S.13 bis 30)

### Die erste Gedenkveranstaltung am 9. November 1952

Vor diesem Hintergrund begann die Gewerkschaftsjugend am 9. November 1952 ihre Gedenkveranstaltungen zum Novemberpogrom 1938 mit einer Kranzniederlegung am Mahnmal des jüdischen Friedhofs an der Ungererstraße in München. Der Novemberpogrom 1938 wurde deshalb als historischer Ausgangspunkt gewählt, weil diese Nacht allen Deutschen bekannt war, die unglaubliche Brutalität der Nazis ganz öffentlich vorgeführt wurde und dieses Ereignis nach dem Krieg zum Orientierungspunkt des Antifaschismus werden konnte. Dazu erneut der frühere Landesjugendsekretär Helmut Hofer: »Bereits ein Jahr später, im November 1953, wurde die erste Gedenkstunde der Gewerkschaftsjugend zur sogenannten ›Reichskristallnacht‹ am Krematorium des ehemaligen Konzentrationslagers Dachau durchgeführt. Dabei ging es nicht mehr allein um die Judenverfolgung- und vernichtung, sondern darüber hinaus um die Erinnerung an den nationalsozialistischen Terror und den millionenfachen Mord und die Zerstörung fast ganz Europas. Zugleich sollte dieses Engagement auch eine deutliche Warnung an die immer stärker werdende Agitation der alten Nazis und des sich verdichtenden Erscheinungsbildes reaktionärer

Kräfte sein. Nirgendwo besser als in Dachau konnte das ›Nie wieder‹ deutlich gemacht werden, das für die Gewerkschaftsjugend Leitsatz wurde und für alle Zeiten gelten wird.«

### Bayerischer Jugendring gegen rechte Tendenzen

Auch der Bayerische Jugendring befaßte sich in diesen Jahren intensiv mit nationalistischen und militaristischen Entwicklungen. Der Hauptausschuß des BJR verabschiedete auf seiner Sitzung vom 16. Oktober 1954 eine Resolution, in der er davor warnte, daß Personen mit nationalsozialistischer Vergangenheit Jugendliche in »pseudobündischen Gruppen« organisierten.

Der Führer des 1950 gegründeten Jugendbundes Adler – in den 50er Jahren eine der größten neofaschistischen Jugendgruppen – übersandte dem BJR eine Erwiderung auf die Resolution des Hauptausschusses. Daraufhin widmete der Redakteur der »Jugendnachrichten« des Bayerischen Jugendrings, Ferdinand Ranft, die Dezemberausgabe dem Thema »Rechtsextremismus« und stellte Ziele und Methoden verschiedener neofaschistischer Jugendgruppen dar. Zweck der Aktivitäten war es, das Problembewußtsein gegenüber diesen Entwicklungen zu schärfen und die Diskussion in den Jugendverbänden anzuregen.

### DGB gegen Nazis in führenden Stellungen

Der damalige stellvertretende DGB-Landesvorsitzende Ludwig Linsert sprach auf der Gedenkveranstaltung im November 1956 vor dem Krematorium in Dachau. »Wir begehen diese Stunde heute zu einer Zeit, da auf der einen Seite spontane Freiheitsaktionen die Welt aufhorchen lassen, während auf der anderen Seite kühl berechnende Aggressionen durchgeführt werden. Trotzdem werden diejenigen Männer und Frauen fast schon vergessen, die die Fahne der Freiheit in Deutschland während des Naziterrors hochgehalten haben«, sagte Linsert und wandte sich gegen die Verschleppung der Wiedergutmachung und gegen die Wiederverwendung von ehemaligen Nationalsozialisten in führenden Stellungen.

Auf der Landesbezirksjugendkonferenz im Oktober 1956 hatte sich die DGB-Jugend gegen die Versuche »restaurativer und militanter Jugendverbände« gewandt, Aufnahme in die Jugendringe zu finden.

Die bisherigen Veranstaltungen waren hauptsächlich der Erinnerung an die Naziverbrechen sowie aktuellen rechtsextremistischen Entwicklungen gewidmet. Die Integration der Bundesrepublik in den Westen sowie andere politische Probleme spielten keine Rolle. So war der Beschluß des Bundestags vom 8. Februar 1952 für die Mitgliedschaft in einer Europäischen Verteidigungsgemeinschaft (EVG) ebensowenig ein Thema wie der NATO-Beitritt am 9. Mai 1955 und die Einführung der allgemeinen Wehrpflicht am 21. Juli 1956. Auch das Verbot der Kommunistischen Partei Deutschlands (KPD) am 17. August 1956 durch das Bundesverfassungsgericht wurde nicht behandelt.

»Kampf dem Atomtod«: Der SPD-Vorsitzende Erich Ollenhauer auf einer Kundgebung in Frankfurt im März 1958

### Erste Veranstaltung in Flossenbürg

Die Gedenkveranstaltungen 1958 wurden erstmals unter der Mitträgerschaft von BJR und KJR München-Stadt durchgeführt. Außerdem fand erstmals eine Gedenkveranstaltung der DGB-Jugend im ehemaligen Konzentrationslager Flossenbürg statt. Dies war nur konsequent, hatte doch Hermann Kumpfmüller vom BJR in der März-Ausgabe der »Jugendnachrichten« unter der Überschrift »Werden braune Hemden wieder salonfähig?« die einschlägigen Organisationen untersucht. Nicht zuletzt deshalb beschloß der Hauptausschuß des BJR im Frühjahr 1958, die politische Bildungsarbeit in den Jugendverbänden und Jugendringen zu intensivieren.

### Werden braune Hemden wieder salonfähig?

Auszüge aus: »Jugendnachrichten« des Bayerischen Jugendrings vom März 1958

»Nun, es gibt viele Beweise dafür, daß – fast dreizehn Jahre nach dem Ende des Hitler-Regimes – noch keineswegs eine Aufarbeitung jener nationalsozialistischen Vergangenheit stattgefunden hat. Ja, es mehren sich sogar die Anzeichen dafür, daß erwachsene und jugendliche Unbelehrbare das Gedankengut einer überwundenen Zeit in unsere junge Demokratie hineintragen wollen. So gibt es längst wieder eine Fülle von Büchern, Zeitungen und Zeitschriften, die das Dritte Reich verherrlichen und geschichtliche Tatbestände verfälschen. In Erwachsenen- und Jugendorganisationen lebt das Bekenntnis zu Hitler und seinen Ideologien wieder auf ...
Besonders üppig wuchert ein grotesker Nationalismus, Militarismus und Neonazismus in ein paar Dutzend Jugendgruppen, die nach 1950 in der Bundesrepublik gegründet wurden. Der Deutsche Bundesjugendring und neben anderen Landesjugendringen auch der Bayerische Jugendring haben sich in den vergangenen Jahren oft mit diesen Gruppen auseinandersetzen müssen. So hat kürzlich der Deutsche Jugendbund Kyffhäuser im Kyffhäuserbund e.V. dem Bundesjugendring eine Denkschrift überreicht, in der er die Mitgliedschaft und die Förderung durch den Bundesjugendplan anstrebt. Und auch in Bayern versuchten immer wieder rechtsradikale Jugendgruppen Anschluß an die Jugendringe zu gewinnen. Diese Bemühungen hatten bisher keinen Erfolg, wenn man von einigen Gruppen der Marinejugend und des Soldatenbundes absieht, die nach einem Beschluß des Hauptausschusses des Bayerischen Jugendringes die entsprechenden Kreisjugendringe wieder verlassen müssen. Paragraph 3, Ziffer 8 der Satzung des Bayerischen Jugendringes lautet: ›Aufgabe des Bayerischen Jugendringes ist es, einem Aufleben militaristischer, nationalistischer und totalitärer Tendenzen innerhalb der Jugend entgegenzuwirken.‹ Dieser Grundsatz war eines der maßgeblichsten Motive, welches zur Bildung des Jugendringes führte ...
Besondere Aufmerksamkeit verdient die eindeutige Verbindung zwischen dem Jugendbund Kyffhäuser und der Deutschen Jugend im Verband deutscher Soldaten (VdS), wenn man die bayerischen Verhältnisse mit in Betracht zieht. Hier haben sich am 1. April 1957 der ›Deutsche Soldatenbund in Bayern‹ und der ›Bayerische Kameradschaftsbund im Kyffhäuserbund‹ zum ›Deutschen Soldaten- und Kriegerbund in Bayern‹ vereinigt. Dieser ›Deutsche Soldaten- und Kriegerbund in Bayern‹ ist also nun sowohl Landesverband für den Verband deutscher Soldaten wie für den Kyffhäuserbund. Organ des Verbandes deutscher Soldaten ist die ›Deutsche Soldaten-

zeitung‹, die es bereits wagte, die Geschwister Scholl als Landesverräter zu bezeichnen. Dem ›Deutschen Soldaten- und Kriegerbund in Bayern‹, der noch immer wegen seiner Jugendgruppen im Gespräch mit dem Bayerischen Jugendring ist, dürfte es recht schwer fallen, sich von solchen Äußerungen eines Organs seines Bundesverbandes zu distanzieren ...

Aber betrachten wir noch einige andere Organisationen aus jenem neubraunen Netz. Eine Reihe von ihnen hat vor zwei Jahren gemeinsam den ›Jungen Beobachter‹ herausgegeben, der in seinem ganzen Stil und Inhalt an den ›Völkischen Beobachter‹ erinnert. In jener ›Zeitschrift der nationalen Jugendverbände Deutschlands‹ berichtet z. B. das Jugendkorps Scharnhorst, das gleichzeitig mit der Marinejugend, der Deutschen Jugend im VdS usw. eine Arbeitsgemeinschaft mit dem Jugendbund Kyffhäuser eingegangen ist, über das Stahlhelm-Treffen in Goslar: ›Gleich den älteren Kameraden marschierten sie ruhigen Schrittes in soldatischer Haltung ... durch die grölende Menge, gebildet von Gewerkschaftern, Falken und Kommunisten, die die ehrwürdige Feierstunde deutscher Soldaten vor der Kaiserpfalz sprengen wollten.‹ Die Scharnhorstler, so heißt es weiter, wären gerne beigesprungen, die ›Meute‹ noch die paar Kilometer über die nahe Zonengrenze zu treiben ...

Zum Schluß jedoch wollen wir nochmals zurückkommen auf unsere Aufgabe, uns mit der jüngsten Vergangenheit im Rahmen einer politischen Bildung auseinanderzusetzen auf die Gefahr hin, daß die Unbelehrbaren uns wieder einmal vorwerfen, wir würden als Deutsche ›unser eigenes Nest beschmutzen‹.

Prof. Eugen Kogon hat auf der 14. Vollversammlung des Deutschen Bundesjugendringes ein Referat gehalten, in dem er folgende fünf Merkmale zur Erkennung der noch heute Unbelehrbaren herausgearbeitet hat: 1. an dem Versuch zur Abwürdigung der Weimarer Republik. 2. am Bemühen um offene oder versteckte Verherrlichung des Dritten Reiches, 3. am Versuch der Rechtfertigung des letzten Krieges, 4. an der In-Frage-Stellung des antinazistischen Widerstandes, 5. an der hämischen Abwertung des Neuaufbaus der Bundesrepublik in den ersten Nachkriegsjahren. Wir können getrost sagen, daß alle im Bayerischen Jugendring zusammengeschlossenen Verbände zu diesen Fragen eine einhellige Meinung haben.

Aus einer großen Verantwortung heraus müssen wir darum von allen Organisationen, die mit uns zusammenarbeiten wollen, ganz genau wissen, wie sie zu diesen Fragen stehen.«

## Die Erinnerungsarbeit gestalten

In Dachau kritisierte 1958 der Münchner DGB-Kreisvorsitzende Ludwig Koch den mangelnden Geschichtsunterricht hinsichtlich der Nazi-Herrschaft; der holländische Schriftsteller Nico Rost, ehemaliger Häftling in Dachau, gedachte in seiner Rede besonders des Sozialdemokraten Kurt Schumacher, des Jesuitenpaters Rupert Mayer und des Kommunisten Hans Beimler. In Flossenbürg stellte Kurt Adelmann vom Bezirksjugendring Nürnberg fest, die Henker der NS-Zeit seien in der Gesellschaft schon wieder als vollwertig anerkannt. Darüberhinaus fand vor der Gedenkfeier in Dachau ein Schweigemarsch zum Gedenkstein der Geschwister Scholl im Lichthof der Universität statt.

1959 erläuterte der DGB-Landesjugendsekretär Xaver Senft vor der Presse in Flossenbürg den Sinn des Gedenkens: »Wir wünschen keine Kopie von Heldengedenkfeiern, wir wollen vielmehr erreichen, daß die Jugend über eine Zeit unterrichtet wird, in der ein totalitäres System die menschlichen Werte mit Füßen trat. In den Schulen hört nämlich die Jugend zu wenig davon.«

Der Hauptredner in Dachau, Staatsminister Alois Hundhammer, kritisierte die mangelnde Pflege der KZ-Gedenkstätten. Harte Kritik am Umgang der Justiz mit den Verbreitern von neonazistischen Symbolen übte der Münchner DGB-Vorsitzende Ludwig Koch. Außerdem wurde die Gründung eines Komitees bekanntgegeben, das sich um die Pflege der Gedenkstätten kümmern sollte. Der DGB-Landesbezirksvorsitzende Ludwig Linsert und Staatsminister Hundhammer übernahmen den Vorsitz.

Das Jahr 1960 war geprägt vom Beginn der öffentlichen Diskussion über die Notstandsgesetzgebung. Zwischen dem Heiligen Abend 1959, als zwei Neonazis einen Anschlag auf die Synagoge und den Gedenkstein der Opfer des Nationalsozialismus in Köln verübt hatten, und dem 28. Januar 1960 wurden 470 antisemitische und neonazistische Vorfälle registriert. Gerhard Frey erweiterte seine publizistischen Aktivitäten und erwarb die restlichen Anteile der »Deutschen Soldaten-Zeitung« und nannte sie in »Deutsche Soldaten-Zeitung und National-Zeitung« um.

Bei der Gedenkfeier in Dachau forderte der BJR-Präsident Arthur Bader die Aufnahme diplomatischer Beziehungen zu Israel.

In Flossenbürg sprach Dr. Martin Niemöller, der Präsident der Evangelischen Kirchen von Hessen. Die »Oberpfälzer Nachrichten« berichteten darüber am 14. November 1960: »Er (Niemöller) sagte, es dränge sich einem heute die Frage auf, ob man hier nicht fehl am Platze sei. Ein großes Unbekanntes hätte ihn an diese Stätte gezogen, zugleich hätte sich aber in ihm etwas gesträubt, hierher zu kommen. Ist es die unbewältigte Vergangenheit, die uns in den Zwiespalt der Gefühle versetzt? Den Schlachtfeldern des Krieges hätten die Schlachthäuser der KZ-Lager in ihrer ganzen Grausamkeit und Unmenschlichkeit in nichts nachgestanden. Der Mensch von damals betrachtete sein Verbrechen an seinem Mitmenschen als Alltagsarbeit, als routinemäßigen Dienst und spürte keine Bande mehr von Mensch zu Mensch. Was übrig blieb, war der nackte Triumph der Unmenschlichkeit. Die Henker von damals, sie fühlten sich, ja sie fühlen sich auch heute nicht schuldig. Nach der Frage suchend, wie es zu diesen Unmenschlichkeiten kam, fände man heute noch keine Lösung. Was treibt die Jugend an diese Stätte? Ist sie nicht auch fehl am Platz? Hat sie eine Ahnung, daß das Grauen der Vergangenheit einmal wiederkommen könnte, bzw. schon Anzeichen dafür vorhanden sind? Gerade heute, in einer Zeit, die trotz Fortschritt und Wohlstand den Menschen mehr und mehr zur arroganten Funktion werden läßt, müßte man sich ernsthaft mit der Frage beschäftigen, wie man denn Mensch bleibt. Auf alle die ungeklärten Fragen der Vergangenheit müsse man sich sagen, daß gerade die Jugend hier am richtigen Platze sei, wenn sie sich hier mit der alten Generation, den Überlebenden des großen Chaos treffe. Ebensowenig wie alle Verbrechen des Krieges dürften auch die KZ's nicht vergessen werden. Die unbewältigte Vergangenheit müsse zur gemeinsamen Erkenntnis, zur gemeinsamen Aufgabe und Verantwortung führen, daß wir im Menschen, wie von Gott gewollt, den Menschenbruder ehren sollen.«

In Dachau bezeichnete der holländische Schriftsteller Nico Rost die Teilnahme des ehemaligen Reichsbankpräsidenten Hjalmar Schacht als Ehrengast bei der Einweihung der Sühnekapelle im ehemaligen KZ Dachau während des Eucharistischen Weltkongresses im Sommer 1960 als »tiefe Beleidigung aller Nazi-Opfer«. Zur Beteiligung der Jugend – in all den Jahren hatten jährlich 2.000 bis 8.000 Jugendliche an den Veranstaltungen teilge-

---

**Dr. Gerhard Frey (geb. 1933)**

Als Vorsitzender der Deutschen Volksunion (DVU), Herausgeber der Deutschen National-Zeitung, der Deutschen Wochen-Zeitung und Geschäftsführer verschiedener Verlage ist der in München lebende Multimillionär eine der einflußreichsten Personen des deutschen Rechtsextremismus. Zu den genannten Zeitungen gehört auch ein florierender Buch- und NS-Andenken-Handel. Politische Erfolge mit der DVU errang Frey bei den Landtagswahlen 1987 und 1991 in Bremen, 1992 in Schleswig-Holstein sowie zuletzt 1998 in Sachsen-Anhalt. Bemerkenswert waren seine Beziehungen zum früheren Chef des Bundesnachrichtendienstes Reinhard Gehlen, zum ehemaligen bayerischen Innenminister Alfred Seidl (CSU) und zum wohl bekanntesten Kommentator des Grundgesetzes Theodor Maunz, der für ihn sogar Artikel in der National-Zeitung verfaßte. Seine wichtigste Funktion innerhalb des rechten Spektrums besteht in der ständigen publizistischen Präsenz und der kontinuierlichen antisemitischen und antidemokratischen Propaganda.

nommen – heißt es im Geschäftsbericht der DGB-Jugend München von 1957 bis 1959: »Es ist erfreulich, angesichts einer Welle neonationalsozialistischer Umtriebe und Affekthandlungen, daß die Mitglieder unserer Jugendgruppen in steigendem Maße Anteil an den Gedenkstunden am ehemaligen Krematorium des KZ Dachau nahmen, um der Opfer der Nazidiktatur zu gedenken.«

### Wir bekennen – wir dürfen nicht vergessen – wir mahnen

Im November 1962 sprach BJR-Präsident Arthur Bader im ehemaligen KZ Dachau: »Warum kommen wir seit Jahren hierher nach Dachau? ... Weil wir bekennen wollen, daß wir zu diesem Volk gehören, seine Geschichte unsere Geschichte ist, auch in den dunkelsten Stunden. Es wäre feige, zu sagen, das waren die Alten, was geht es uns an. Noch haben wir nicht die große Bewährung, die uns verschonen möchte, bestanden ... Weil wir nicht vergessen dürfen. Hier fragen wir hartnäckig, aber auch ein wenig ratlos und mit Wehmut im Herzen die Erwachsenen, die Eltern, Erzieher, die Verantwortlichen in Politik und Gesellschaft. Warum stellt Ihr Euch nicht der Geschichte, Eurer, unserer Geschichte? Wo bleibt das Eingeständnis der eigenen Ohnmacht und Schwäche, das ja keine juristische Schuld beinhaltet, aber doch eine moralische. Kann das Vergeben denn ertrotzt werden? Wenn doch nur einer der Schergen, der in den letzten Jahren, die in diesen Tagen vor den Gerichten stehen, sich bekennen würde zu seinen Untaten. Es wäre ein Aufatmen für uns alle, der Beginn einer Erlösung dieses Fluches unserer Vergangenheit. Aber nein: Verstocktheit, Feigheit bis ins Mark, ein Abschieben der Verantwortung auf ein halbes Dutzend nicht mehr greifbarer oberster Führungsspitzen ... Weil wir mahnen müssen. Es gilt den Anfängen zu wehren, Anfängen, die da und dort wieder sichtbar und fühlbar geworden sind. Als Beispiel sei herausgegriffen die ›Deutsche Soldaten-Zeitung und National-Zeitung‹, die an der Grenze des vielleicht gerade noch rechtlich Zulässigen, aber nicht mehr länger Zumutbaren Woche für Woche vergiftende Meinungsmache über unsere Mitbürger ergießt. Wir müssen die braunen Ratten zurück in ihre Löcher treiben.«

In seiner Rede stellte 1963 der evangelische Landesjugendpfarrer Karl-Heinz Neukamm klar, daß Erinnerung nur dann sinnvoll sei, wenn sie mit aktuellem Widerstand verbunden werde: »Heute sind wir gefordert, heute, wo wieder so viele alte Orden getragen werden, trotz der vielen Toten, die keine Orden mehr tragen können. Wo ist heute unser Widerstand nötig? ... Es fängt an beim Kampf gegen die Vergeßlichkeit und gegen die Undankbarkeit ... Widerstand ist heute dort zu leisten, wo durch allzu billige Parolen wir wieder in der Versuchung sind, ganze Völker zu verketzern. Wir müssen auf der Hut sein, daß die unheilvolle Trennung unserer Welt in Ost und West nicht eine moralische Wertung wird, daß da plötzlich ein guter braver Westen einem finsteren und bösen Osten gegenübersteht. Wir sollten auf der Hut sein, daß geistige Auseinandersetzungen, die notwendig sind und die noch viel stärker auf uns zukommen werden, nicht einfach durch eine Politik sogenannter Stärke ersetzt werden ... Widerstand ist heute dort zu leisten, wo uns die persönliche und menschliche Feigheit am Handeln hindert. Schreien wir nicht viel zu wenig Halt? ... Wo wir der Meinung sind, daß unbequeme Kritiker mit Macht und nicht mit besseren Argumenten bekämpft werden, da ist Widerstand geboten. Und wenn wir heute erleben, daß vor allem junge Leute mimosenhaft empfindlich reagieren, wenn ihnen Unrecht zu widerfahren scheint, dann sollten die Älteren nicht gleich so sauer werden, sondern dankbar sein, daß in solchem peinlichen Wachen über das Recht und die Freiheiten des einzelnen doch auch etwas aufgegangen ist von der blutigen Saat, an die wir uns heute in Dachau erinnern ... Wir würden an den Toten von Dachau und an den Millionen, die man umgebracht hat, schuldig werden, wenn wir uns nicht gefragt hätten, wo heute Widerstand zu tun ist. Die Erinnerung allein tut es nicht. Es geht darum, daß diese Erinnerung aus Kopf und Verstand hinabsinkt in die tieferen Schichten unseres Menschseins und dort die Kräfte wachruft, die uns allein Zivilcourage und alltägliche Tapferkeit geben können ... Wir ehren die Toten am besten, wenn wir es nicht bei gefühlvoller Erinnerung belassen, sondern wenn wir uns quer durch unsere Reihen hindurch den Mut zur persönlichen Freiheit und zum persönlichen Widerstand erbitten, der von uns heute gefordert wird.«

Kurz danach, am 20. Dezember 1963 begann in Frankfurt der Auschwitz-Prozeß gegen 21 Bewacher des ehemaligen Konzentrationslagers.

### Aufstieg der NPD und neuer Nationalismus in den sechziger Jahren

Am 28. November 1964 wurde die NPD gegründet. Sie konnte bis zu ihrem Scheitern an der Fünfprozentklausel bei der Bundestagswahl 1969 eine Reihe von Erfolgen bei Landtagswahlen (Hessen 1966, Bayern 1966, Schleswig-Holstein, Rheinland-Pfalz, Niedersachsen und Bremen 1967, Baden-Württemberg 1968) erzielen.

Der Hauptausschuß des BJR hatte auf seiner Tagung vom 21. bis 23. Oktober 1965 den freien Publizisten Eberhard Stammler zu Gast, der zum The-

## Gespräch zwischen den Generationen

Anfangssequenz der szenischen Darstellung von Meyer-Amery anläßlich der Gedenkstunde am 9. November 1963 am Krematorium des ehemaligen Konzentrationslagers Dachau

1. Sprecher: Politischer Häftling aus dem Widerstand
2. Sprecher: Politisch interessierte Jugendliche
3. Sprecher: Politisch desinteressierter Jugendlicher

1. Sprecher (ein älterer Mann):
Das ist also Dachau.
Da waren die Türme. Da war meine Baracke, die erste, heißt das.
Später wurde ich verlegt, nicht ohne Stiefeltritte, nicht ohne Hiebe.
Da war das Krematorium.
Da der Stacheldraht, die Wachen, die Hunde, was eben dazugehörte.
Wenn man sich das überlegt: alles in unserem Jahrhundert.
Wenn man sich das überlegt: mir ist das passiert, mir, und aus keinem anderen Grunde.
Als weil ich an die Republik glaubte.
An das Recht des Menschen, sich selbst zu regieren.
Sie hatten sich das gut ausgedacht:
- weil wir die Selbstregierung bringen wollten, wurden wir schlimmer herumkommandiert als die Hunde;
- weil wir Zivilisten waren mit Leib und Seele, haben sie uns uniformiert, schlimmer als die Zuchthäusler.

Ihr kennt die Lagertracht, nicht wahr ...

2. Sprecher (ein Mädchen):
Freilich, freilich.

1. Sprecher:
Mit den verschiedenen aufgenähten Flecken, denen für die Asozialen, die Kriminellen, die Homosexuellen.
Und die Niedrigsten, die letzten Schweine, das waren wir, die Politischen, und die Juden.

3. Sprecher (ein Mann):
Wissen wir, wissen wir.

1. Sprecher (nach einer Pause):
Ich langweile euch. – Ich hätte es mir denken können.
Alte Geschichte für euch; so wichtig oder unwichtig wie Karl der Große.
Wie der Zopf des Alten Fritz und der Choral von Leuthen.
Ich langweile euch –

2. Sprecher:
Das ist nicht wahr –

1. Sprecher:
– ich langweile euch, wie es die Art alter Männer ist.
Ich weiß, ich bin nichts besonderes: ein wenig älter sehe ich aus, als mir zusteht, ein paar Zähne mehr hab ich verloren, und ich bekomme Leberspritzen, wegen damals.
Wer siehts mir an? Seh ich aus wie ein Held?
Weiß Gott nicht – oder nur Er weiß es, wie ich aussehe.

2. Sprecher:
Sei still.

1. Sprecher:
Das sagen sie alle zu mir; sei still.

2. Sprecher:
Sei still, sage ich, und bemitleide dich nicht selber. Glaubst du denn wirklich, daß wir nicht wissen wollen, wie es war?
Natürlich wollen wir es wissen.
Ihr habt eine Republik gehabt. Du sagst, ihr wolltet den Menschen dazu bringen, sich selbst zu regieren.
Warum ist es so weit gekommen, daß sie euch eingesperrt haben?
Es müssen doch viele gewesen sein, die euch einsperrten –
Viele, denn ohne die Vielen gibt es keine Macht, die das kann.
Ein paar Wachen, ein paar Polizeihunde, – ein paar Demagogen auf fahnengeschmückten Tribünen – die allein hätten es doch nicht geschafft.
Und das interessiert uns.
Wer erklärt es?

ma »Die junge Generation und die neue nationale Welle in der Bundesrepublik« referierte: »Stimmt die These, daß eine nationale Welle unter uns aufgekommen ist? Vielleicht als neue Welle nach der Freßwelle und der Sexwelle? Es gibt eine Reihe von Indizien dafür, wobei die NPD sicher das am wenigsten wichtige Indiz darstellt, obwohl die Prozente der Bundestagswahl in einigen Orten Bayerns schon zu denken geben. Das Phänomen ›Nationale Welle‹ bleibt auch nicht auf organisatorische Gruppierungen beschränkt, sondern geht plötzlich quer durch alle Gruppen und Parteien. Das Phänomen wird auch deutlich in führenden Persönlichkeiten: Der erneut berufene Familienminister Heck z. B. hat sich anscheinend besonders vorgenommen, die Jugend wieder emotional zu begeistern. Bundestagspräsident Gerstenmaier macht zwar sehr abgewogene Aussagen in dieser Richtung, hat sich aber ebenfalls in diesem Anliegen engagiert. Die Erscheinung wurde auch deutlich, als Bundeskanzler Erhard 1964 bei der Landestagung der CSU in München Befürchtungen von einem neuen Nationalismus aussprach. Auch im Wahlkampf gingen die nationalistischen Töne quer durch die Parteien. Selbst Willy Brandt glaubte, veranlaßt durch Meinungsumfragen und seine Manager, Töne von sich geben zu müssen, die ihm persönlich gar nicht anstehen. Es ist also offenbar die Zeit vorbei, da dieses Element nur im Untergrund existierte und nur in suspekten Bereichen gepflegt wurde. Jetzt ist es auch in solchen Bereichen hoffähig geworden, die beanspruchen, unsere Demokratie zu repräsentieren. Alle diese Äußerungen sind jedoch nur ein Reflex des Fühlens und Denkens in der Bevölkerung, ganz besonders in der jungen Generation ... Das ›Deutschland über alles in der Welt‹ wird zwar heute noch nicht so deutlich artikuliert, aber man ist geneigt, zumindest auf so harmlosen Gebieten wie Wirtschaft und Sport derartige Haltungen offen auszusprechen. Eines Tages können derartige Emotionen durchaus sehr rasch in den politischen Bereich hinüberschwingen. Eugen Kogon sagte einmal, man könne allein schon den Nationalisten daran erkennen, wie er über andere Völker spricht, ob er den Russen einen Iwan nennt oder den Gastarbeiter einen Fremdarbeiter. Russe und Iwan steht noch eine Stufe höher als etwa die Bezeichnung Polake für Pole.«

So stellte auch der BJR-Präsident Hermann Kumpfmüller einige Wochen später bei der Gedenkveranstaltung in Dachau heraus, mit den Begriffen »Nation« und »Vaterland« wollten manche etwas zudecken, was nicht zuzudecken sei. Manche Politiker wichen mehr und mehr in ein emotionales Wunschdenken aus. »Der in vollem Gang befindliche Prozeß der Aufrechnung von Verbrechen und der nachträglichen Aufwertung des Hitler-Regimes gehört zu den gefährlichsten Erscheinungen unserer Tage«, betonte Kumpfmüller.

Das Jahr 1966 war bestimmt von der Bildung der Großen Koalition aus CDU, CSU und SPD unter Bundeskanzler Kurt Georg Kiesinger (CDU) – einem früheren Mitglied der NSDAP – und dem Einzug der NPD in die Landtage von Hessen und Bayern. Trotz intensiven Engagements des Bayerischen Jugendrings und der DGB-Jugend hatte dies nicht verhindert werden können. Nach der Übertragung der Gedenkfeier in Dachau, auf der Xaver Senft sprach, durch den Bayerischen Rundfunk gingen zahlreiche Proteste und Drohungen aus der Nazi-Szene beim DGB und beim BJR ein. Xaver Senft hatte unter anderem ausgeführt: »Wir wollen der Generation, die dieses Grauen nicht miterleben mußte, die Wahrheit sagen, um sie nicht selbstquälerisch in der größten menschlichen und politischen Verworrenheit wühlen zu lassen, nicht um sie, ihren Blick nur auf die Vergangenheit gerichtet, daran zu hindern, in die Zukunft zu sehen. Wir wollen ihnen zeigen, wie ganz normale Menschen durch nationale und völkische Überheblichkeit, politische Verblendung und Rassenhaß, zu Duldern und Förderern eines barbarischen Regimes werden konnten.«

Studentischer Protest gegen die Vietnam-Politik der USA, gegen den Besuch des iranischen Schah Reza Pahlevi, gegen die verkrusteten Strukturen an den Universitäten und gegen die Muffigkeit der gesellschaftlichen und politischen Entwicklungen begleiten die Jahre der Großen Koalition. Am 2. Juni 1967 wird der Student Benno Ohnesorg bei einer Anti-Schah-Demonstration in Berlin erschossen. Am 11. April 1968 wird Rudi Dutschke, der Vorsitzende des Sozialistischen Deutschen Studentenbundes (SDS), von dem Neonazi Josef Bachmann durch Schüsse schwer verletzt. Gleichzeitig kommt es in den Beziehungen zwischen BRD und DDR zu ersten Schritten der Normalisierung. Am 30. Mai 1968 verabschiedet der Bundestag die »Notstandsverfassung«, gegen die u.a. der DGB jahrelang wegen ihrer antidemokratischen Tendenzen gekämpft hatte.

Demonstration am 11. Mai 1968 gegen die Notstandsgesetze

Die Aktivitäten der Außerparlamentarischen Opposition (APO) spielten dann auch in der Rede des BJR-Präsidenten Hermann Kumpfmüller bei der Gedenkveranstaltung 1967 in Dachau eine Rolle:

»Tatsächlich ist die weit verbreitete Klage, wonach der Bürger in unserer Republik am politischen Geschehen wenig Interesse nimmt, nur teilweise begründet. In diesen Wochen und Monaten können wir feststellen, daß die dicke Kruste politischer Gleichgültigkeit an vielen Stellen gebrochen ist.

Die junge Generation in unserem Lande vor allem liefert viele Beweise dafür. Indem sie unzufrieden ist mit der Selbstzufriedenheit und Selbstsicherheit derer, die Verantwortung tragen und vom Volk beauftragt sind, Macht auszuüben, zeigt sie, daß sie unserem demokratischen Staatswesen eine Verbesserung zutraut. Und nur weil sie den Parteien und den Parlamenten im Augenblick nicht zutraut, daß sie aus eigener Kraft unsere Demokratie festigen und in die Zukunft hinein weiterentwickeln, lebt sie in einer gewissen Distanz von ihr.

Die viel zitierte und oft gescholtene außerparlamentarische Opposition ist in ihren wesentlichen Teilen aber keine antiparlamentarische oder gar antidemokratische Opposition. Sie wäre auf die Dauer sinnlos und könnte sogar für unsere Demokratie gefährlich werden, wenn sie sich total verselbständigen und für immer außerhalb der Parteien und Parlamente bleiben würde. Sie muß nach einiger Zeit zurückfinden in die demokratischen Parteien und in die anderen großen und bedeutsamen Gruppierungen unserer Gesellschaft. Die Parteien und die Parlamente haben es in der Hand, ob jene Opposition wieder in den eigenen Reihen beheimatet werden kann. Bis dahin muß die außerparlamentarische Opposition eine beträchtliche Lautstärke entwickeln, damit sie gehört wird von denen, die in allzu hohen Sätteln sitzen und eine Diskussion mit dem Bürger nicht mehr nötig zu haben glauben.

Über die Maoisten in Berlin können sie leicht hinweggehen, über die anderen, die aus Sorge um unsere Demokratie dann und wann auch auf die Straße gehen, nicht. Diese werden sich nicht mehr mit einem Mini-Staatsbürgertum zufrieden geben, das nur alle paar Jahre einen Stimmzettel in die Wahlurne legt.«

Auch die Gedenkfeiern 1968 standen im Zeichen aktueller Entwicklungen. In Flossenbürg trug der Schriftsteller und Hörspielautor Erasmus Schöfer mit Mitgliedern des Schauspielhauses Nürnberg seinen Text »Die Wahrheit ist die Veränderung« vor.

In Dachau warnte der SPD-Landtagsabgeordnete Dr. Jürgen Böddrich vor der Gefahr eines neuen Faschismus: »Und außerdem ist der Faschismus mit dem Zusammenbruch des Dritten Reichs nicht ein für allemal von der Bildfläche der Weltgeschichte verschwunden. Er lebt vielmehr in vielerlei Gestalt fort: Spanien und Portugal werden von autoritären Diktaturen beherrscht, in Griechenland wird seit dem Militärputsch mit faschistischen Methoden regiert, in den Vereinigten Staaten kann ein Demagoge, der die wichtigsten innen- und außenpolitischen Probleme auf faschistische Weise aus der Welt schaffen möchte, erschreckende Erfolge erzielen ... Doch wir brauchen gar nicht ins Ausland zu blicken, um festzustellen, daß viele Menschen dem Faschismus noch nicht endgültig abgeschworen haben. Die NPD, die bereits in zahlreiche Landtage einziehen konnte, weist viele neonazistische Züge auf: bereits in ihrem Programm und in den Reden ihrer Chefideologen lassen sich, nur notdürftig getarnt, antidemokratische Vorstellungen und ein biologistisches Menschenbild erkennen. Die NPD möchte das Parlament, so steht es in ihrem Programm, wesentlich schwächen, um zusätzliche autoritäre Instanzen und Strukturen in unserem Staat zu etablieren. Ihre Wirtschaftspolitik ist kraß arbeitnehmerfeindlich, ihre Außenpolitik offen aggressiv. Was sie in ihrem Programm noch nicht zu sagen wagt, wird in ihrer Parteipresse und auf ihren Versammlungen ungeschminkt ausgesprochen. Hier wimmelt es von Haßtiraden gegen Intellektuelle und gegen oppositionelle Minderheiten. Hier wird jeder Ansatz zu einer Friedenspolitik hämisch diffamiert. Hier werden rassistische Ressentiments gegen Gastarbeiter und gegen die notleidenden farbigen Bevölkerungsteile in den Vereinigten Staaten geschürt. Hier wird das Dritte Reich verniedlicht, seine Steigbügelhalter erfahren eine Rechtfertigung, seine Helfershelfer werden verherrlicht. Die NPD schreckt nicht einmal vor der Ehrung ehemaliger Kriegsverbrecher zurück. Nicht alle Deutschen haben aus der Geschichte der letzten Jahrzehnte gelernt. Was jetzt not tut, ist eine Analyse des Faschismus und seiner Grundlagen. Dann können wir uns fragen, was in unserer Gesellschaft geändert werden muß, damit der Faschismus, in welcher seiner zahlreichen und teilweise raffiniert getarnten Erscheinungsformen auch immer, nie wieder in unserem Lande an die Macht gelangen kann. Sollte etwa das Wort von Bert Brecht ›Der Schoß ist fruchtbar noch, aus dem dies kroch‹ für unsere Gesellschaft seine Richtigkeit haben?«

Das Jahr 1969 brachte eine Veränderung der Konzeption der Gedenkfeiern. Nach der Gedenkrede des Publizisten Ulrich Sonnemann diskutierten die etwa 500 Jugendlichen in drei Arbeitskreisen zu den Themen »Ziel und Taktik des gewaltlosen Widerstands«, »Wurzeln des Nationalismus und Rechtsextremismus heute« und »Demokratie in der Industriegesellschaft«. Außerdem wurde der neue Dokumentarfilm »Dachau« vorgeführt. Ziel dieser Veränderung war es, den Jugendlichen die Möglichkeit zu eröffnen, vom passiven Zuhörer zum aktiven Teilnehmer zu werden. In dieser Veränderung drückten sich zweifellos auch die demokratisierenden Impulse der Studentenbewegung aus. In Flossenbürg fand in diesem Jahr keine eigene Veranstaltung statt, die Dachauer Veranstaltung wurde für ganz Bayern durchgeführt.

Kurz zuvor war Willy Brandt am 21. Oktober 1969 zum Kanzler gewählt worden, die NPD mit 4,3 Prozent bei der Bundestagswahl am 28. September 1969 an der Fünfprozentklausel gescheitert. In Kassel hatte der Leiter des NPD-Ordnungsdienstes zwei Demonstranten angeschossen.

NPD-Bundesparteitag am 28. August 1965 im Münchner Salvatorkeller

Der DGB-Landesbezirk Bayern befaßte sich in den Jahren 1966 bis 1969 intensiv mit den neonazistischen Entwicklungen und führte eine Reihe von entsprechenden Bildungsveranstaltungen durch. Der stellvertretende DGB-Landesbezirksvorsitzende Xaver Senft schätzte im Geschäftsbericht 1966 bis 1968 die Entwicklung so ein: »Als Folge der restaurativen Entwicklung sind die konservativen bis reaktionären Kräfte gestärkt und in ihrem Gefolge die rechtsextremen Kreise wieder mobil geworden. Dagegen sind die Schichten, die als traditionelle Gegenkräfte wirksam werden sollten, durch weitgehende Entpolitisierung und Mangel an gesellschaftspolitischem Bewußtsein in einer Verfassung, die keine politische Abwehrkraft erkennen läßt.«

Der Studentenbewegung stand der DGB differenziert gegenüber. Einerseits wurde die Demokratisierung der Hochschulen und der Betriebe gefordert, andererseits distanzierte man sich von den »Formen des Protestes und der Provokation«. Für die DGB-Jugend formulierte der Landesjugendausschußvorsitzende Willi Gerner in seinem Bericht zur Landesjugendkonferenz 1968: »Als Gewerkschaften haben wir das Ziel, die politische, gesellschaftliche und wirtschaftliche Ordnung positiv zu verändern, sie zu demokratisieren. Aus Erfahrung wissen wir, daß Gruppen, die die gesellschaftlichen Verhältnisse verändern wollen, auf den heftigen Widerstand der herrschenden Kräfte stoßen. Als demokratische Organisation verteidigen wir das Recht aller Staatsbürger und aller Gruppen, auch der politischen Minderheit, auf Meinungs- und Demonstrationsfreiheit. Wir hielten in der Vergangenheit und halten auch heute noch eine vernünftige Zusammenarbeit zwischen Vertretern der Studenten und der Gewerkschaftsjugend für außerordentlich notwendig.«

Will man die Veranstaltungen von 1959 bis 1969 bewerten, so ist festzuhalten, daß die Teilnehmerzahlen mit Ausnahme der Jahre 1968 und 1969 (je 500 in Dachau, für Flossenbürg sind für die beiden Jahre keine Angaben verfügbar) auf hohem Niveau lagen. Auffallend ist, daß die damals aktuelle Entwicklung des Neonazismus, insbesondere die Entwicklung der NPD von 1966 bis 1969, immer stärker eine Rolle spielte, die Aktivitäten der Studentenbewegung jedoch trotz deren klarer antifaschistischer Grundhaltung in den Reden wenig reflektiert wurden, und nicht einmal die Anschläge auf Benno Ohnesorg und Rudi Dutschke Erwähnung fanden.

Gegen Ende dieses Zeitraums, nämlich 1969, wurde begonnen, den Veranstaltungen eine neue Form zu geben. Insgesamt hat es die DGB-Jugend, in Kooperation mit den Jugendringen, geschafft, die Gedenkveranstaltungen zum Novemberpogrom 1938 als feste Institution zu etablieren – nach innen und nach außen.

## Die siebziger Jahre – Stabilität und Politisierung

Obwohl die Angaben über die Zahl der Teilnehmenden in den 70er Jahren sehr dürftig sind, kann doch gesagt werden, daß die Zahlen der Jahrzehnte davor nicht erreicht wurden. Zur intensiven Vorbereitung seitens der DGB-Jugend heißt es im Geschäftsbericht zur Jugendarbeit 1978 bis 1981: »Zur Vorbereitung ... auf die Gedenkfeiern in den KZ-Gedenkstätten wurden in zahlreichen DGB-Kreisjugendausschüssen und Jugendgruppen Veranstaltungen in der unterschiedlichsten Art und Weise durchgeführt. Die Abteilung Jugend beim DGB-Landesbezirk Bayern führte in den Jahren 1979 und 1980 jeweils ein gut besuchtes Wochenseminar zum Thema Faschismus – Neofaschismus durch. Daneben wurden in vielen DGB-Kreisen zu diesem Thema Wochenendschulungen angeboten.« Gleichzeitig kam es zu einer stärkeren Politisierung der Veranstaltungen, einerseits durch die in der Folge der Studentenbewegung auch in den Gewerkschaften und der Gewerkschaftsjugend stärkere Verbreitung sozialistischer Vorstellungen im weitesten Sinne, andererseits durch die insbesondere in den Jahren 1969 bis 1974 vorhandene Reformeuphorie.

Politisch war dieses Jahrzehnt bestimmt von der Reformpolitik Willy Brandts, der Verabschiedung der Ostverträge, der Normalisierung der Beziehungen zwischen BRD und DDR, dem erbitterten Widerstand konservativer und rechtsextremer Kreise gegen die Ostpolitik, dem ökonomischen Kriseneinbruch mit 1 Million Arbeitslosen 1974/75, dem Ende der sozialdemokratisch-liberalen Reformpolitik, dem Beginn der Auseinandersetzungen um die Atomenergie und der Diskussion über den Terrorismus der RAF. In der Neonazi-Szene kam es zu einer Vielzahl von Umgruppierungen und Neugründungen (z.B. 1971 Gründung der Deutschen Volksunion durch Gerhard Frey, 1977 Gründung der Aktionsfront Nationaler Sozialisten durch Michael Kühnen, 1980 Gründung der Bürgerinitiative Ausländerstop durch NPD-Mitglieder).

Bei den Veranstaltungen 1970 in Dachau und Flossenbürg spielten grundsätzliche und aktuelle Fragen die zentrale Rolle. In Flossenbürg kritisierte Horst Klaus (IG Metall Vorstand), daß es nach 1945 in der Bundesrepublik »moralische Wandlung statt politischer Umwandlung, Umkehr statt Umsturz, Wiederaufbau statt Neubeginn, Stabilisierung der gesellschaftlichen Verhältnisse von oben statt grundlegender Veränderung von unten« gegeben habe. Die Herrschenden von damals hätten die politische Katastrophe, für die sie verantwortlich waren, als einzige in diesem Lande ungebrochen überstanden und ihre Machtpositionen gefestigt. Der Faschismus sei immer da gewesen, weil er nicht mit der Wurzel ausgerottet worden sei. Ergänzend dazu stellten Gewerkschaftsjugendliche die Entwicklung in Spanien, Portugal und Griechenland dar, europäische Länder mit faschistischen Diktaturen.

In Dachau plädierte der Münchner Publizist Immanuel Birnbaum für einen Erfolg der Verhandlungen mit der Sowjetunion und Polen. Die aufgrund des Zweiten Weltkriegs verlorenen Gebiete seien endgültig verloren. Das deutsche Volk dürfe nicht noch einmal vom friedlichen Wege abkommen, da sonst ihm und anderen Völkern die Vernichtung drohe.

## Auseinandersetzung mit faschistischen Regimen

Nach der Gedenkstunde versammelten sich in Flossenbürg 1974 rund 350 Jugendliche der IG Metall und diskutierten die Referate von Jakob Moneta (Chefredakteuer der IG-Metall-Zeitung) zum Zusammenhang von Kapitalismus und Faschismus und dem Exil-Griechen Ilias Katsoulis (Freie Universität Berlin) zu den internationalen Auswirkungen des Faschismus. Zwar herrschte Erleichterung darüber, daß die Diktaturen in Portugal (1932 bis 1974) und Griechenland (1967 bis 1974) in diesem Jahr zerschlagen werden konnten, gleichzeitig bestand große Betroffenheit über die Lage in Chile, wo am 11. September 1973 das Militär unter General Pinochet gegen die demokratisch gewählte Regierung der »Unidad Popular« des Sozialisten Salvador Allende putschte, diesen ermordete und unter dem Beifall konservativer westlicher Kreise eine Militärdiktatur errichtete.

Der CDU-Politiker Bruno Heck sagte damals zur Lage im als KZ genutzten Stadion von Santiago de Chile: »Bei sonnigem Wetter ist das Leben ganz angenehm.« Und der CSU-Vorsitzende Franz-Josef Strauß bemerkte: »Wenn das Militär eingreift, geht es anders zu, als wenn der Franziskanerorden Suppen verteilt.«

Die Lage in Chile stand auch bei der Gedenkstunde 1975 in Dachau im Mittelpunkt. Diese fand statt im

---

**Victor Jara:**
**CANTO LIBRE**

Der Vers ist eine Taube,
die eine Herberge sucht,
die ausbricht und die Flügel öffnet,
um zu fliegen, zu fliegen ...

Mein Gesang ist ein freier Gesang,
der sich mit dem verschenken möchte,
dem er die Hand reicht,
dem, der schießen will.

Mein Gesang ist eine Kette
ohne Anfang, ohne Schluß,
und in jedem Glied der Kette trifft er sich
mit dem Gesang der anderen.

Laßt uns gemeinsam weitersingen
für alle Menschen auf der Welt,
daß der Gesang eine Taube ist,
die fliegt, um anzukommen,
die ausbricht und ihre Flügel öffnet,
um zu fliegen, zu fliegen.

Victor Jara (1938 bis 1973), Volkssänger, wurde von der chilenischen Militärjunta ermordet.

> **Gedenkstunde**
> **zur Reichskristallnacht**
> **in Dachau**
> ehemaliges Konzentrationslager
> **6. November 1976**
>
> Ablauf: 16.30 Uhr Sammeln am Appellplatz
> 16.45 Uhr Zug zum Krematorium
> 17.00 Uhr Lied der Moorsoldaten
> Ansprache
> Xaver Senft, stellv. Vorsitzender
> DGB-Landesbezirk Bayern
> Rezitation
> Musikalischer Ausklang
> Veranstalter: DGB Gewerkschaftsjugend
>
> Für nichtmotorisierte Teilnehmer stehen am Eingang zur Theresienwiese zwei Bundesbahnbusse kostenlos zur Verfügung. Abfahrt 15.00 Uhr – Rückfahrt 18.00 Uhr.

Rahmen der 1. Münchner Friedenswoche der Gewerkschaftsjugend München und des Kreisjugendrings München-Stadt. Nach der Kranzniederlegung und der Vorführung des Dachau-Films sprach der Schriftsteller Lutz Görner Texte zur Lage in Chile.

### Demokratie und Verfassungsstaat

Ab 1976 war die Gewerkschaftsjugend wieder alleiniger Veranstalter. Dies lag nicht daran, daß die Jugendringe und die anderen Jugendverbände inhaltlich auf Distanz zum Anliegen der Gedenkveranstaltungen gegangen wären – die inhaltliche Unterstützung dauert bis heute an – sondern an teilweise anderen Schwerpunktsetzungen mit Auswirkungen auf die vorhandenen Arbeitskapazitäten. Gleichzeitig muß aber auch ein abnehmendes Interesse festgehalten werden, allerdings, wie bemerkt, ohne inhaltliche Abkehr.

In seiner Rede am 6. November 1976 in Dachau ging der stellvertretende DGB-Landesbezirksvorsitzende Xaver Senft auf die unseligen Folgen der am 28. Januar 1972 von Bund und Ländern verabschiedeten »Grundsätze über die Mitgliedschaft von Beamten in extremen Organisationen« (sog. »Radikalenerlaß«, der die Berufsverbotspraxis in den darauffolgenden Jahren bewirkte) ein: »Auch Sie kennen die Folgen, die die Anwendung des Radikalenerlasses bei uns auslöste. Es ist ein Irrtum, die Gegner des Radikalenerlasses dafür schuldig zu sprechen, daß antideutsche Gefühle im Ausland geweckt würden. Dies wurde vielmehr durch die Praxis bei der Anwendung des Erlasses auch besonders in Bayern erzeugt. Man fühlt sich an die Praktiken von NS-Organisationen erinnert, denen sicher einige von denen angehörten, die heute junge Menschen überprüfen. Es ist schwer verständlich, daß man mit einschlägiger Nazivergangenheit bei uns fast noch jedes Amt erreichen kann, aber die bloße Zugehörigkeit zu einer Gruppierung der studentischen Protestbewegung Anlaß für hochnotpeinliche Überprüfung sein kann.

Wenn die Maßstäbe, die jetzt angelegt werden, in der Nachkriegszeit angelegt worden wären, wäre uns mancher Kanzler, Minister, Verbandspräsident und Abgeordneter erspart geblieben. Oder haben Mitglieder und führende

Bedienstete des NS-Staates und seiner Organisationen die Gewähr gegeben, daß sie jederzeit bereit sind, für die demokratische Grundordnung einzutreten? Wo hat sich ein Staatssekretär Globke oder ein Kiesinger demokratisch bewährt, bevor sie in hohe Ämter kamen? Aber jetzt soll ein junger Mensch, der in seiner Sturm- und Drangzeit einer von der Verwaltung als radikal angesehenen Gruppe angehörte, nicht mehr im öffentlichen Dienst tätig werden.

Die Feststellung unseres Bayerischen Innenministers, daß der, der gegen Extremistenbeschluß angeht, auch gegen das geltende Recht kämpfe, gehört zu den Vereinfachungen, mit denen man Andersdenkende zu Gegnern des Rechts und damit zu Gegnern der Verfassung, ja zu Verfassungsfeinden abstempeln kann. Mit solcher Schwarz-Weiß-Malerei kann man Wahlkämpfe führen, auch mit der verlogenen Parole ›Freiheit oder Sozialismus‹, aber das Bild unseres demokratischen Staates wird dadurch nicht klarer.«

### Grundsätze über die Mitgliedschaft von Beamten in extremen Organisationen (sogenannter »Radikalenerlaß«)

Wortlaut der gemeinsamen Erklärung des Bundeskanzlers und der Ministerpräsidenten der Länder vom 28. Januar 1972

Nach den Beamtengesetzen von Bund und Ländern und den für Angestellte und Arbeiter entsprechend geltenden Bestimmungen sind die Angehörigen des öffentlichen Dienstes verpflichtet, sich zur freiheitlich demokratischen Grundordnung im Sinne des Grundgesetzes positiv zu bekennen und für deren Einhaltung einzutreten. Verfassungsfeindliche Bestrebungen stellen eine Verletzung dieser Verpflichtung dar.
Die Mitgliedschaft von Angehörigen des öffentlichen Dienstes in Parteien oder Organisationen, die die verfassungsmäßige Ordnung bekämpfen – wie auch die sonstige Förderung solcher Parteien und Organisationen –, wird daher in aller Regel zu einem Loyalitätskonflikt führen. Führt das zu einem Pflichtverstoß, so ist im Einzelfall zu entscheiden, welche Maßnahmen der Dienstherr ergreift.
Die Einstellung in den öffentlichen Dienst setzt nach den genannten Bestimmungen voraus, daß der Bewerber die Gewähr dafür bietet, daß er jederzeit für die freiheitlich demokratische Grundordnung eintritt. Bestehen hieran begründete Zweifel, so rechtfertigen diese in der Regel eine Ablehnung.

In Hersbruck bei Nürnberg – dort befand sich vom 17. Mai 1944 bis zum 15. April 1945 ein Nebenlager des Konzentrationslagers Flossenbürg – sprach am 6. November 1976 der Schriftsteller und Bundestagsabgeordnete Dieter Lattmann u.a. zur politischen Restauration in der Bundesrepublik:

»Was ist aus dem Elan geworden, mit dem wir 1945 angefangen haben? Wirklich nur Fettaugen auf der Sauce? Mit der anfangs nur zu begreiflichen, später weit überzogenen Vorherrschaft materieller Interessen zog die politische Restauration herauf. Konservative Mehrheiten und Privilegien für Oberschichten des Besitzes an Bildung, Eigentum und wirtschaftlicher Macht wurden wieder selbstverständlich. Vorüber war die Zeit, in der sich auch CDU-Politiker auf den christlichen Sozialismus beriefen. Der Kapitalismus, den das Grundgesetz keineswegs vorschreibt, erhielt den Kosenamen ›freie und soziale Marktwirtschaft‹, obwohl die Erfahrung der vielen niemals soviel Freiheit hergab wie die der wenigen und obwohl die Interessengegensätze sich unter dem Druck einer immer ungerechteren Einkommensverteilung verschärften, wobei die da oben mit Vorliebe behaupteten, es gebe keine Klassenunterschiede mehr, die jeder durchschnittliche Arbeitnehmer jedoch unausgesetzt als seine vorherrschende Daseinsrealität in der Arbeitswelt erfährt.

Zu früh kam das Wiederwieder im Nachkriegsdeutschland in Gang: Wiederaufrüstung, Wiedererstarkung, Wieder-wer-sein – zu früh für die Wiedervereinigung und die unbewältigte Vergangenheit, die abgelegt wurde auf der langen Bank der Historie und heute immer mehr heraussickert aus unseren Schulbüchern, aus den Geschichtsbüchern bis zur Unkenntlichkeit. Als seien die zwölf Jahre der Diktatur keine Wahrheit, die ein Volk sich bitter bewahren muß, um alte Fehler nicht neu zu begehen. Der Rest ist auch den Jungen bekannt.«

### Antisemitismus als Flucht vor der Wirklichkeit

1978 fand anläßlich des 40. Jahrestags des Novemberpogroms am 11. November eine Gedenkveranstaltung für ganz Bayern in Dachau statt. Die Gedenkrede wurde von Erhard Eppler, dem damaligen SPD-Landesvorsitzenden von Baden-Württemberg, gehalten: »Als 17jährige in einem Lager des Reichsarbeitsdienstes in Südmähren saßen wir im Frühjahr 1944 jeden Morgen von 7 bis 8 Uhr auf schmalen Holzbänken zum weltanschaulichen Unterricht, der immer nach demselben Schema ablief: Ein Führer des Reichsarbeitsdienstes erzählte irgendwelche Gruselgeschichten über Vergewaltigung, Betrug, Bestechung und Mord. Und zum Schluß stellte er die stereotype Frage: Wer ist schuld daran? Wenn dann in der ersten Reihe einer – meist derselbe – aufgespritzt war und die Antwort »der Jude« in den Saal gerufen hatte, konnten wir wegtreten. Und wir hörten uns dies alles geduldig an, froh darüber, daß wir eine Stunde lang nicht gejagt wurden, sondern ruhig sitzen durften. Wir hatten durchaus ein Gespür für die makabre Komik dieser Veranstaltung. Aber wir wußten nicht, daß hier ins Groteske abglitt, was vor einem halben Jahrhundert als Flucht vor der Wirklichkeit begonnen hatte. Der soziale Antisemitismus war eine Fluchtbewegung im deutschen Bürgertum vor den Aufgaben des Industriezeitalters. Es war der Versuch, die Ungerechtigkeiten einer frühkapitalistischen Klassengesellschaft moralisierend umzudeuten und bei einem Bösen, einem Schuldigen abzuladen, und dazu kam dann noch der rassistische Antisemitismus. Nicht Klassen, auch nicht Kulturen, nicht Großreiche waren die bewegenden Kräfte der Geschichte, Geschichte war der ewige Kampf der Rassen. Und da gab es wertvollere und weniger wertvolle, kulturtragende oder kulturzerstörende, Herrenrassen und Knechtsrassen. Die Nazis haben dies nicht erfunden, wohl aber in ein hierarchisches System mit schauerlichen Folgen gebracht. Im beherrschten Europa gab es schließlich – entsprechend der Rassenlehre – fünf Kategorien von Menschen. Die Deutschen, die anderen germanischen Völker, die Romanen, die Slawen und die Juden. Und wie die nordische Rasse zuständig war für alles Schöpferische und Gute, so die jüdische für alles Zerstörende und Böse. Es ging also um nichts Geringeres als um den Kampf des Guten gegen das Böse. Und in einem solchen Kampf ist schließlich alles erlaubt. Wie könnte und dürfte er anders enden als mit der Vernichtung, der Auslöschung des Bösen? Insofern war die Judenvernichtung nicht eine bedauerliche Entgleisung, sondern die unausweichliche Konsequenz einer Rassenmythologie.«

Einige Tage nach der Veranstaltung wurde ein Gefreiter der Bundeswehr zu drei Tagen Arrest verurteilt, weil er in Uniform daran teilgenommen

> **Der Holocaust im Fernsehen**
>
> Die 1979 im deutschen Fernsehen ausgestrahlte amerikanische Fernsehserie »Holocaust« behandelt das Schicksal einer jüdischen Familie in der Nazizeit mit den für dieses Genre üblichen Mitteln. Die Serie löste in der Bundesrepublik massive Kontroversen über die deutsche Vergangenheit aus und führte gleichzeitig zu einer breiten Beschäftigung mit der Nazivergangenheit. Seit der Ausstrahlung hat sich der Begriff »Holocaust« in Deutschland für den Völkermord der Nazis an den europäischen Juden etabliert. Das englische Wort »Holocaust« entstammt dem Griechischen und meint »Ganzopfer« oder »Brandopfer«. Die Ausstrahlung führte zu entsprechenden Reaktionen der Relativierer der Vergangenheit. Der frühere NPD-Vorsitzende Günter Deckert etwa sprach in verniedlichender Absicht nur vom »Holo«.

und mit sechs weiteren Soldaten einen Kranz mit der Aufschrift »Für die Opfer der Hitler-Diktatur« niedergelegt hatte. Am 17. Juni desselben Jahres hatten Offiziere in Uniform am CSU-Parteitag in München teilgenommen – ohne Konsequenzen. In diesem Fall war die von den Soldaten geforderte politische Neutralität angeblich nicht verletzt.

### Der notwendige Diskurs über den nichtdemokratischen Alltag

Am Beginn des Jahres 1979 stand die vom Deutschen Fernsehen ausgestrahlte vierteilige Serie »Holocaust« (22. bis 27. Januar) im Zentrum der öffentlichen Diskussion. Sie führte bei vielen Menschen zu großer Betroffenheit und löste intensive Debatten über die Nazivergangenheit aus. Die Wirkung hinsichtlich des »Lernorts Dachau« beschreibt Helmut Hofer: »Nachdem in den 70er Jahren ein spürbarer Rückgang des Engagements der Jugendverbände am Lernort Dachau nicht zu bestreiten ist, erwacht mit der Ausstrahlung des Films ›Holocaust‹ wieder starkes Interesse an diesem Lernort.«

Der damalige Präsident des Bayerischen Jugendrings, Adolf Waibel, hielt im Rahmen der Gedenkveranstaltung der DGB-Jugend eine vielbeachtete, vieldiskutierte und durchaus umstrittene Ansprache, in der er die These formulierte, die demokratische Entwicklung sei nicht von den Rändern der Gesellschaft her gefährdet, sondern in ihrer Mitte:

»Die auch durch ›Holocaust‹ wieder tausendfach ausgelöste Frage, ›wie war so etwas möglich?‹, paßt dabei gut: Sie verstellt die wichtigere und eigentlich entscheidende Frage, die in besonderer Weise bei uns Deutschen aktuell ist und bleiben muß: Wie ist so etwas möglich‹?

Um hier und im Folgenden nicht mißverstanden zu werden, will ich eines klar stellen: Die Bundesrepublik Deutschland befindet sich in ihrer heutigen politischen Verfassung und in ihrer politischen Realität für mich nicht in einem vorfaschistischen Stadium.

Rechtsradikale Gruppen sind an der Peripherie unserer politischen Gesellschaft angesiedelt. Aber es gibt die Kontinuität eines nicht-demokratischen Alltags, der bisher in der Bundesrepublik ohne gewichtigere Manifestationen lebt. Damit meine ich nicht die in der Zeit nach 1945 immer wieder auch ärgerlichen Demonstrationen rechtsradikaler Gruppierungen, deren Auffälligkeit in den letzten Jahren zunimmt und die leider auch eine zum Teil sensationslüsterne Aufmerksamkeit finden. Dieser nicht demokratische Alltag hat kein nazistisches oder faschistisches Kleid, vor allem nicht jenes, das wir durch die historische Erfahrung im Blick haben. Aber er ist ein rechtsradikal mobilisierbares Potential. Dieser nicht-demokratische Alltag äußert sich in kleinbürgerlichen Vorurteilsstrukturen, wie ich sie eben zum Thema Volksempfinden dargestellt habe. Er hat viele Ausdrucksformen: Dazu gehören das durch Vorurteile bestimmte Verhalten zu Ausländern auf der Straße und in manchen Behördenstuben; dazu gehört die autoritäre Unterdrückung kindlicher Lebensäußerungen in manchen Familien und Wohnvierteln und dazu gehört auch schon wieder Antisemitismus ... In der andauernden Diskussion über Umfang und Bedeutung rechtsradikaler Gruppen und Strömungen ... sehe ich die Gefahr einer Verkennung unserer Wirklichkeit durch zwei Fehlbeurteilungen:

    1. Durch die zweifelos richtige Feststellung, daß rechtsradikale Gruppen in unserer Gesellschaft randständig sind, geraten wir in die Gefahr, das Vorhandensein eines beachtlichen undemokratischen Potentials zu übersehen. (Natürlich paßt so etwas auch leicht ins offizielle Bild von der gesicherten deutschen Demokratie).

    2. Durch die Verengung einer antifaschistischen Aufmerksamkeit auf rechtsradikale Gruppen und Demonstrationen gerät dieser undemokratische Alltag mit seinen autoritären Strukturen und Erwartungen aus dem Blickfeld.

    Ich sehe also die Gefährdung unserer demokratischen Entwicklung nicht von den Rändern unserer Gesellschaft her, sondern in ihrer Mitte. Das könnte sich beim Eintreten ökonomischer oder politischer Krisensituationen überaus schnell zeigen – ich sage dies nicht, um schon wieder mit dem Finger irgendwohin zu deuten und Beschimpfungen auszulösen, ich sage dies gerade als ein aus dem Verantwortungsbereich Jugendarbeit und Jugendpolitik Kommender, dem es darum geht, eine andauernde, lange Zeit nicht recht erkannte und ungelöste Aufgabe zu markieren. Unsere Aufgabe kann nicht nur sein, rechtsradikale Manifestationen anzuprangern oder politische Ärgernisse zu brandmarken. Unsere Aufgabe ist es vielmehr, auch in diesen nicht-demokratischen Alltag einzudringen und für die Menschen zu versuchen, Wege aus ihm heraus zu schaffen. Kurz: Das Anti muß durch das Pro ergänzt werden. Ja, vielleicht ist das Pro heute wichtiger als das Anti.

Soweit wie nur irgend möglich – und mit weitaus größeren Anstrengungen als bisher – ist anstelle von bloßer Bekämpfung der Versuch der Zusammenarbeit am Platz, der Versuch zum Auszug aus einer subjektiven, autoritären Erfahrungswelt. Hier hilft keine rationale und intellektuelle Bildungsarbeit und ein rein politischer Deutungsversuch muß angesichts der sozialen Realität scheitern. Eine andere Sache ist es natürlich, daß möglichst alle politischen Kräfte in unserem Lande ihre Arbeit der Reduzierung der Ursachen solcher sozialen Realitäten widmen müßten. Aber täuschen wir uns nicht, Volksempfinden oder nicht-demokratischer Alltag sind nicht einfach durch politische Aktion zu beseitigen. Wir werden damit leben und uns fortdauernd politisch und menschlich abmühen müssen. In jenem breiten, einer rein politischen Aufklärung unzugänglichen Bereich unserer Gesellschaft geht es darum, durch eine breite und alle sozialen Bedürfnisse des Menschen erfassende Solidarität die vorhanden Ängste und autoritären Fixierungen soweit zu reduzieren, daß möglichst viele Menschen sich die verdrängten Zusammenhänge bewußt machen können, die zu sozial schädlichen, ja verbrecherischen Handlungen führen.«

Eine wichtige Entscheidung im Jahr 1979 sei noch erwähnt, weil sie in den darauffolgenden Jahren von erheblicher innen- und außenpolitischer Bedeutung sein sollte: Am 12. Dezember 1979 einigten sich die NATO-Staaten auf einer Sondersitzung in Brüssel über den »NATO-Doppelbeschluß«. Der »NATO-Doppelbeschluß« beinhaltete die Aufstellung neuer amerikanischer Mittelstreckenraketen (Pershing II, Cruise Missile) in Europa gegen ein angebliches Übergewicht des Ostblocks bei Atomraketen mittlerer Reichweite innerhalb von vier Jahren, sollte die Sowjetunion nicht ihre SS-20-Raketen abbauen. Der Beschluß der NATO führte besonders in der Bundesrepublik zu einem enormen Anwachsen der Friedensbewegung, mit starker Beteiligung aus dem gewerkschaftlichen Bereich.

## 1980: Terror und Mord von rechts

Das Jahr 1980 war ein Jahr neonazistischer Gewalt. Nach der Schändung mehrerer jüdischer Friedhöfe wurden am 22. August in Hamburg bei einem Brandanschlag der »Deutschen Aktionsgruppen« zwei Vietnamesen ermordet. Am 26. September wurden bei einem Bombenanschlag auf das Münchner Oktoberfest durch ein Mitglied der Wehrsportgruppe Hoffmann (gegründet 1974, verboten am 30. Januar 1980) 13 Menschen ermordet und 211 Menschen zum Teil schwer verletzt – viele mit bleibenden Schäden für den Rest ihres Lebens. Am 19. Dezember 1980 wurden in Erlangen ein jüdischer Verleger und seine Lebensgefährtin von einem Mitglied der Wehrsportgruppe Hoffmann ermordet. Zum Gründer der Wehrsportgruppe Hoffmann, Karl-Heinz Hoffmann, wußte der frühere CSU-Vorsitzende Franz-Josef Strauß folgendes auszuführen: »Mein Gott, wenn sich ein Mann vergnügen will, indem er am Sonntag auf dem Land mit einem Rucksack und einem mit Koppel geschlossenen Battle-Dress spazierengeht, dann soll man ihn in Ruhe lassen.«

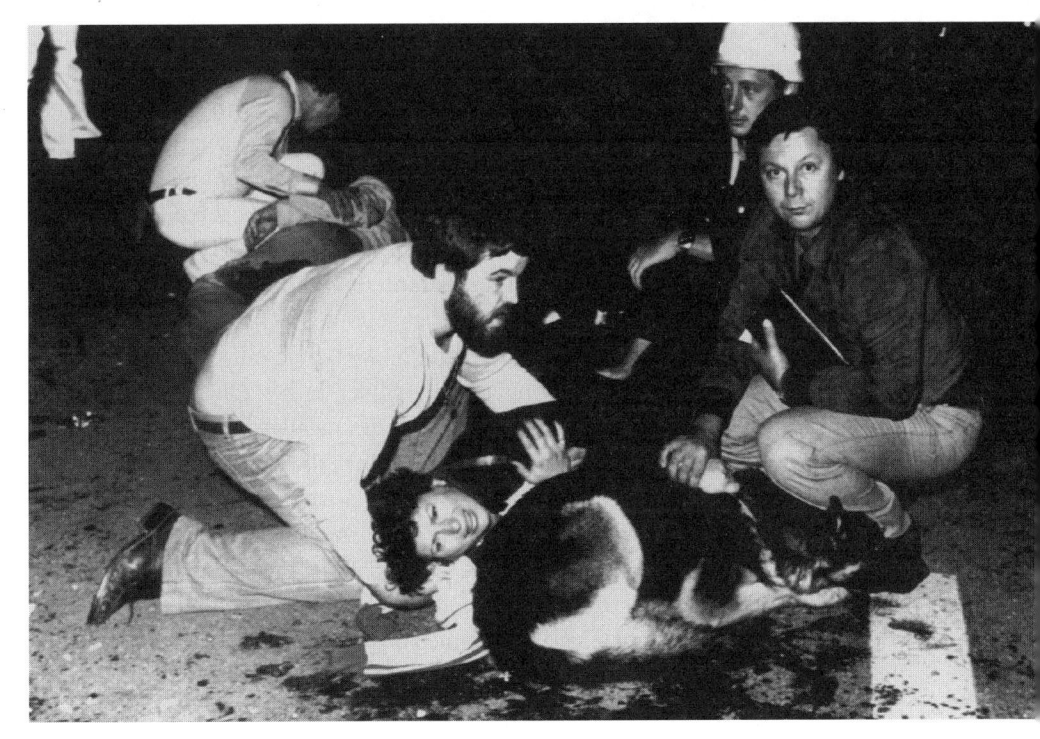

Anschlag auf das Münchner Oktoberfest am 26. September 1980

Der bayerische DGB-Vorsitzende Jakob Deffner ging in seiner Rede am 8. November in Dachau auf die Gewalttaten ein: »Aus diesem rechten Sumpf, der mit Namen wie z. B. Wehrsportgruppe Hoffmann, Junge Front, Volkssozialistische Bewegung Deutschlands nur unzureichend beschrieben ist, kommen auch die Attentäter des Terroranschlags auf dem Münchner Oktoberfest. Ich war immer der Ansicht – und die Meldungen der letzten Tage bestärken mich darin – daß es sich nicht um die Tat eines einzelnen handelt, sondern um eine organisierte Gruppentat. Ich beklage, daß es bei uns zur Gewohnheit geworden ist, den Rechtsradikalismus zu verharmlosen und seine Untaten ständig nach dem gleichen Muster zu interpretieren: die Täter werden für kaum zurechnungsfähig erklärt, man betont die Einzeltat, wobei die rechtsextreme Irrläuferei möglichst der heimlichen Identität mit der Linken geziehen wird.

Nach diesem Muster wurde auch das Verbrechen von München interpretiert, und ich frage mich: Wann endlich wollen die verantwortlichen politischen Kräfte aufwachen? Wann endlich wollen sie die Verharmlosung des Rechtsradikalismus einstellen, die sie jahrelang betrieben haben, um die Aufmerksamkeit desto gründlicher auf alles, was links ist, lenken zu können?

Wir verurteilen jeglichen Terrorismus und jegliche Gewaltanwendung, ganz gleich, ob er aus einer politischen Richtung kommt, die das Etikett ›links‹ für sich in Anspruch nimmt oder aus dem rechten Untergrund. Gewalt und Terror kann für uns kein Mittel der politischen Auseinandersetzung sein. Aber wenn wir politisch denken und politisch handeln wollen, dann müssen wir den linken und rechten Terror untersuchen, seine Wurzeln und seine Ziele bloßlegen. Nur dann wird es uns gelingen, einen Weg aus der Gewaltanwendung zu finden. Die Bombenanschläge von rechts forderten in den letzten Wochen und Monaten über 100 Todesopfer und mehr als 600 z.T. Schwerverletzte. Getroffen wurden völlig unbeteiligte Menschen, Bahnreisende oder Festbesucher, also Bürger, die keinesfalls besondere Gegner der rechtsradikalen Politik sein konnten. Und genau das ist die Besonderheit des rechtsradikalen Terrors. Seine Gewalt ist ungezielt, Gewalt um der Gewalt willen, die keinen erkennbaren anderen Zweck verfolgt, als Angst und Schrecken zu verbreiten und die Bevölkerung einzuschüchtern. Die gewalttätigen Rechtsradikalen sind mittlerweile in fast ganz Westeuropa aktiv. Es gilt als sicher, daß die europäischen Neofaschisten über die Landesgrenzen hinweg eng zusammenarbeiten und daß sie in einigen Staaten wie Frankreich und Spanien sogar über Mitglieder und Sympathisanten in Polizei und Justiz verfügen. Angesichts dieser internationalen faschistischen Bedrohung kann die Antwort nur lauten: Stärkung aller demokratischen Kräfte im Kampf gegen Faschismus und Diktatur.«

Am 22. November 1980 veranstaltete der DGB Bayern unter dem Motto: »Aktiv für Demokratie und Freiheit – Wider den Ungeist des Faschismus« einen Protestzug mit anschließender Kundgebung in der Augsburger Sporthalle gegen den Bundesparteitag der NPD in Augsburg. Mehr als 12.000 Menschen nahmen daran teil. Und das, obwohl oder gerade weil der bayerische Innenminister Gerold Tandler in der Nacht vor der Kundgebung die Umleitung des Demonstrationszuges durch unbewohnte Gebiete Augsburgs angeordnet hatte.

Veranstaltung des DGB Bayern gegen den NPD-Bundesparteitag am 22. November 1980 in Augsburg

### Auseinandersetzung mit dem Neonazismus

Die Jahre 1981 bis 1985 standen im Zeichen der zunehmenden Auseinandersetzung mit den Neonazismus – seitens der DGB-Jugend und seitens des DGB insgesamt.

Politisch sind für diese Jahre bemerkenswert zum einen das Erstarken der Friedensbewegung (10. Oktober 1981: 300.000 Menschen demonstrieren in Bonn gegen den »NATO-Doppelbeschluß«; 10. Juni 1982: 400.000 Menschen demonstrieren in Bonn anläßlich des NATO-Gipfeltreffens) und zum anderen der Amtsantritt Helmut Kohls als Nachfolger von Helmut Schmidt als Bundeskanzler am 1. Oktober 1982 nach einem konstruktiven Mißtrauensvotum im Bundestag.

---

**Neonazistische Aktivitäten**

**1981**
- Schändung jüdischer Friedhöfe in mehreren Städten
- »Ich war dabei«, Franz Schönhubers Beschönigung der Waffen-SS erscheint.
- Veröffentlichung des »Heidelberger Manifestes« gegen den Zuzug von Ausländern.

**1982**
- Schändung der KZ-Gedenkstätte Flossenbürg.
- Der Neonazi Helmut Oxner ermordet drei Menschen.

**1983**
- Michael Kühnen gründet die Aktionsfront Nationaler Sozialisten/ Nationale Aktivisten.
- Schändung der KZ-Gedenkstätte Flossenbürg.
- 26. November: Gründung der Republikaner (REP).

**1985**
- Franz Schönhuber wird Vorsitzender der Republikaner.
- Der Türke Ramazan Avci wird in Hamburg von Skinheads ermordet.

1985 erreicht die Arbeitslosenzahl mit 2,61 Millionen den höchsten Stand seit 1948. Am 5. Mai 1985 besuchen Helmut Kohl und der US-Präsident Ronald Reagan den Soldatenfriedhof in Bitburg, auf dem sich auch Gräber von Mitgliedern der Waffen-SS befinden.

Der DGB und die DGB-Jugend veranstalten im April 1981 in Landshut eine Demonstration und Kundgebung gegen den Landesjugendkongreß der »Jungen Nationaldemokraten«. 1983 wurde gegen den Landesparteitag der NPD in Schweinfurt protestiert, ebenso wie Anfang Mai 1985 gegen das SS-Treffen von Nesselwang. In diesem Zusammenhang forderte der DGB-Landesbezirksvorstand ein Verbot aller neofaschistischen Organisationen und Parteien einschließlich der »Kameradschaftstreffen« ehemaliger SS-Verbände. Am 30. Januar 1983 veranstaltete der DGB-Landesbezirk in der Münchner Bayernhalle eine zentrale Kundgebung anläßlich des 50. Jahrestages der Machtübernahme der Nazis am 30. Januar 1933. Vor 3.000 Menschen sprach der Vorsitzende der IG Druck und Papier, Leonhard Mahlein.

## Projekte zur Erforschung der regionalen NS- und Nachkriegsgeschichte

Auch die DGB-Jugend in Bayern intensivierte ihre Aktivitäten. Sie förderte in diesen Jahren Projekte, die es Gewerkschaftsjugendlichen ermöglichen sollten, sich bewußt mit der Nazizeit auseinanderzusetzen. Das Motto dieser Arbeit lautete: »Grabe die bitteren Wurzeln aus.« In den DGB-Kreisen Weiden, Forchheim, Oberland, Schweinfurt und Nürnberg arbeiteten im Anschluß DGB-Jugendgruppen über die regionale NS- und Nachkriegsgeschichte.

Im Geschäftsbericht für 1981 bis 1985 der DGB-Jugend Bayern heißt es dazu: »Ca. 20 junge Gewerkschafter aus Ostbayern forschen derzeit über das ehemalige KZ Flossenbürg unter den besonderen Fragestellungen:
- Welche Verbindungen und Verflechtungen gab es zwischen der ansässigen Bevölkerung, der örtlichen und regionalen Wirtschaft und dem KZ Flossenbürg?
- Welche Rolle spielte die Ausnutzung der Arbeitskraft der Häftlinge für den KZ-Staat?
- Welchen Bedingungen waren die Kinder und Jugendlichen im KZ ausgesetzt?
- Was wurde aus den Häftlingen, den KZ-Bewachern und den am KZ nutznießenden Firmen nach den Evakuierungsmärschen bzw. nach der Befreiung des Lagers?

Ein wesentlicher Schwerpunkt wurde für die Gruppe die Vorbereitung der Gedenkveranstaltung 1984 der DGB-Jugend Bayern zur ›Reichskristallnacht 1938‹ in Floß und Flossenbürg: in einer umfassenden Ausstellung und einem eineinhalbstündigen Diavortrag stellte die Forschungsgruppe ihre bisherige Geschichtsarbeit den Teilnehmern der Gedenkveranstaltung vor. Die positiven Reaktionen darauf, auch in der Presse und von anerkannten Historikern, beweisen die Qualität dieses Projekts.«

Die Münchner DGB-Jugend organisierte von 1983 bis 1990 jeweils am Jahrestag des Oktoberfestattentats Mahnveranstaltungen, zunächst, um zur Aufklärung der Hintergründe beizutragen, später, um auf die neonazistischen Tendenzen allgemein und deren Ursachen hinzuweisen. Die Forderung der DGB-Jugend München, das Oktoberfest am 5. Jahrestag um 18.00 Uhr zu schließen, wurde im Stadtrat mit knapper Mehrheit abgelehnt. »Die fadenscheinigen Argumente, die internationalen Gäste würden verärgert und es seien Störungen bei der Gedenkfeier zu befürchten, charakterisieren in beschämender Weise die politische Kultur in unserem Land«, hieß es damals in einem Kommentar der Münchner DGB-Jugend.

### Wir sind verantwortlich für das, was geschieht

Prominentester Redner bei den Gedenkveranstaltungen 1982 war der SPD-Vorsitzende Willy Brandt, der am 6. November in Dachau vor ca. 2.000 Menschen sprach:

»Machen wir uns eines klar: Die Nazis sind nicht zwangsläufig an die Macht gelangt. Die Republik hätte gerettet werden können – wenn hinreichend viele es mit ausreichendem Willen gewollt hätten. Daß dieser Wille nicht ausreichend bestand, war die Chance Hitlers. Die ›Machtergreifung‹, wie es die Nazis nannten, war eher eine Machterschleichung.

Eine Mehrheit hatte man nicht hinter sich – aber auch nicht wirklich gegen sich. Mit ungezügeltem Tempo ging man daran, den Rechtsstaat auseinanderzubauen. Durchaus nicht alles, wenn nicht eher das wenigste, was die Nazis ins Werk setzten, traf sogleich auf breite Ablehnung. Hitler und die Seinen waren ja keine Dämonen, sondern wild gewordene Spießer, deren Gedanken- und Gefühlswelt durchaus nicht außenseiterisch oder exotisch waren, sondern auf perverse Weise volkstümlich ... Wer es wissen wollte, dem war es in den Jahren vor 33 nicht verborgen geblieben, worum es sich bei den Nazis handelte. Die Arbeitslosigkeit war das quälende Problem vieler Familien, aber die Parole ›Hitler bedeutet Krieg‹ hätte in aller Ohren sein können. Daß es dann eben die Aufrüstung war, mit der jetzt Arbeitsplätze geschaffen wurden, nahm man weitgehend hin, wenn es nicht sogar begrüßt wurde. Auch der Terror war im Prinzip nichts Neues. Schon der lange Weg, auf dem sich die Nazis die Macht verschafften, war von brutaler Gewalttätigkeit gekennzeichnet. Aber erst jetzt, als man die Fäden der Macht in die Hand bekam, konnte man den Terror zum System austüfteln, das das eigentliche Spezifikum der nazistischen Herrschaft bildet. Sie war insofern nicht nur Willkürherrschaft, sondern vor allem eine sorgfältig verwaltete Todesmaschinerie ... War man auch im ganzen allzu ungerüstet und ohne rechtes Bewußtsein von dem, was sich da abspielte, Teile der Arbeiterbewegung hatten doch vor dem Nein zum Ermächtigungsgesetz begonnen, sich auf Widerstand einzustellen. Zwischen dem 30. Januar 1933 und den März-Wahlen fanden vielerorts kraftvolle Kundgebungen statt. Die entscheidende, den Widerstand fördernde und einigende Stimme blieb aus. Man wird ohne Rechthaberei sagen dürfen, daß die Führungen der damaligen Arbeiterparteien die Zeichen der Zeit nicht verstanden haben. Die Vorstände der Gewerkschaften begaben sich auf den gefährlichen Weg, ihre Organisationen durch eine gewisse Anpassung retten zu wollen. Dabei erlebten die Nazis bei den wenige Tage nach der Abstimmung über das Ermächtigungsgesetz abgehaltenen Betriebsrätewahlen mit den Listen ihrer Betriebsorganisation eine so herbe Niederlage, daß dieser Wahlvorgang abgebrochen wurde.

Die Verfolgung ihrer Gegner setzte gleich ein, als die Nazis begannen, die Ämter und Behörden in ihre Gewalt zu bringen. Die Arbeiterbewegung wurde systematisch zerschlagen, der Reichstagsbrand bot den Vorwand für erste Verhaftungen, denen bald Tausende und Abertausende folgten. Der gesammelten kriminellen Energie der Nazis wußte die Arbeiterbewegung keinen geschlossenen Widerstand entgegenzusetzen. Dennoch wäre es gewiß völlig verfehlt, so zu tun, als habe der Widerstand gegen die Hitlerei vor allem und allein durch die Offiziere und die mit ihnen aus der Illegalität heraus verbündeten Politiker des 20. Juli 1944 seinen Ausdruck gefunden ...

Auch wer sich persönlich von Mitschuld frei weiß, ist einbezogen in eine Verantwortung, die sich aus der Vergangenheit für die Zukunft ergibt. Das Versagen anderer entbindet uns nicht von der Pflicht, im Gegenteil: Wir sind verantwortlich für das, was geschieht. Der Nazismus war keine Naturkatastrophe, er fand nicht statt, sondern wurde gemacht. Die Toten und Gequälten appellieren an uns, im Auge zu behalten, daß wir – und damit meine ich nicht nur uns in Deutschland – uns auf dünnem Eis bewegen. Die Nazizeit lehrt uns, zu welchen Grausamkeiten Menschen fähig sind, nur zu rasch fähig sind. Die Augen nicht vor dem zu verschließen, was von 1933 bis 1945 in deutschen Landen und von hier ausgehend in weiten Teilen Europas an Schrecklichem angerichtet wurde, das bedeutet eben nicht, die Geschichte auf 12 Jahre zu reduzieren. Es heißt doch, aus der Vergangenheit für die Gegenwart im Interesse einer menschenwürdigen Zukunft zu lernen. Wer heute dazu auffordert, endlich ›aus dem Schatten Hitlers herauszutreten‹, gibt uns einen schlechten Rat. Das könnte nur darauf hinauslaufen, Hitler mit dem Schatten unseres Schweigens zu decken. Wir brauchen aber die klare und – dabei gewiß auch – selbstbewußte Auseinandersetzung mit dem, was war, um für die Anforderungen, die sich uns stellen, gerüstet zu sein. Wir haben vielleicht nur Bewährungsfrist, aber hoffentlich doch die Chance auf eine gute Zukunft.«

**1983: DGB-Jugend setzt Gedenkstein für KZ-Opfer**

Die Gedenkveranstaltung für Nordbayern fand 1983 im ehemaligen Arbeits- und KZ-Außenlager Hersbruck statt. Die DGB-Jugend setzte an der Stelle, an der sich in der Nazizeit ein Konzentrationslager befunden hatte, einen Gedenkstein für die fast 5.000 Opfer dieses KZ-Außenlagers von Flossenbürg. Hersbruck wurde deshalb als Veranstaltungsort gewählt, weil hier das drittgrößte Arbeits- und Vernichtungslager Süddeutschlands gewesen war, das aber jahrzehntelang verschwiegen und vergessen wurde. Außerdem lag der Gedenksteinsetzung zugrunde, daß es zu dieser Zeit in Hersbruck noch eine DGB-Jugendbildungsstätte gab, die Gewerkschaftsjugendlichen sich für das Thema interessierten, während der Seminare Führungen zu den Stätten des Konzentrationslagers angeboten wurden und der in der Bildungsstätte beschäftigte pädagogische Mitarbeiter das Thema mit großem Engagement vorantrieb. Der Gedenkstein trägt eine Tafel mit den Worten des Philosophen George Santayana: »Wer sich des Vergangenen nicht erinnert, ist dazu verurteilt, es noch einmal zu erleben.« Der DGB-Landesbezirksvorsitzende Jakob Deffner enthüllte den Gedenkstein mit den Worten: »Nehmen wir auch den Auftrag und die Verpflichtung an, alles in unserer Kraft Stehende zu tun, diesem Vermächtnis gerecht zu werden. Nie wieder Faschismus – nie wieder Krieg. Alle Kraft und Glück und Gerechtigkeit für Brüderlichkeit und Freiheit für die Menschen in aller Welt.«

**Eine Lehre für die Gegenwart**

Am 10. November 1984 sprach der frühere österreichische Bundeskanzler Bruno Kreisky bei der Gedenkveranstaltung in Dachau vor rund 2.000 Menschen: »Es soll auch nicht übersehen werden, daß mit dem Nazismus eine der größten historischen Ausbeutungsaktionen begonnen hat. Unlängst hat ein Film gezeigt, wie Hunderttausende in die Betriebe geholt wurden, um auch dort durch Arbeit ihrer Vernichtung entgegenzugehen, und alle großen Unternehmen haben an dieser Vernichtungsaktion mitgewirkt. Nur zwei die nicht mitgetan haben, sind auf einer Ehrentafel zu finden. Wahrscheinlich waren es einige mehr. Aber alle anderen wollen heute von alledem nichts gewußt haben, und der Zynismus, mit dem sie es erklären, ist geradezu haarsträubend.

Wieder eine Lehre für die Gegenwart. Die Xenophobie, der Fremdenhaß geht wieder um in Europa, und manche üblen Medien verbreiten ihn noch zusätzlich. Was ist das doch für eine Heuchelei, als es bei uns viel Arbeit gab und für so manche fand sich keiner, ob es in Deutschland war, in Österreich, in der Schweiz oder Frankreich, da hat man sie herbeigeholt und hat sie das, was wir die ›Dreckarbeit‹ nennen, machen lassen. Jetzt müssen sie sie zwar immer noch machen, aber der Fremdenhaß hat solche Formen angenommen, daß man gar nicht nachdenkt, wer dann das alles machen soll, wenn man sie alle hinauswirft. Liebe Freunde, der Teufel sitzt mitten unter uns und wieder werden Regierungen schwach und geben sogenannten Massenstimmungen nach, statt ihnen entgegenzutreten ... Und so soll diese Kundgebung des Gedenkens an ein Ereignis, das der Anfang vom Ende war, auch eine Erinnerung und Mahnung an uns alle sein, ›Wehret den Anfängen‹.«

Am Tag der Gedenkfeier wurden in Dachau Flugblätter der »Nationalistischen Front« verteilt. Und selbst in der eher konservativen Presse wurde das wiederholte Nichterscheinen des Dachauer Oberbürgermeisters zur Veranstaltung der DGB-Jugend hart kritisiert.

## Vermächtnis KZ Flossenbürg

Der Gedenkveranstaltung am 9. November 1985 in Flossenbürg ging die Darstellung des Beitrages der »Projektgruppe KZ Flossenbürg« der DGB-Jugend Ostbayern voraus. Unter dem Motto »Vom KZ zur Parkanlage« wurde mittels historischer Fotos und ausgewählter Zeitungsausschnitte gezeigt, wie über die Jahre hinweg der Schrecken des Konzentrationslagers der Vergessenheit anheim gefallen waren. In einem Diavortrag wurde über die Gedenkstätte und ihre Geschichte in der Nachkriegszeit informiert. Gleichzeitig forderte die DGB-Jugend einen Platz für ihre Ausstellung, ein Archiv und einen Versammlungsraum. Nicht stilles Gedenken, sondern Gespräche und Auseinandersetzung mit der Geschichte wurden als Ziele formuliert, um alten und neuen Nazis das Wasser abzugraben.

Für die Projektgruppe erläuterte Bernhard Füßl bei der Veranstaltung den Arbeitsansatz:

»Als wir nach einem erneuten Anschlag auf die KZ-Gedenkstätte in Flossenbürg im Jahre 1983 begannen, uns etwas näher mit dem Geschehen während des Bestehens des Konzentrationslagers und mit dessen Nachkriegsgeschichte zu befassen, führten wir eine längere Diskussion über die beabsichtigten Forschungsschwerpunkte.

Nicht zuletzt aus unserem Selbstverständnis als Gewerkschaftsjugend heraus grenzten wir unsere Forschungen auf zwei Themen ein: a) Wer erbaute diese Terrorstätte? Wer ernährte diese neben der Stadt Weiden mit Abstand größte Ansiedlung von Menschen in der Region? b) Welche Formen von Ausbeutung der Häftlingsarbeitskraft kamen vor?

Wir begannen mit Archivbesuchen, führten Gespräche mit Zeitzeugen in Flossenbürg und Umgebung, machten uns mit noch bestehenden Gebäuden außerhalb der Gedenkstätte vertraut. Vor allem die Gespräche mit Zeitzeugen machten uns zunehmend auf Mißstände aufmerksam, die uns bis dahin so nicht bewußt waren.

Seit Jahrzehnten ist formell der Freistaat Bayern für die Ausgestaltung und Betreuung der Gedenkstätte in Flossenbürg zuständig. Ein begrenztes, völlig unzureichendes Führungsangebot, kein Archiv, keinerlei Einrichtungen für Gesprächsmöglichkeiten zigtausender von Besuchern. In einer gepflegten Parkanlage ist ›stilles‹, möglichst unwissendes ›Gedenken‹ angesagt.

Seit den 50er Jahren und bis heute liegt die Hauptlast der Betreuung von Gedenkstättenbesuchern, inklusive ausländischer Delegationen mehr oder weniger bei der Kommune Flossenbürg. Deren Repräsentanten und Bediensteten, aber auch dem Engagement von Flossenbürger Privatpersonen ist es zu verdanken, daß damaliges Geschehen vermittelt wird. Ich werde keine Gelegenheit versäumen, dieses Engagement zu würdigen.

Das ursprünglich flächendeckende Terrorsystem ›Konzentrationslager‹ wurde und wird auf den jeweiligen Standort, die Verbrechen möglichst auf die SS eingegrenzt. Das KZ wurde zum Erbe der dort wohnenden Menschen gemacht, und die Nation wäscht sich rein an den Eingrenzungen auf Dachau, Flossenbürg und wie sie alle heißen.«

**Mit der Wahrheit leben**

Auszug aus Walter Ohms Collage dokumentarischer und literarischer Texte zur Gedenkfeier in Dachau am 9. November 1985.

Sprecherin:
Beim Reichstagsbrand: Gegen die Roten
Beim Röhmputsch: Gegen die Schwulen
Beim Überfall auf den Sender Gleiwitz: Gegen die Polaken
In der Kristallnacht: Gegen die Itzigs

Sprecher:
Der Zweck des Pogroms war: Ohne direkte Enteignungsmaßnahmen an die Vermögen der jüdischen Mitbürger zu kommen.
Diese Raubaktionen konnten nach der Kristallnacht durch Verordnungen »legalisiert« werden.
Die Nazis mußten ihre Kriegsrüstung finanzieren.

Sprecherin:
Die Tageszeitung der Deutschen Arbeitsfront »Der Angriff« meldete unter der Überschrift »Das war gerechte Empörung!« am 10. November 1938 aus Berlin: »Die berechtigte und verständliche Empörung des deutschen Volkes über den feigen jüdischen Meuchelmord an einen deutschen Diplomaten in Paris hat sich in der vergangenen Nacht in umfangreichem Maße Luft verschafft. In zahlreichen Städten und Orten des Reiches wurden Vergeltungsaktionen gegen jüdische Gebäude und Geschäfte vorgenommen.«

Sprecher:
Vollzugsmeldung des Chefs der Sicherheitspolizei Heydrich an den preußischen Ministerpräsidenten Göring über die Gewaltmaßnahmen gegen das Judentum am 9./10. November 1938:
»Nach bis jetzt eingegangenen Meldungen der Staatspolizei haben sich in zahlreichen Städten Plünderungen jüdischer Läden und Geschäftshäuser ereignet. Die aufgeführten Zahlen: 815 zerstörte Geschäfte, 29 in Brand gesteckte und zerstörte Wohnhäuser, geben nur einen Teil der wirklich vorliegenden Zerstörungen wieder.

Wegen der Dringlichkeit der Berichterstattung, die sich lediglich auf allgemeine Angaben stützt, dürften die angegebenen Ziffern um ein vielfaches überstiegen werden. An Synagogen wurden 191 in Brand gesteckt, weitere 76 vollständig demoliert. Ferner wurden 11 Gemeindehäuser, Friedhofskapellen und dergleichen in Brand gesetzt. Festgenommen wurden rund 20.000 Juden, ferner 7 Arier und 3 Ausländer.«

Sprecherin:
Die historische Wahrheit:
Die 20.000 jüdischen Männer wurden in KZ's verschleppt und grausam mißhandelt.
Und weiter mit der Vollzugsmeldung Heydrichs:

Sprecher:
»An Todesfällen wurden 36, an Schwerverletzten ebenfalls 36 gemeldet. Die Verletzten bzw. Getöteten sind Juden. Ein Jude wird noch vermißt.«

Sprecherin:
»Der Nationalsozialismus ließ keine Juden erschießen, obwohl das Schuldkonto dieser Gesellen, die Deutschland eine Arbeitslosigkeit von 8 Millionen Deutschen brachten, groß genug ist!«

Sprecher:
So der Gauleiter des Traditionsgaues der Bewegung, Staatsminister Adolf Wagner am 12. November 1938 im Zirkus Krone in München.

## 1986 bis 1989: Intensivierung der inhaltlichen Diskussion

In den Jahren von 1986 bis 1989 sind im rechten Bereich zwei Entwicklungen zu beobachten: Einerseits nahmen Gewalt und Mord zu, andererseits konnten die Republikaner und die DVU bei einigen Wahlen Erfolge erzielen. Auf der ideologischen Ebene spielte der sogenannte »Historikerstreit« von 1986 eine erhebliche Rolle, stellte er doch klar, daß die rechtsintellektuelle Szene in die bis heute andauernde Offensive gegangen war. Auch die bürgerlichen Parteien intensivierten ihre Hetze gegen Ausländerinnen und Ausländer und Asylsuchende.

Der DGB-Landesbezirk Bayern veranstaltete am 14. November 1987 eine Demonstration mit Kundgebung gegen den Bundesparteitag der NPD in Höchstadt/Aisch. Vor mehr als 3.000 Menschen wurde das Verbot der NPD gefordert.

Im Geschäftsbericht des bayerischen DGB für 1986 bis 1989 heißt es dazu: »Der Demonstration war ein Rechtsstreit des DGB mit dem Landratsamt Erlangen-Höchstadt vorausgegangen. Dieser endete mit einem Verbot der vom DGB angemeldeten Kundgebung auf dem Marktplatz von Höchstadt und der Verlegung derselben auf den Festplatz an den Aischwiesen, sowie einem Teilverbot der angemeldeten Demonstrationsroute ... Zwar konnten diese drastischen Einschränkungen der Versammlungsfreiheit des DGB den Erfolg der Veranstaltung nicht beeinträchtigen, so zeigen sie dennoch deutlich, wie blind Staatsregierung und Gerichte immer noch auf dem rechten Auge sind.«

Der DGB Bayern intensivierte weiter seine Auseinandersetzung mit den rechten Entwicklungen: So wurde 1989 eine Kampagne gegen die Ursachen rechtsextremer Wahlerfolge gestartet, die Bildungsarbeit ausgebaut, die Seminarmitarbeiterqualifikation erweitert und eine Unterschriftenaktion gegen Ausländerfeindlichkeit unter dem Motto »Gemeinsam leben, arbeiten, gestalten – Für Demokratie, Menschlichkeit und Freiheit« gestartet. Daneben fanden weitere Aktionen insbesondere gegen die Republikaner statt.

---

**Terror von Rechts**

**1986**
Ende des Jahres werden zehn Flüchtlingsunterkünfte angezündet.

**1987**
3. Februar: Ein Mitglied der FAP wird von eigenen Leuten wegen »Verrats« ermordet.

**1988**
5. April: In den USA erscheint der »Leuchter-Report« (Autor: Fred Leuchter), in dem der Massenmord an den Juden durch Vergasung geleugnet wird.

18. Juli: Bombenanschlag auf die jüdische Gemeinde in Frankfurt am Main.

17. Dezember: Ein Mitglied der »Nationalistischen Front« verübt einen Brandanschlag auf ein Haus in Schwandorf. Vier Menschen sterben.

> **Wahlerfolge der Rechten**
>
> **1987**
> 13. September: Bei der Bürgerschaftswahl in Bremen erhält die DVU-Liste-D (Wahlbündnis aus DVU und NPD) 3,4 Prozent, in Bremerhaven 5,4 Prozent der Stimmen.
>
> **1989**
> 29. Januar: Die Republikaner erreichen bei der Wahl zum Abgeordnetenhaus in Berlin 7,5 Prozent der Stimmen (11 Mandate).
> 18. Juni: Die Republikaner erhalten bei der Europawahl 7,1 Prozent der Stimmen (6 Mandate).
>
> Regionale Erfolge der Republikaner bei verschiedenen Wahlen in Bayern bis weit in die 90er Jahre hinein (z. B. 22,1 Prozent der Stimmen in Rosenheim bei der Europawahl '89).

Die bayerische DGB-Jugend erstellte eine vielbeachtete Dokumentation zu den Republikanern, in der alle Aspekte des Aufstiegs dieser Partei beleuchtet wurden. Außerdem forcierte sie in diesem Zeitraum die inhaltliche und theoretische Diskussion zu den Ursachen der Rechtsentwicklung.

In einer Positionsbestimmung des DGB-Landesjugendausschusses vom September 1988 wird davon ausgegangen, daß »im Alltagsbewußtsein der Menschen, das geprägt ist von der individuellen Leistungsfähigkeit des einzelnen, der Erklärungsansatz für faschistische Tendenzen zu suchen ist. Bricht dieser Zusammenhang zwischen individueller Leistungsfähigkeit und der im Bewußtsein damit verknüpften eigenen Arbeit auf, kommt es zu rückwärtsgewandten, frühere Epochen idyllisierenden Wertvorstellungen.

Politisch bedeutsam werden solche Bewußtseinsformen bei tiefgreifenden ökonomischen Krisen mit der Deklassierung breiter Bevölkerungsteile und der Verschärfung sozialer Probleme mit massenhafter Marginalisierung. Genau an dieser Stelle muß man sich deshalb die neokonservative Politik ansehen.

Die Konservativen sind angetreten mit der Parole ›Mehr Markt – weniger Staat‹. Ideologisch begleitet wurde ihr ökonomisches Konzept von Rückgriffen auf überwunden geglaubte Werte wie Leistung, Heimat, Nation und Volk.

Nun ist feststellbar, daß es ihnen offensichtlich gelungen ist, diese Bewußtseinsformen breit zu verankern. Ökonomisch reicht andererseits ein oberflächlicher Blick auf die Entwicklung aus, um zu verdeutlichen, daß die Konservativen mit ihrem Konzept gescheitert sind. Für die Mehrzahl der abhängig Beschäftigten und weite Teile der Bevölkerung gibt es keine Verbesserung der Lebens- und Arbeitssituation.

Die Gefahr besteht nun darin, daß die Konservativen mit der Reinstallierung ihrer Wertvorstellungen rechten, faschistischen und neofaschistischen Parteien Gelegenheit geben, an dieses Freisetzen primitiver Instinkte (z. B. Asyldebatte) anzuknüpfen.«

## 1986: Neue Formen des Gedenkens in Dachau

Bei der Gedenkveranstaltung am 8. November 1986 in Dachau wurden keine Reden gehalten. Statt dessen wurde unter Leitung von Walter Ohm und dem Medienzentrum München eine »Szenische Collage« mit dem Schriftsteller Michael Ende aufgeführt.

Der Titel der Collage lautete: »Henker, Mörder, Generäle«. Es wurden im Rahmen der Collage Texte von Bert Brecht, Lion Feuchtwanger, Peter Weiss und Hermann Wenk vorgetragen, Originalzitate von Nazi-Größen und zeitgenössischen Politikern präsentiert, sowie Einblendungen aus den Filmen »Der gewöhnliche Faschismus« und »Shoa« gezeigt. Dabei wurden, ausgehend von den Nürnberger Rassegesetzen, die ideologischen Grundlagen der Judenverfolgung thematisiert, die konkreten Ereignisse während des Novemberpogroms 1938 dargestellt und Verknüpfungen mit aktuellen gesellschaftlichen Entwicklungen hergestellt.

In Flossenbürg sprach am 8. November 1986 der DGB-Landesjugendsekretär Klaus Dittrich:

»Deshalb ist es ein großes Verdienst, die Geschichte des Faschismus vor Ort aufzuarbeiten, wie es hier in Flossenbürg seit Jahren von jungen Gewerkschaftern geschieht. Das hat nichts damit zu tun, das Kains-Mal für einige Orte in der Bundesrepublik und ihre Bewohner, wie Flossenbürg oder Dachau, zu verewigen. Denn die Konzentrationslager waren nicht nur Orte des Schreckens, sondern auch Orte des Widerstandes, der Solidarität und der Humanität gerade angesichts der Verachtung alles Menschlichen. In den KZ waren Menschen unterschiedlicher Nationalität, politischer Anschauung und unterschiedlichen Glaubens zusammengepfercht und wurden in gleicher Weise gequält. Daraus entstanden wichtige Impulse und Anregungen für die Schaffung eines vereinten Europas, die Bildung von Einheitsgewerkschaften, die Zusammenarbeit der Demokraten über die Parteigrenzen hinweg und die Hinwendung der christlichen Bekenntnisse zur Ökumene. Fundamentale Grundlagen unseres sozialen Rechtsstaates haben hier ihre Wurzeln.«

## Henker, Mörder, Generäle

Auszug aus Walter Ohms szenischer Collage mit Gedichten von Michael Ende zur Gedenkstunde in Dachau am 8. November 1986.

Dia: Der Kommandant von Auschwitz Rudolf Höss, Buchtext oder Schrift

Zitator:
Höss war damals Schutzhaftführer im Konzentrationslager Sachsenhausen. Er schrieb später: Es kam die von Goebbels inszenierte Kristallnacht, wo, als Vergeltung für den von einem Juden in Paris erschossenen v. Rath, im ganzen Reich die jüdischen Geschäfte zerstört wurden und überall in den Synagogen Feuer ausbrach, die Feuerwehren aber an der Brandbekämpfung gehindert wurden.
»Zu ihrem eigenen Schutz vor der Wut des Volkes« wurden alle Juden, die noch im Handel, in der Industrie, im Geschäftsleben eine Rolle spielten, verhaftet und in die Konzentrationslager gebracht als Schutzhaftjuden.

Sprecher:
Der wirkliche Grund für die brutalen Überfälle war die Beschaffung von Bargeld zur Finanzierung der Aufrüstung für den geplanten Krieg.
Das Triumvirat Goebbels, der Himmler-Handlanger Heydrich und Göring agierte in Arbeitsteilung. Goebbels deklarierte die Pogrome als spontane Erhebung des deutschen Volkes gegen die Juden. Heydrich kommandierte die Partei und ihre Schläger an die Terrorfront und danach übernahm Göring das Inkasso von einer Milliarde Reichsmark bei den Juden.

Sprecherin:
Das geheime Staatspolizeiamt verschickt an alle Stapo-Leitstellen Fernschreiben, abgezeichnet von Heydrich mit dem Vermerk: »Blitz, dringend, sofort vorlegen.«

Zitator:
1). Die Leiter der Staatspolizeistellen haben sofort nach Eingang dieses Fernschreibens mit den zuständigen politischen Leitungen – Gauleitung oder Kreisleitung – Verbindung aufzunehmen und eine Besprechung über die Durchführung der Demonstration zu vereinbaren.

a). Es dürfen nur solche Maßnahmen getroffen werden, die keine Gefährdung deutschen Lebens oder Eigentums mit sich bringen (z. B. Synagogenbrände nur, wenn keine Brandgefahr für die Umgebung ist).
In allen Bezirken sind so viele Juden – insbesondere wohlhabende – festzunehmen, als in den vorhandenen Hafträumen untergebracht werden können. Nach Durchführung der Festnahme ist unverzüglich mit den zuständigen Konzentrationslagern wegen schnellster Unterbringung der Juden in den Lagern Verbindung aufzunehmen.

Dia: Stenogramm – Göring-Besprechung 12. November 1938

Sprecher (Göring):
Ich werde den Wortlaut wählen, daß die deutschen Juden in ihrer Gesamtheit als Strafe für die ruchlosen Verbrechen usw. eine Kontribution von einer Milliarde auferlegt bekommen. Das wird hinhauen.
Die Schweine werden einen zweiten Mord so schnell nicht machen.
Im übrigen muß ich noch einmal feststellen:
Ich möchte kein Jude in Deutschland sein.

Wer möchte Jude in der Bundesrepublik Deutschland sein?

## Henker, Mörder, Generäle –

szenische Collage mit
Michael Ende,
Martin Urtel, Jürgen Arndt, Elisabeth Woska
und dem Münchner DGB-Chor

Regie und Zusammenstellung: Walter Ohm
Mitarbeit: Medienzentrum München
und W. Klar

Ende: 18.00 Uhr

## Historikerstreit

Der »Historikerstreit« der 80er Jahre begann mit einem Artikel des Historikers Ernst Nolte am 6. Juni 1986 in der »Frankfurter Allgemeinen Zeitung«. Unter der Überschrift »Vergangenheit, die nicht vergehen will« stellte Nolte die These auf, daß der Nationalsozialismus nichts anderes gewesen sei als die Antwort auf die Oktoberrevolution in Rußland. Insofern sei Auschwitz eine »asiatische« Tat, der »Klassenmord« der Bolschewiki sei dem »Rassenmord« der Nazis vorausgegangen. Beides müsse als kausaler Zusammenhang im Rahmen der europäischen Geschichte betrachtet werden.

Der Philosoph Jürgen Habermas antwortete am 11. Juli 1986 in der »Zeit«. Unter der Überschrift »Eine Art Schadensabwicklung« ging er auf mehrere damalige Beiträge bekannter deutscher Historiker ein (Hillgruber, Stürmer, Hildebrand und Nolte). Er kritisierte die Reduzierung der Singularität des Holocaust auf den »Vorgang der Vergasung«: »Er (Nolte) schlägt zwei Fliegen mit einer Klappe: Die Nazi-Verbrechen verlieren ihre Singularität dadurch, daß sie als Antwort auf (heute fortdauernde) bolschewistische Vernichtungsdrohungen mindestens verständlich gemacht werden. Auschwitz schrumpft auf das Format einer technischen Innovation und erklärt sich aus der ›asiatischen‹ Bedrohung durch einen Feind, der immer noch vor unseren Toren steht«.

Die im »Historikerstreit« formulierten Positionen rechter Intellektueller stellten einen wichtigen Beitrag zur Gewinnung der geistigen Vorherrschaft in den Auseinandersetzungen um die Leitbilder und Wertvorstellungen in der Gesellschaft dar und markierten eine wichtige Schnittstelle zwischen konservativen Positionen und rechten Auffassungen.

## 1987: Der DGB zum Historikerstreit

Auf der Gedenkveranstaltung am 7. November 1987 in Dachau ging der stellvertretende Vorsitzende des DGB Bayern, Fritz Schösser, in seiner Rede auf den »Historikerstreit« ein: »Eine spezifische Funktion im Rahmen der Wende-Ideologie nehmen konservative Historiker, aber auch andere Wissenschaftler aus diesem Bereich wahr. Im Rahmen der Veränderungen der politischen Kultur der letzten Jahre, sozusagen mit dem Wechsel der Anschauungen und Mentalitäten hat sich der Raum für die offene Formulierung alter Auffassungen beträchtlich erweitert ... Diese Art der ›Vergangenheitsbewältigung‹ – seit einiger Zeit praktische Übung konservativer Politiker und Wissenschaftler – stellt letztlich dem Neofaschismus die nötige Ausgangsposition bereit. In denselben Zusammenhang gehört jene unsägliche Debatte, die als ›Historikerstreit‹ Zeugnis davon ablegt, wie konservative Historiker Hand in Hand mit konservativen Politikern versuchen, unter

Verweis auf die angeblich wiederherzustellende Identität der Deutschen die Greuel der Nazis zu relativieren, bzw. sie als zwar bedauerlich, aber im Geschichtsverlauf nicht außergewöhnlich darzustellen.

- Da wird versucht, das Mordprogramm der Nazis gegenüber den europäischen Juden auf einen ›asiatischen Ursprung‹ zurückzuführen,
- da will man die Ausrottung der Juden dadurch legitimieren, daß jene angeblich 1939 völkerrechtlich zur Kriegspartei geworden seien,
- da wird der verbrecherische Krieg an der Ostfront zu einem Befreiungskrieg gegen den Bolschewismus stilisiert,
- da spricht der Kölner Historiker Andreas Hillgruber von der ›Zerschlagung des deutschen Reiches‹, aber vom ›Ende des europäischen Judentums‹.

Hans Mommsen stellt bezüglich dieser Gattung neokonservativer Geschichtsschreibung zurecht fest: ›Was sich gegenwärtig vollzieht, ist keine Verschwörung: vielmehr finden seit langem aufgestaute und in marginaler Literatur sichtbar hervortretende nationale Ressentiments und eine zu neuen Ufern drängende Geschichtsschreibung sich in einer unheiligen Allianz wieder zusammen.‹«

## 50. Jahrestag des Novemberpogroms 1938

Anläßlich des 50. Jahrestags des Novemberpogroms veranstaltete die DGB-Jugend Bayern – neben einer Vielzahl von Veranstaltungen anderer Organisationen und des DGB-Bundesvorstandes – die traditionellen Gedenkfeiern (am 5. November 1988 in Flossenbürg und am 9. November 1988 in Dachau) sowie ein ganztägiges Symposium zum Thema »Rassismus, Ausländerhaß und Nationalismus – Ursachen und Gegenstrategien« am 12. November 1988 in Ottobrunn mit einer daran anschließenden kulturellen Abendveranstaltung.

Der DGB-Landesbezirksvorsitzende Jakob Deffner ging bei seiner Rede in Dachau auf die Diskussion über das Asylrecht ein:

»Die Forderung von Unionspolitikern nach Einschränkung des Grundrechts auf Asyl ist der schamlose Versuch, mit populistischer Stammtischpolitik am rechten Rand Wählerstimmen zu gewinnen, ohne Rücksicht darauf, daß ein solcher Schritt gegen Buchstaben und Geist des Grundgesetzes der BRD verstößt. Die Männer und Frauen, die nach der Nazidiktatur die Verfassung erarbeitet haben, haben mit gutem Grund das Asylrecht als unabänderlichen Teil unserer Verfassung verankert, weil sie wußten, was es heißt, ein politisch Ver-

**50. JAHRESTAG**
"REICHSPOGROMNACHT 1938"

**SYMPOSIUM**
Rassismus, Ausländerhaß und Nationalismus

am 12. November 1988
in Ottobrunn

DGB          DGB
              bvv

folgter zu sein, der ein Asyl braucht, um überleben zu können ... In einer Auseinandersetzung über das Asylrecht warf der Bayerische Innenminister Stoiber vor wenigen Tagen dem Saarländischen Ministerpräsidenten vor, eine ›multinationale Gesellschaft auf deutschem Boden durchmischt und durchrasst‹ anzustreben.

Ich muß gestehen, daß mich ein kalter Schauer des Entsetzens ergriffen hat, angesichts einer Ausdrucksweise, die Erinnerungen wachruft an die dunkelsten Zeiten deutscher Geschichte. Darüber darf nicht einfach zur Tagesordnung übergegangen werden. Die Erklärung von Stoiber, auf das Wort ›durchrasst‹ zu verzichten, damit ›die SPD die Diskussion in der Sache nicht länger verweigern kann‹, belegt, daß er nicht begriffen hat, oder nicht begreifen will, was den Juden und anderen aus rassistischem Verfolgungswahn angetan worden ist. Ein Politiker, der eine solche Entgleisung nicht entschuldigt und tief bedauert, belastet in unerträglichem Maße die politische Kultur.«

Der DGB-Landesjugendsekretär Rainer Wessely sprach am 5. November 1988 in Flossenbürg und formulierte einige Überlegungen zu den Inhalten antifaschistischer Arbeit:

»Neonazistische und rechtskonservative Parolen bieten eine Ersatzwelt mit festen Prinzipien gegenüber einer als ungemütlich empfundenen wirklichen Welt. Auch wenn wir klar und bedingungslos das Verbot neonazistischer Organisationen und ihrer Propaganda fordern, so muß uns dennoch bewußt sein, daß derartige Maßnahmen zur Bekämpfung nicht ausreichen. So wichtig es ist, ihre organisatorische Infrastruktur zu zerschlagen, und so wichtig es ist, endlich Schluß zu machen mit Veranstaltungen faschistischer Organisationen, fällig ist letztendlich ein überzeugendes Politikkonzept, mit dem die Vorherrschaft der konservativen Politik ausgehebelt werden kann.

Der Kampf gegen den Neofaschismus muß dort ansetzen, wo neofaschistische Bewußtseinsformen entstehen. Wird durch die Krise die Bedürfnisbefriedigung von bestimmten Teilen der Bevölkerung, u.a. von Jugendlichen, für sich als unmöglich erachtet, fühlen sich viele durch Ausgrenzung und gesamtgesellschaftliche Ungeplantheit alleingelassen, greift weiterhin eine Orientierungslosigkeit um sich, so können sich gerade daraus für Jugendliche, die noch am Beginn ihres Lebens stehen und auf der Suche nach Lebensentwürfen sind, verheerende Folgen ergeben.

Einen verzweifelten Menschen, der seiner Existenzgrundlage beraubt ist und beispielsweise Ausländer und Asylbewerber für seine Situation verantwortlich macht, wird man nicht mit humanistischen Idealen ansprechen können, sondern nur mit einer überzeugenden Politikkonzeption, die seine Bedürfnisse aufgreift und realisiert.

Der Kampf gegen Arbeitslosigkeit und Deklassierung ist letztendlich nicht nur die praktische Kritik am gegenwärtigen Wendekonzept, sondern immer auch antifaschistische Arbeit.

Mit diesem Kampf werden die Grundlagen der Entstehung faschistischen Bewußtseins unterspült. Hierin liegt das wichtigste Resultat der Faschismusdiskussion, daß nämlich die Gewerkschaften und die parteipolitische Linke dazu kommen müssen, ein konsensfähiges Programm zur Überwindung von Krise und Arbeitslosigkeit zu entwickeln und dahinter breite Teile der Bevölkerung zu sammeln.«

## Gedenken nicht nur an herausragenden Jahrestagen

Auch die Gedenkveranstaltungen 1989 standen ganz im Zeichen der aktuellen Rechtstendenzen. In Flossenbürg stellte der Europaabgeordnete Dr. Gerhard Schmid aus Regensburg die Eingangsfrage: »Warum versammeln wir uns an diesem Tag an diesem Ort?« Schmid gab drei Antworten: Erstens gehe es um die Verantwortung eines ganzen Volkes, aus der sich auch die nicht davonstehlen könnten, die die Nazizeit nicht erlebt haben. Zweitens sei es immer wieder wichtig, deutlich zu machen, daß die Nazidiktatur kein Betriebsunfall der Geschichte war, und daß diejenigen, die nicht bereit seien, aus den damaligen Fehlern zu lernen, Gefahr liefen, diese zu wiederholen. Drittens komme es darauf an, zu erkennen, daß die grundlegenden Macht- und Herrschaftsstrukturen, die zum Erfolg der Nazis geführt haben, noch nicht überwunden sind.

In Dachau führten am Nachmittag ehemalige Lagerhäftlinge Besucher durch die Gedenkstätte und diskutierten auch über die aktuellen Erfolge rechtsextremer Organisationen. Der Bezirksleiter der IG Metall Bayern, Werner Neugebauer, wies eindringlich darauf hin, daß der Einschränkung demokratischer Grundfreiheiten immer eine Einschränkung der Gewerkschaftsrechte vorausgegangen sei und daß der Freiheitsgrad der organisierten Arbeitnehmerschaft mehr denn je den Gradmesser für die Freiheit der Gesellschaft darstelle.

Der Schauspieler Dietmar Schönherr stellte heraus, ihn hätten gerade seine Erfahrungen in der »3. Welt«, vor allem in Nicaragua, davon überzeugt, daß es in einer immer kleiner werdenden Welt absoluter Wahnsinn sei, sich auf das eigene Volk oder die eigene Nation zurückzuziehen. Er forderte dazu auf, dem engstirnigen Nationalismus ein offensives und positives internationales Denken und Handeln entgegenzustellen: »In Anbetracht der elementaren Veränderungen im Ostblock, im Angesicht der Demokratisierung in der Sowjetunion, in Polen und Ungarn, im Angesicht des Massen-Exodus von DDR-Bürgern und angesichts des Einsturzes der Mauer, sprechen die reaktionären Kräfte auf dieser Welt vom Scheitern, ja gar vom Tod des Sozialismus. Sie vergessen ganz, daß der wahre Sozialismus noch niemals und nirgendwo verwirklicht wurde. Das, was jetzt stirbt, sind menschliche Freiheiten verachtende, deformierte Modelle. Die Freiheit, die wir haben, ist mit reiner Bewegungsfreiheit nicht beschrieben. Die wahre Freiheit eines Menschen spielt sich in seinem Kopf, in seinem Herzen, in seinem Bauch ab. Diese Freiheit ist unzerstörbar. Die Menschen, die hier für ihre Überzeugungen gestorben sind, die sich einer anmaßenden Gewalt nicht gebeugt haben, sie sind die ewig lebendigen Mahner, die uns an diese Wahrheit erinnern. Sie haben in deutschem Namen gelitten, aber sie dürfen nicht umsonst gestorben sein. Ihr unzerstörbarer Glaube an die Botschaft des Evangeliums, oder an einen menschlichen Sozialismus ist unser Vermächtnis. Friede für uns alle, und Friede ihrer Asche.«

**1990 bis 1997: Gedenken und Handeln – wichtiger denn je!**

West-Berliner versuchen am 10. November 1989 mit Hämmern und Kreuzhacken die Berliner Mauer einzureißen

Nach der Maueröffnung am 9. November 1989, der Herstellung der staatlichen Einheit Deutschlands durch den Beschluß der Volkskammer der DDR vom 23. August 1990, die DDR trete mit Wirkung vom 3. Oktober 1990 dem Geltungsbereich des Grundgesetzes der Bundesrepublik Deutschland bei, und nach der Verabschiedung des Einigungsvertrages am 20. September 1990 in Volkskammer und Bundestag begann eine neue Phase der deutschen Geschichte. Am 2. Dezember 1990 fanden Bundestagswahlen statt (Wahlsieg der christlich-liberalen Koalition unter Bundeskanzler Kohl) und am 20. Dezember 1990 konstituierte sich der 12. Bundestag im Berliner Reichstagsgebäude.

**Wahlerfolge der Rechten**

**1990**
Die Republikaner erreichen bei der Landtagswahl in Bayern 4,9 % der Stimmen.

**1991**
Die DVU erhält bei der Bürgerschaftswahl in Bremen 6,2 % der Stimmen.

**1992**
Die DVU erhält bei der Landtagswahl in Schleswig-Holstein 6,3 % der Stimmen. Die Republikaner erhalten bei der Landtagswahl in Baden-Württemberg 10,9 % der Stimmen.

**1994**
Der »Bund freier Bürger« unter dem Münchner Stadtrat Manfred Brunner wird gegründet.

**1996**
Die Republikaner erhalten bei der Landtagswahl in Baden-Württemberg 9,1 % der Stimmen.

**1998**
Bei den Landtagswahlen in Sachsen-Anhalt erreicht die DVU 11,9 % der Stimmen.

---

Die vorläufige ökonomische und soziale Bilanz der konservativ-liberalen Politik vor und nach der deutschen Einheit ist jedoch verheerend:

- Zwischen Ost und West existiert eine weitreichende soziale und ökonomische Spaltung.
- Die Wirtschaft wächst in den neuen Bundesländern langsamer als in den alten Bundesländern.
- Zum Jahreswechsel 1997/98 sind in Deutschland nahezu 5 Millionen Menschen arbeitslos.
- Die Systeme der sozialen Sicherung stecken trotz massiver Leistungskürzungen in erheblichen finanziellen Schwierigkeiten.
- Die Einkommen der abhängig Beschäftigten sind rückläufig – Kapital- und Vermögenseinkommen wachsen.
- Sozialer Abstieg, Ausgrenzung, Armut und Perspektivlosigkeit sind für immer mehr Menschen zur brutalen Realität geworden – nicht zuletzt auch für Jugendliche in Ost und West.

Die realen ökonomischen und sozialen Prozesse sind begleitet von einer Stärkung nationalistischer und rassistischer Tendenzen, deren Spitze die Morde und Gewalttaten der letzten Jahre sind.

### Wiedervereinigung und Nationalrausch

Die Gedenkveranstaltung 1990 in Flossenbürg stand nach der Ansprache des Münchner Journalisten Ulrich Chaussy im Zeichen der Diskussion des Verhoeven-Films »Das schreckliche Mädchen«. Der Film behandelt die Erlebnisse der Passauerin Anja Rosmus bei der Recherche der braunen Vergangenheit der Stadt Passau. Chaussy betonte, niemand dürfe angesichts der Wiedervereinigung in einen »Nationalrausch« verfallen und die Nazizeit verdrängen. Er stellte dem »freudetrunkenen Jubel des Jahres 1989« die Opfer des ehemaligen KZ Flossenbürg gegenüber.

**Terror von Rechts**

**1990**

Mindestens fünf Menschen werden bei nazistischen und rassistischen Gewalttaten getötet.

Naziaufmärsche nehmen zu (z. B. München, Wunsiedel, Passau, Dresden, Halle).

**1991**

April: Zahlreiche gewalttätige Aktionen von Neonazis.

17. bis 22. September: In Hoyerswerda werden Ausländer und Asylbewerber tagelang belagert und angegriffen. 30 Menschen werden zum Teil schwer verletzt.

**1992**

In Mannheim wird ein Flüchtlingsheim mehrere Tage von der Bevölkerung eingekesselt.

22. bis 28. August: In Rostock-Lichtenhagen wird ein Flüchtlingsheim fast eine Woche lang belagert und immer wieder angegriffen. Das Gebäude wird unter dem Beifall der ansässigen Bevölkerung in Brand gesetzt. Nur durch sehr viel Glück können sich die Bewohner und einige Journalisten retten.

23. November: In Mölln werden bei einem Brandanschlag drei Menschen ermordet.

**1993**

Mindestens 37 Menschen werden bei nazistischen Anschlägen getötet.

29. Mai: In Solingen verbrennen fünf Türkinnen nach einem Brandanschlag.

Die Neonazis veröffentlichen eine Liste mit 250 als antifaschistisch gekennzeichneten Personen (Der »Einblick«) und rufen in diesem Zusammenhang zur »endgültigen Ausschaltung des politischen Gegners« auf.

**1994**

Bei einem Brandanschlag in Stuttgart werden sieben Menschen getötet.

**1995**

Briefbombenanschläge in Deutschland und Österreich.

Brandanschläge auf Asylbewerberheime, Aussiedlerheime und Gaststätten von Ausländern.

Schändung von jüdischen Friedhöfen, Schmierereien an KZ-Gedenkstätten, Anschläge auf Synagogen.

**1996**

Bei einem Bombenanschlag auf ein Lübecker Flüchtlingsheim werden 10 Menschen getötet. Die Täter sind bislang nicht ermittelt. Von vielen Beobachtern wird das Ausblenden eines möglichen rechtsextremen Hintergrundes kritisiert.

**1997**

In Magdeburg wird ein jungen Punker von Skinheads erstochen.

Es finden eine Vielzahl von Überfällen auf Ausländer und andere »undeutsche« Elemente statt. In einigen Städten in den neuen Bundesländern werden nach und nach »national befreite Zonen« etabliert.

## 1991: Kein Verständnis für Ausländerhaß

Gerhard Engel, der Präsident des Bayerischen Jugendrings, ging in Flossenbürg auf die aktuellen ausländerfeindlichen Vorkommnisse ein. Er bedauerte, daß die Ohnmacht, mit der man den Gewalttätern gegenüberstehe, bislang noch ohne Antwort geblieben sei: »Die Nächsten- und Fremdenliebe gehört zu unserer christlichen Tradition, genauso wie zur Arbeiterbewegung. Diese Arbeit zugunsten des sozialen Schutzes für die Schwächeren muß auch weiterhin die gestalterische Kraft in unserem Land bleiben. Ich fordere mehr Verständnis, mehr Toleranz und mehr Liebe.«

In Dachau sprachen Dr. Klaus Hahnzog, Landtagsabgeordneter und Vorsitzender des Fördervereins für Internationale Jugendbegegnung in Dachau, und der DGB-Landesbezirksvorsitzende Fritz Schösser. Hahnzog warnte davor, bei aller Freude über die Maueröffnung die Ereignisse des Novemberpogroms zu verdrängen. Außerdem appellierte er an das bayerische Kultusministerium, die Verwirklichung des Jugendgästehauses in Dachau voranzutreiben.

Fritz Schösser ging in seiner Rede ausführlich auf die aktuelle Ausländer- und Asylpolitik ein: »Unabdingbar sind konkrete Konzepte für die Integration ausländischer Familien. Das heißt, daß die Voraussetzungen für ein kommunales Wahlrecht für Ausländer geschaffen werden müssen; das heißt, Erleichterungen bei der Einbürgerung ausländischer Jugendlicher, die seit vielen Jahren bei uns leben. Es muß Schluß sein mit Prämien zur Förderung der Rückkehrbereitschaft von Ausländern, Vorschlägen zur Herabsetzung des Nachzugsalters von Ausländern und schließlich mit der ›Ausländerfrage‹ als Wahlkampfthema.«

Zur gleichen Zeit verabschiedete der DGB-Landesbezirksvorstand einen Aufruf mit dem Titel »Ausländerfeindlichkeit ist Menschenfeindlichkeit«, der als Flugblatt bayernweit verbreitet wurde.

---

**Vergangenheit:
Reichspogromnacht 1938**

**Zukunft:
Gemeinsam mit Ausländern
leben und arbeiten**

Gedenk- und Solidaritätsveranstaltung
am 9. November 1991; 17.00 Uhr
in der KZ-Gedenkstätte Dachau

**Eröffnung:** Rainer Wessely, DGB-Landesjugendsekretär
**Rezitation:** Achim Höppner, Schauspieler

»Erinnern – Verstehen«
Dr. Klaus Hahnzog, Vorsitzender Förderverein
internationale Jugendbegegnung Dachau

»über Grenzen hinweg«
Franca Magnani, Journalistin (Italien)

»gemeinsam mit Ausländern leben und arbeiten«
Fritz Schösser, DGB-Landesbezirksvorsitzender

13.30 Uhr Führung durch die Gedenkstätte, 15.30 Uhr Gesprächsrunde,
kostenlose Fahrtmöglichkeit ab DGB-Haus, Schwanthalerstraße 64 um 12.45 Uhr und 16.15 Uhr.
Rückfahrt nach Veranstaltungsende

DGB Bayern   DGB Jugend Bayern

# Ausländerfeindlichkeit ist Menschenfeindlichkeit!

## Liebe ausländische Mitbürgerinnen und Mitbürger, liebe Mitbürgerinnen und Mitbürger, liebe Kolleginnen, liebe Kollegen,

Der Aufruf des DGB zum Gedenken an die Reichspogromnacht hat erschreckende Aktualität erhalten. Damals wie heute werden Minderheiten zu Tätern erklärt und in der Folge zum Ziel von Haß und Gewalt.

Wir sind erschüttert über die Welle von Fremdenhaß, die in den letzten Wochen durch unser Land geht. Wir verabscheuen kriminelle Gewalt gegen Asylbewerber und alle ausländischen Mitbürgerinnen und Mitbürger.

- Wir wehren uns dagegen, wenn wieder Minderheiten zu Sündenböcken erklärt werden. Nicht die ausländischen Mitbürgerinnen und Mitbürger sind ein Problem! Wohnungsmangel und Arbeitslosigkeit haben diejenigen zu verantworten, die politische Mehrheiten stellen und Regierungsverantwortung tragen.

- Wir fordern alle verantwortlichen Politikerinnen und Politiker auf: **Macht Schluß mit der Asyldiskussion!** Sie leitet Wasser auf die Mühlen rassistischer Vorurteile und ihrer politischen Nutznießer. Wer aus der Geschichte unseres Landes gelernt hat, darf am Grundrecht auf politisches Asyl nichts ändern! Wer Asylbewerbern oft jahrelanges Warten ersparen will, kann und muß das Verfahren beschleunigen. Das geht menschenwürdig und rechtsstaatlich und ohne Änderung des Grundgesetzes!

- Es muß **rasch** etwas geschehen! Alles was ausländische Mitbürgerinnen und Mitbürger zu Bürgern zweiter Klasse macht – vom fehlenden Wahlrecht bis zur Vorenthaltung von Sozialhilfeansprüchen – muß beseitigt werden. Wir wollen ein Land, in dem das Zusammenleben von Menschen unterschiedlicher Herkunft, Sprache und Kultur **alle** reicher macht!

- Die Bundesrepublik ist auf die Mithilfe von ausländischen Arbeitnehmerinnen und Arbeitnehmern angewiesen. Machen wir uns nichts vor: Wir werden, wie alle reichen Länder, auf viele Jahre Einwanderungsland bleiben. Deshalb erwarten wir von allen politischen Parteien Vorschläge für eine **humane und weitblickende Einwanderungspolitik.**

- **Langfristig** müssen vor allem die Auswanderungsgründe in den Herkunftsländern bekämpft werden! Deshalb müssen die reichen Länder gemeinsam ihre Märkte stärker öffnen, das Schuldenproblem in der Dritten Welt lösen, den Rüstungsexport stoppen und den osteuropäischen Ländern wirksam helfen!

Fritz Schösser
DGB Bayern

Werner Neugebauer
IG Metall

Ralf Brunhöber
ÖTV

Oskar Würth
IG Chemie

Karl Winter
IG BSE

Günter Heidorn
DPG

Hans Schindler
GdED

Th. Hochwind
GTB

Erwin Berger
Gew. NGG

Joachim H. Klett
Gew. HBV

Willi Baumann
IG Medien

C. Bestmeisl
GHK

G. Sommermann
GdP

Richard Sigel
GEW

Josef Hofer
GGLF

R. Erhardt
Gew. Leder

Adolf Kapfer
IG BE

## 1992: Wieviel Fremde dürfen's sein?

Vor dem Hintergrund rassistischer Anschläge stand auch 1992 die Ausländerpolitik im Mittelpunkt der Diskussionen. Sowohl in Dachau als auch in Flossenbürg fanden vor der Gedenkveranstaltung Podiumsdiskussionen mit prominenter Beteiligung zur Ausländerpolitik statt. Grundtenor der Diskussionen war: »Hände weg vom Asylrecht!« In Flossenbürg nahmen rund 350 Menschen an der Diskussion teil.

In Dachau sprach am 7. November 1992 der frühere SPD-Vorsitzende Dr. Hans-Jochen Vogel zum Thema »Wider das Vergessen – gegen Rechtsextremismus und Gewalt«:

»Was damals geschah, fiel nicht vom Himmel. Es hat manche Wurzeln in unserer Geschichte. So im Antisemitismus, den es in bestimmten Schichten unseres Volkes schon im 19. Jahrhundert in ausgeprägter Form gab. In der ablehnenden Haltung gegenüber der Demokratie und der Republik von Weimar, vor allem im Lager der bürgerlichen deutschen Rechten. Dann in der obrigkeitsstaatlichen Tradition aus der Zeit des Kaiserreiches, der Gehorsam als eine absolute Tugend und Zivilcourage eher als etwas Undeutsches erschien. Oder im Rechtspositivismus weiter Teile der deutschen Justiz, die in ihrer vermeintlich unpolitischen nationalen Gesinnung Hitler fast ohne Widerstand anheimfiel und dann auch vor offenkundigen Rechtsbrüchen die Augen schlossen oder sie in die äußeren Formen des Rechts zu kleiden versuchten ...

In den vergangenen Jahren waren bis hinein in den Bundestag Stimmen zu hören, man solle diese Zeit jetzt allmählich auf sich beruhen lassen. Von denen, die das anginge, seien nicht mehr viele am Leben. Die danach Geborenen – und das seien mehr als die Hälfte unseres Volkes – hätten andere Sorgen und Probleme. Dem habe ich mit anderen zusammen schon damals widersprochen. Vor diesen Fakten unserer Geschichte könne niemand davonlaufen – so sagte ich. Wir Älteren könnten es nicht. Und wo wir es versuchten, würden wir früherem Versagen ein weiteres hinzufügen. Auch die Nachgeborenen könnten es nicht. Niemand dürfe sie für das Versagen und die Schuld ihrer Väter und Mütter verantwortlich machen. Aber auch sie müssen mit der deutschen Geschichte und gerade auch mit diesem Teil der Geschichte leben und zurechtkommen. Es könnte einmal dieser Generation als Versagen angerechnet werden, wenn sie sich dem verweigert, wenn sie es versäumen würde, aus dem Geschehen die richtigen Konsequenzen zu ziehen. Wenn sie nicht alles tut, damit sich das Geschehene nicht wiederholt, um neuen Ansteckungsgefahren zu begegnen und das Werk der Aussöhnung fortzusetzen ...

Damals – es war zuletzt anläßlich des 50. Jahrestages der Pogrom-Nacht vom 9. November 1938 – habe ich nicht geahnt, wie aktuell diese Mahnung schon wenige Jahre später sein würde. Daß sich im Jahre 1992 über unserem Land aufs neue eine Welle der Gewalt entladen würde, eine Welle von erschreckendem Ausmaß. Mindestens 6 Menschen haben allein in den letzten 10 Monaten bei diesen terroristischen Aktivitäten ihr Leben verloren. Mehr als 400mal sind Menschen angegriffen, Mahnmale beschädigt oder zerstört oder Friedhöfe geschändet worden. Das ist für sich allein schon bedrückend und beschämend. Bedrückender noch ist, daß die Gewalt vor allem von jungen Menschen ausgeht und sich fast ausschließlich gegen Ausländer richtet. Und daß die Gewalt vor jüdischen Einrichtungen nicht halt macht – das kann auf dem Hintergrund dessen, was von Deutschen in der ersten Hälfte dieses Jahrhunderts dem jüdischen Volk angetan worden ist, nur als Schande, nein als Schmach bezeichnet werden. Als eine Schmach, die wir hier an diesem Ort in besonderer Weise empfinden. Das alles ist alarmierend genug. Noch alarmierender aber muß für uns alle sein, daß Neonazis mit Hitler-Gruß und Hakenkreuz durch deutsche Städte marschieren, daß sie mit schlimmen Parolen zur Gewalt aufrufen und sich immer häufiger an die Spitze derer setzen, die sie zuvor aufgehetzt haben ...

Ebenso deutlich und klar wie das Nein gegen jegliche Gewaltanwendung muß eine weitere Absage sein: nämlich die Absage an alle rechtsradikalen Parteien, Gruppierungen und Aktivitäten. Wenn irgendwo, gilt es hier, den Anfängen zu wehren. Und sich zu erinnern: Das Unheil hat schon einmal damit begonnen, daß Menschen – damals waren es vor allem die Juden – ausgegrenzt, verteufelt und zu Objekten des Hasses gemacht wurden. ›Juden raus‹ hieß es damals. Das heutige ›Ausländer raus‹ ist davon nicht weit entfernt. Nein! Es entstammt dem gleichen menschenverachtenden Ungeist. Eine andere Lehre aus jener Zeit lautet übrigens: Man kann den Rechtsradikalismus nicht durch Nachgiebigkeit oder dadurch bekämpfen, daß man seine Forderungen übernimmt. Man wird seiner nur Herr, indem man Widerstand leistet ... Sage keiner, auf ihn komme es nicht an; er könne nichts tun. Gegen ihn richtet sich die Gewalt ja nicht. Er sei ja gar nicht betroffen. Auch diesen bedrückenden Irrtum gab es schon einmal. Martin Niemöller hat ihn nach 1945 selbstkritisch so formuliert: ›Als die Nazis die Kommunisten holten, habe ich geschwiegen; ich war ja kein Kommunist. Als sie die Sozialdemokraten einsperrten, habe ich geschwiegen; ich war ja kein Sozialdemokrat. Als sie die Katholiken holten, habe ich nicht protestiert; ich war ja kein Katholik. Als sie mich holten, gab es keinen mehr, der protestieren konnte‹ ...

Ich sprach davon, daß sich an den Ausschreitungen vor allem junge Menschen beteiligt haben; in den neuen Bundesländern zumal. Wir müssen den Gründen nachgehen, warum das so ist. Warum soviele von ihnen rechtsradikalen Parolen Gehör schenken.

Dabei sollten wir an die Erkenntnis anknüpfen, daß Gewalt oft ein Anzeichen für gestörte Kommunikation, für Sprachlosigkeit, für die Unfähigkeit ist, sich und seine Probleme anderen mitzuteilen. Und wir sollten sehen, daß nicht wenige junge Menschen in den neuen Bundesländern im Zuge des großen Umbruchs orientierungslos geworden sind.

Weil die alten Orientierungen zusammen mit einer dauernden Fremdbestimmung und Bevormundung verschwunden und neue Orientierungen, die zum sinnvollen Gebrauch der neugewonnenen Freiheit befähigen würden, noch nicht an ihre Stelle getreten sind. Und weil die Arbeitslosigkeit der Eltern sich wie ein Schatten auch über ihre eigenen Lebensperspektiven legt. Um so wichtiger ist es, den Menschen in den neuen Bundesländern durch eine gemeinsame solidarische Anstrengung wieder eine Perspektive zu geben. Und wir in den alten Bundesländern müssen erkennen, daß wir uns in einer Zeit gewaltiger Umbrüche nicht wie Zuschauer verhalten können. Daß die Veränderungsprozesse auch uns ergriffen haben. Daß auch wir eine neue Perspektive brauchen. Nicht eine illusionäre, die zu neuer Enttäuschung führt, sondern eine realistische, die auf Wahrheit beruht und deshalb glaubwürdig ist und aufs neue Vertrauen schafft. Denn nur wer Vertrauen genießt, kann das leisten, was jetzt vor allem gefordert ist, nämlich geistig-moralische Führung und eine Politik, die die Gewalt überwindet und die Schatten der Vergangenheit bannt.

Willy Brandt, der selbst gejagt, verfolgt und ausgebürgert wurde, der aus Deutschland flüchten mußte und nur überlebte, weil Norwegen und Schweden ihm Asyl gewährten, hat einmal gesagt: ›Wo die Freiheit nicht beizeiten mit großem Einsatz verteidigt wird, ist sie nur um den Preis schrecklich hoher Opfer zurückzugewinnen.‹ Verstehen wir es als sein Vermächtnis. An uns, die wir hier versammelt sind. Und versprechen wir, daß wir danach handeln wollen.«

Nachdem der DGB-Landesbezirk Bayern auch 1992 eine Reihe von Aktivitäten zur Ausländer- und Asylpolitik entfaltet hatte, war es nur konsequent, daß er sich am Aufruf zur Lichterkette am 6. Dezember 1992 in München beteiligte.

Mit einer Lichterkette demonstrierten am 6. Dezember 1992 rund 350.000 Münchnerinnen und Münchner gegen Rassismus und Ausländerfeindlichkeit

## 1993: Nicht schweigen – es gibt keine Ausrede!

Nach dem sogenannten »Asylkompromiß« vom 6. Dezember 1992 zwischen CDU, CSU, FDP und SPD verabschiedete der Bundestag am 26. Mai 1993 die Verfassungsänderung zum Asylrecht und das neue Asylverfahrensgesetz, die zum 1. Juli 1993 in Kraft traten. Der Artikel 16 des Grundgesetzes (»Politisch Verfolgte genießen Asylrecht«) war vor dem Hintergrund der Nazizeit im Grundgesetz verankert worden und wurde nicht zuletzt auf den Druck konservativer und neonazistischer Organisationen fundamental verändert. Die »Drittstaatenregelung«, die Regelung über die Flucht aus »sicheren« Herkunftsländern und die »Flughafenregelung« demontierten das Asylrecht des Grundgesetzes bis zur Unkenntlichkeit.

In Dachau sprach Ignatz Bubis, der Vorsitzende des Zentralrates der Juden in Deutschland: »Dem Vergessen anheimfallen zu lassen bedeutet auch, daß sich Geschichte wiederholen kann. Was heute geschieht, ist sicherlich nicht zu vergleichen mit dem, was 1933 bis 1945 geschehen ist, aber es muß ein Alarmsignal sein. 1933 bis 1945 geschah alles staatlich organisiert und wurde mit Perfektion durchgeführt: Der Mord an 6 Millionen Juden, an 500.000 Sinti und Roma, an Homosexuellen und an politisch Andersdenkenden. Nicht zuletzt muß an die 55 Millionen Kriegsopfer erinnert werden. Wer meint, daß so etwas relativiert werden kann, der hat aus der Geschichte nichts gelernt ... So schwierig die soziale und wirtschaftliche Situation gewesen sein mag, müssen wir uns in Erinnerung rufen, daß sich auch das übrige Europa in den 30er Jahren in einer ähnlichen Situation befand, und dennoch ist im übrigen Europa kein Hitler an die Macht gekommen und es ist nicht das geschehen, was in Deutschland geschehen ist. Ich warne deshalb davor, die soziale Situation oder die Rezession als Erklärung für die Gewalt, die wir heute erleben, zu nehmen, weil das zu einer Verharmlosung dieser Gewalt führen und schon fast als Entschuldigung dienen kann. Für Gewalt darf es keine Entschuldigung geben. Sicherlich gibt es auch in anderen Ländern Rechtsradikalismus und Fremdenfeindlichkeit, aber es gibt in keinem Nachbarland die Gewalt, wie wir sie heute hier erleben und so brauchen wir uns nicht wundern, wenn wir von diesen Nachbarländern darauf aufmerksam gemacht werden. Wenn wir an das Erinnern mahnen und an das Nichtvergessen, dann tun wir dies nicht, um jemanden, der keine persönliche Schuld auf sich geladen hat, dazu zu bewegen, sich schuldig zu fühlen. Aber es darf nicht vergessen werden, was passiert ist, um daraus die Lehren für die Zukunft zu ziehen.«

Bemerkenswert ist im Jahr 1993 auch die Herstellung eines zwanzigminütigen Videos mit dem Titel »... es ist nicht wahr!« durch die DGB-Jugend München. Das Video beschäftigt sich anläßlich des 60. Jahrestags mit der Besetzung des Münchner Gewerkschaftshauses. Interviews mit Zeitzeugen, Materialien und Fotos machen das Video zu einem wichtigen Dokument.

Der DGB-Landesbezirksvorsitzende Fritz Schösser bei der Eröffnung der Veranstaltung zum 60. Jahrestag der sogenannten »Machtergreifung«

## 1994: Wohin Deutschland?

In Flossenbürg ging es in einer Diskussionsrunde mit Ron Williams (Schauspieler), Devrim Oygun (Arbeitskreis ausländischer Arbeitnehmerinnen und Arbeitnehmer, Regensburg), Klaus Dittrich (stellvertretender DGB-Landesbezirksvorsitzender) und Rainer Wessely (DGB-Landesjugendsekretär) um Fremdenfeindlichkeit, Antisemitismus und Rassismus nach den Wahlen 1994. Einigkeit bestand darin, daß auch nach dem schlechten Wahlergebnis der Republikaner die einschlägigen Probleme noch nicht gelöst seien. Nach wie vor sei es notwendig, bei ausländerfeindlichen, antisemitischen und rassistischen Übergriffen persönlich und politisch einzugreifen.

In Dachau sprach am 6. November 1994 Dr. Dieter Wunder, der Vorsitzende der Gewerkschaft Erziehung und Wissenschaft, der in seiner Rede den Zusammenhang zwischen Erinnerung und Zukunftsgestaltung besonders hervorhob: »Seit der deutschen Einheit 1990 glauben einige Politiker und Publizisten verstärkt, nun sei es an der Zeit, die Vergangenheit zu relativieren, die Untaten der Kommunisten und anderer Völker mit denen der Deutschen aufzurechnen. Und ganz besonders Schlaue machen darauf aufmerksam, die junge Generation der heute 15- bis 30jährigen habe nun doch wirklich andere Probleme als wir Älteren. Derartige konservative Argumentation ist verräterisch, sind es doch sonst immer die Konservativen, die die Erinnerung an die Geschichte hochhalten. Wieso soll der jetzigen jungen Generation die Schande ihrer Großelterngeneration vorenthalten werden? Erinnerung ist um der Zukunft willen geboten. Die Judenverfolgung, der Unrechtsstaat, die menschenfeindliche Zielsetzung des Nationalsozialismus, das ist das Gegenbild zur humanen und demokratischen Gesellschaft ...

Die Erinnerung an Dachau und Auschwitz ist unbequem, weil sie offene Probleme unseres politischen Lebens benennt. Sinti und Roma wurden hier in Dachau wie anderswo verfolgt und als lebensunwert vernichtet. Wir wissen, daß es vielen Menschen in Deutschland immer noch schwer fällt, Zigeuner als Mitmenschen zu akzeptieren. Entschädigungsleistungen für sie sind umstritten; Romani Rose ist nicht immer gern gesehen. Homosexuelle wurden mit dem rosa Kennzeichen gebrandmarkt und erlitten Schreckliches. Zwar hat die Gesetzgebung in diesem Jahr endlich den bisherigen § 175 StGB abgeschafft, aber wir wissen genau, nach wie vor gibt es gesellschaftliche Kräfte, die an der Diskriminierung festhalten wollen ...

Lernen aus der Vergangenheit bedeutet, daß wir sehr sorgfältig auf die Gefährdungen einer Demokratie achten. Der Rechtsstaat ist beispielsweise nicht erst dann in Gefahr, wenn – wie nach dem 30. Januar 1933 – Gegner der Nazis von der SA in Konzentrationslager zusammengeholt und zusammengeschlagen wurden. Er ist in Gefahr, wenn wegen anstehender Aufgaben rechtliche Prinzipien leichtfertig in Frage gestellt werden ... Die große Gefährdung unserer Demokratie kommt derzeit aus der verfehlten und verhängnisvollen Ausländerpolitik. Wie wir mit den Ausländern in unserem Land umgehen – das ist die Form der Ausgrenzung, die uns heute zur Schande gereicht und die mit dem Hinweis auf ähnliches Verhalten unserer Nachbarn in keiner Weise zu rechtfertigen ist ... Man darf keine falschen Vergleiche vornehmen. Die Ausländer sind nicht die Juden von heute, auch wenn manche sogenannten Türkenwitze verzweifelt an die sogenannten Judenwitze erinnern. Geschichte wiederholt sich nicht. Aber Parallelen können unseren Blick schärfen. Die Verfolgung der Juden begann mit ihrer Entrechtung als deutsche Staatsbürger – sie wurden systematisch rechtlich und faktisch aus der Gesellschaft ausgegrenzt. Ausländer haben in unserer Gesellschaft schlechtere Lebenschancen als Deutsche und sind politisch weitgehend rechtlos. Sie dürfen nicht wählen, nicht einmal auf kommunaler Ebene, selbst wenn sie ihr Leben weitgehend oder ganz in Deutschland verbracht haben ...

Das eigentliche Problem, das wir zu lösen haben, ist aber ein anderes: Die menschenfeindlichen Tendenzen von Ausländerfeindlichkeit und Antisemitismus sind keine Angelegenheit von Ewig-Gestrigen und Außenseitern, sondern sie kommen aus der Mitte der Gesellschaft. Ich warne davor, sich nach den Mißerfolgen der Rechtsextremisten bei den Wahlen beruhigt zurückzulehnen. Wir müssen mit ihnen als einer Möglichkeit rechnen – das zeigt das Auf und Ab ihrer Erfolge und Mißerfolge. Auch Gewerkschaften dürfen nicht glauben, aufgrund ihrer Beschlußlage sei alles in Ordnung. Die Wahlerfolge gerade der Republikaner unter Mitgliedern der Gewerkschaften – z.B. bei den Landtagswahlen in Baden-Württemberg – sind ein Alarmzeichen ... Ausländerfeindlichkeit und Antisemitismus sind in der Gesellschaft der Bundesrepublik Deutschland seit je verankert. Man muß wohl in jeder Gesellschaft mit solchem rechnen. Schlimm wird es erst, wenn Politik und Gesellschaft nicht hinreichend klar handeln. Schlimm wird es auch, wenn die gesamtgesellschaftliche Entwicklung auf den Menschen nicht mehr hinreichend Rücksicht nimmt, wenn Armut, Verelendung und Not nicht mehr als zu überwindende Zustände bekämpft, sondern als notwendige Begleiterscheinungen einer neoliberalen Gesellschaft akzeptiert werden. Zwar rechtfertigt keine Not inhumanes Verhalten, aber es gibt dieses begünstigende und dieses erschwerende Umstände – die Aufgabe von Politik ist es, den Sozialstaat zu erhalten, nicht aber Menschen in

Not sich selber zu überlassen oder gar materielle Not bewußt herbeizuführen, wie es die Pläne zur Begrenzung der Arbeitslosenhilfe zur Folge haben werden. Junge Menschen müssen überzeugende Lebensperspektiven haben, müssen wissen, daß die Kluft zwischen Reich und Arm erträglich ist, und sie müssen Gelegenheit erhalten, durch eine großzügige Jugendpolitik eigene Lebensräume zu gestalten, in Jugendclubs, mit Beratung durch Sozialarbeiter, durch ein Lebensumfeld in Schule und Gemeinde, das sie wahr- und ernstnimmt.«

## 1995: Gedenken – und dann?

Diese Frage beschäftigte ein Gesprächsforum unmittelbar vor der Gedenkfeier 1995 in Dachau. Im Verlauf des Gesprächs betonte die Journalistin Sabine Zaplin, daß es mit punktuellen Gedenkfeiern nicht getan sei. Es komme darauf an, Foren der Auseinandersetzung und Möglichkeiten zu schaffen, die Erinnerung weiterzutragen. In seiner Gedenkrede bei der anschließenden Feierstunde ging der Oberbürgermeister der Landeshauptstadt München, Christian Ude, auf die Rolle Münchens im Nationalsozialismus ein. Es sei kein Zufall, daß München »Hauptstadt der Bewegung« gewesen sei; die Stadt bekenne sich auch zu ihrer historischen Verantwortung. Ude fragte mit Rückblick auf diejenigen, die in der Nazizeit Widerstand geleistet hatten, kritisch, ob diejenigen, die heute von Widerstand redeten, dies auch persönlich tun würden.

In Flossenbürg fand eine Kranzniederlegung statt, bei der der Landesjugendsekretär des DGB, Robert Günthner, eine kurze Ansprache hielt: »Gerade weil wir heute der Reichspogromnacht von 1938 gedenken und weil die Vernichtung der Juden in Europa auch etwas mit unserer Solidarität mit Israel zu tun hat, wollen wir des vor kurzem ermordeten Itzhak Rabin gedenken. Er hat nach seiner Laufbahn als Militär einen Friedensprozeß begonnen, der vielen nicht recht war. Er hat für diesen Friedensprozeß mit seinem Leben bezahlt. Wir sollten unsere Möglichkeiten nutzen, daran mitzuwirken, daß es dennoch zu einer Aussöhnung zwischen Israel und den Palästinensern sowie den umliegenden Nachbarländern kommt.«

Die eigentliche Gedenkveranstaltung für Nordbayern fand in diesem Jahr nicht in Flossenbürg, sondern im ehemaligen Außenlager des KZ Flossenbürg, in Pottenstein statt. Über 700 Häftlinge wurden dort vom 12. Oktober 1942 bis 15. April 1945 bei Bauarbeiten so geschunden, daß viele zu Tode kamen. Umstritten ist die Rolle des in Pottenstein noch immer hochverehrten Hans Brand, der vor 1933 der Entdecker der berühmten »Teufelshöhle« war. Er war in der Nazizeit Befehlshaber einer Einheit von tausend Mann, die zur Partisanenbekämpfung ausgebildet wurden – der »SS-Karstabwehr«. Unter seinem Kommando wurden Gewalttaten gegen die jugoslawische Zivilbevölkerung begangen. Die kontroverse Diskussion – generell und auch bei der Gesprächsrunde mit dem Pottensteiner Bürgermeister anläßlich der Gedenkstunde – zeigte, daß die Auseinandersetzung mit der Vergangenheit umso schwieriger wird, je konkreter die Verhältnisse vor Ort in Augenschein genommen werden. Die DGB-Jugend gedachte abschließend der Opfer des Novemberpogroms und der Häftlinge von Pottenstein mit einer Lichterkette um das ehemalige Außenlager.

## 1996: Zeichen setzen für eine tolerante Zukunft

In Flossenbürg fand 1996 nur eine Kranzniederlegung am 8. November 1996 statt. Die Gedenkveranstaltung wurde zentral für ganz Bayern in Dachau durchgeführt. Die Gedenkrede am 10. November 1996 hielt, nachdem sie bereits am Nachmittag an einer Diskussionsrunde teilgenommen hatte, Prof. Dr. Rita Süssmuth, die Präsidentin des Deutschen Bundestages: »50 Jahre, 60 Jahre, das ist für die einen eine sehr kurze Zeit – insbesondere wenn wir sie im Rahmen der Menschheitsgeschichte betrachten –, für die anderen ist das alles eine lange Zeit. Viele fragen heute: sollte es nicht einmal vorbei sein mit dem Erinnern? Jugendliche haben in diesem Zusammenhang darauf hingewiesen, daß sie mit all den schrecklichen Handlungen nichts zu tun hätten. Es ist richtig, daß viele, die heute mit der Aufforderung zur Erinnerung konfrontiert werden, nach dem Krieg geboren sind, sie tragen keine persönliche Schuld. Aber ich möchte allen, und den Jugendlichen besonders, sagen: niemand kann aus seiner Geschichte aussteigen. Sie gehört zu uns allen, wir haben in ihr unsere Wurzeln, und wir tragen alle gemeinsame politische Haftung. Wer aus seiner Geschichte aussteigt, steigt auch aus der Zukunft aus.

Wenn geltend gemacht wird, daß Erinnern belaste und schwäche ... dann möchte ich dem entgegnen: das Erinnern selbst reicht nicht allein als Schutz vor Wiederholung, aber es stärkt die Menschen durch die Kraft der Reflexion, der Einsicht und eröffnet die Chance, aus dem Abgrund Lehren zu ziehen, ohne etwas zu beschönigen. Gerade gegen die immer wiederkehrenden Versuche, zu verdrängen oder zu relativieren, ist die historische Wahrheit, das Verstehen und die angemessene Bewertung, ebenso aber auch Mitgefühl und Anteilnahme notwendig. Und ich möchte all diejenigen positiv herausheben, bei denen ich spüre, daß der zeitliche Abstand nicht zu mehr Gleichgültigkeit geführt hat. Ich erlebe immer wieder, daß erhebliche Teile der jungen Generation um das Damalige wissen wollen. Diese Wissensaneignung ist das Grundlegende, aus dem das Nachdenken und das eigene Urteil wächst. Das haben wir in diesem Jahr an der großen Beteiligung vieler Jugendlicher in der Auseinandersetzung mit den Thesen von Daniel Goldhagen erlebt ...

Viele sagen ..., primär für den Aufstieg des Nationalsozialismus sei die Massenarbeitslosigkeit gewesen. Doch ich meine, daß diese Erklärung unzureichend ist. Denn das Problem der Arbeitslosigkeit hat auch andere Völker damals betroffen, ohne daß eine menschenverachtende Praxis wie im nationalsozialistischen Deutschland erfolgt ist. Armut schafft noch nicht aus sich Gewalt, wenn auch Armut oft Auslöser für Fanatisierung, Radikalisierung und Gewalttätigkeit ist. Was da schon sehr viel näher führt, war die damalige geschlossene Ideologie mit ihrem Anspruch auf alleinige Geltung, die Abschaffung aller demokratischen Rechte, die Ausschaltung aller demokratischen Institutionen. Das muß uns für unsere Gegenwart zu denken geben. Denn wir leben in einer Zeit, in der sehr viel Kritik an der Demokratie geübt wird – an ihren Schwächen, an ihren Mängeln, am Fehlverhalten einzelner Politiker oder bestimmter politischer Entscheidungen. Wenn aber Kritik nicht mehr konstruktiv geübt wird, sondern in die Verächtlichmachung hineinführt, dann ist besondere Vorsicht geboten. Ich möchte Sie deshalb auffordern: Eine Demokratie ist schnell verspielt und die Folgen sind verheerend, deswegen laßt uns für ihre Grundsätze eintreten und daran arbeiten, die Demokratie zu verteidigen, tagtäglich neu ihre Schwächen zu korrigieren. Nichts ist fataler als Diktaturen. Wenn ich dies mit allem Nachdruck sage, dann auch mit dem Blick auf die Zeit vor 1933. Denn in der Weimarer Republik haben zu viele mit der Demokratie gehadert, damit ihren Gegnern in die Hände gespielt und so auch dem Ende der Demokratie, bewußt oder unbewußt, Vorschub geleistet. Die parlamentarische De-

DGB-Landesjugendsekretär Robert Günthner eröffnete die Gedenkfeier am 10. November 1996

Rita Süssmuth 1996 in Dachau

mokratie hat nicht die Verteidigung gefunden, die sie brauchte. Dadurch, daß sie von zu wenigen aktiv gestützt wurde, war sie nicht in der Lage, den starken Anfeindungen mit Kraft und Stabilität entgegenzutreten ...

Gerade in Zeiten sozialer Spannungen und Konflikte ist es besonders wichtig, daß wir vorsichtig mit dem Wort umgehen und angespannte soziale Situationen nicht verschärfen. Sobald die Aggressivität im Menschen entfesselt wird, fallen schnell die ... Hemmschwellen, werden die Normen des zivilen Zusammenlebens mißachtet. Denn das, was in jener Zeit von 1933 bis 1945 passiert ist, heißt nicht einfach ›Betriebsunfall‹. Es heißt: hineinschauen in die Abgründe dessen, wozu Menschen fähig sind – und nicht nur einige wenige. Umso wichtiger war es, daß es andere Menschen gab – man kann es unter anderem bei Klemperer nachlesen –, die mit ungeheuerem Risiko, zugleich aber mit großer Selbstverständlichkeit Schutz geboten haben. Und das war nicht primär der Akademiker, der Hochgebildete, sondern es waren einfache Menschen, die geholfen haben, ... die nicht verraten, sondern Humanität bewiesen haben. Hätte es davon viele gegeben, wäre der Verlauf ein anderer gewesen. Deswegen gilt auch in Bezug auf heute, daß es falsch wäre zu sagen: ›Wir sind doch ohnmächtig!‹ Sagen Sie nicht, um auf ein aktuelles Beispiel zu verweisen: ›Lichterketten helfen nicht!‹ Sagen Sie nicht: ›Menschenketten um ein Asylheim helfen nicht!‹ Diese Menschen haben auch in Zeiten, als bei uns Asylheime brannten, Ausländerfeindlichkeit um sich griff und rechtsextremistisches Denken und Verhalten bei einer Minderheit sichtbar wurde, wichtige Zeichen gesetzt und ein klares NEIN! gesagt ... Nur ein klares NEIN! zu jeder Form von Gewalt kann überhaupt Friedfertigkeit erhalten. Dazu gehört auch, daß Menschen, gerade auch in den schwierigen Zeiten des wirtschaftlichen und gesellschaftlichen Umbruchs, soziale Wärme ausstrahlen, sich umeinander kümmern und füreinander Sorge tragen. Wenn jeder nur seine Ellenbogen einsetzt und an sich denkt, kann es der Gesamtheit nicht gut gehen. Und dies gilt für alle Bereiche der Gesellschaft. Zeichen setzen, das heißt: zusammenfinden und miteinander leben, nicht gegeneinander vorgehen. Unsere Verpflichtung gegenüber den Opfern besteht auch in der Mahnung daran. Ermutigen wir deshalb die Menschen darin, Zivilcourage zu zeigen, Mitmenschlichkeit zu üben und das interkulturelle Beieinander zu fördern.«

## 1997: Gegen die Verharmlosung rechtsradikaler Tendenzen

Bei der Gedenkveranstaltung in Dachau am 9. November 1997 sollte auf die Debatte, wie die »68er« über die Frage der Auseinandersetzung mit Geschichte politisiert worden sind, eingegangen werden. Bei der Veranstaltung in Flossenbürg am gleichen Tag stand das deutsch-tschechische Verhältnis nach der Unterzeichnung der deutsch-tschechischen Erklärung im Mittelpunkt.

Ein spannendes Gespräch erlebten über 100 Zuhörerinnen und Zuhörer im überfüllten Diskussionsraum der Gedenkstätte Dachau mit Joschka Fischer, dem Fraktionsvorsitzenden von Bündnis 90/Die Grünen im Bundestag. Fischer berichtete, daß von seiten seines Elternhauses bestimmte Fragen tabuisiert worden seien, z.B. erhielt er auf die Frage, was Juden seien, die Antwort der Mutter, er solle still sein und nicht darüber reden. Das »große Geheimnis« versuchte er dann später zu lüften. Außerdem schilderte er nachdrücklich, daß sozialer und gesellschaftlicher Protest der Jugendlichen mit angedrohtem Massenmord beantwortet wurde, indem ihm und vielen anderen immer zugerufen worden sei, »Du gehörst doch vergast«. Dies habe dazu geführt, Fragen an die Eltern zu stellen, wie mit Schuld umgegangen würde.

Fischer hob in der Gesprächsrunde mehrmals hervor, daß es im Kern um die deutsche Schuldfrage gehe. Er plädierte leidenschaftlich dafür, Menschen, egal wie schuldig sie seien, immer als Menschen zu betrachten. Er kritisierte in diesem Zusammenhang die kalte Menschenverachtung der RAF, die viel näher an den »Väter-Tätern« gewesen seien, als sie selbst ahnten. Fischer betonte, daß man der deutschen Identität auch nicht durch einen noch so überbordenden idealistischen Internationalismus entfliehen könne. Man müsse sich vielmehr der deutschen Identität stellen. Der Lackmustest für Linke sei die Existenzfrage Israels. Im Gespräch machte Fischer auch deutlich, wie schwer er sich beispielsweise mit Fragen zu Holocaust-Museen in Deutschland tue. Er betonte, daß wir im Land der Täter leben, und brachte seine Aussagen mit dem Satz auf den Punkt: »Wir brauchen keine Museen, wir verwalten die Originale.« Er zeichnete jedoch durchaus auch ein positives Bild

Gedenken an die Reichspogromnacht.
Zeichen setzen für eine tolerante Zukunft.

gesellschaftlicher Entwicklung. So berichtete er, daß ihm noch Anfang der 80er Jahre im Ältestenrat des Bundestages bei der Beantragung einer Debatte über die Befreiung am 8. Mai 1945 gesagt wurde, daß es hier nichts zu feiern gebe, sondern der 8. Mai der Beginn eines großen Unrechts gewesen wäre. Später, mit der Rede Richard von Weizsäckers 1985, sei jedoch die Frage, ob der 8. Mai 1945 ein Tag der Befreiung wäre, anders diskutiert worden.

Die Gedenkveranstaltung in Dachau eröffnete DGB-Landesjugendsekretär Robert Günthner. Er stellte das Leben des im Februar 1997 verstorbenen Bertl Lörcher in den Mittelpunkt seiner Eröffnung. Bertl Lörcher, aus dem sozialdemokratischen und gewerkschaftlichen Milieu in München, war bereits als 20jähriger im Widerstand gegen die Nationalsozialisten. Es folgten Verhaftungen, Lagerinternierung in Dachau und schließlich das Strafbataillon 999. Bertl Lörcher, so Günthner, habe mit Jugendlichen einen beharrlichen und toleranten Dialog geführt, und sich immer gegen Rechtstendenzen gewandt. Insoweit müßten nachfolgende Generationen Bertl Lörchers Vermächtnis von Freiheit, Gleichheit und Solidarität weitertragen.

Danach nahm er Stellung zur Debatte über die Wehrmachtsausstellung: »Gewaltbereitschaft ist bis heute ein Wesensmerkmal rechtsextremer Gruppierungen geblieben. Auch deshalb werden wir es nicht akzeptieren, daß Ewiggestrige München verstärkt als Aufmarschgebiet zu nutzen versuchen. Rechtsextreme Aufzüge wie der geplante am 8. November knüpfen bewußt an nationalsozialistische Traditionen an und verhöhnen die Opfer. Es ist deshalb richtig, daß er verboten wurde! Mindestens so besorgniserregend wie solche Kundgebungen ist, wie sich die Wertmaßstäbe nach rechts verschieben. Die Debatte um die Ausstellung ›Vernichtungskrieg – Verbrechen der Wehrmacht 1941 bis 1944‹ in München war ein Musterbeispiel dafür. Wer schreibt, daß mit der Wehrmachtsausstellung ein ›Vernichtungskrieg gegen das deutsche Volk‹ geführt werde, wer einen gedanklichen Zusammenhang zwischen der massenhaften Tötung von Juden und Opfern übermäßigen Nikotingenusses herstellt, ist ein Bie-

---

**Wehrmachtsausstellung**

Gemeint ist die Ausstellung des Hamburger Instituts für Sozialforschung »Vernichtungskrieg. Verbrechen der Wehrmacht 1941 bis 1944«. Speziell in München – die Ausstellung fand dort in der Galerie des Rathauses vom 25. Februar bis zum 6. April 1997 statt – war die Ausstellung von heftigen Emotionen begleitet. Die Ausstellung wurde in München von 80.000 Menschen besucht. Sie war begleitet von einem Nazi-Aufmarsch am 1. März 1997, wobei Gegendemonstranten verhinderten, daß die Nazis eine Kundgebung auf dem Marienplatz durchführen konnten. Bemerkenswert war die geradezu hysterische Hetze von Teilen der Münchner CSU gegen diese Ausstellung. Es wurde versucht, die historische Wahrheit zu verdrehen und die Verbrechen der Wehrmacht zu leugnen.

dermann, der sich mitschuldig daran macht, wenn rechtsextreme Brandstifter solche Aussagen aufgreifen und in Aktionen umsetzen.«

Die DGB-Jugend Bayern brachte im Frühjahr 1997 eine umfangreiche Dokumentation zur Wehrmachtsausstellung in München heraus.

Joschka Fischer ging in seiner Gedenkrede vor allen Dingen auf die historischen Aspekte der Pogromnacht ein. Er betonte, welche Mechanismen vorausgehen mußten, um jüdische Mitbürger zuerst rechtlich und dann moralisch auszugrenzen und schließlich zu vernichten. Er bezog sehr deutlich Position gegen den deutschen Untertanengeist und rief dazu auf, das »Nie wieder« ernst zu nehmen. Aus seiner Sicht gehöre dazu u. a. auch ein Engagement in Bosnien, um dem dortigen Völkermord entgegenzutreten. Er verwies darauf, daß der Anspruch des »Nie wieder« auch in praktische Politik einfließen müsse, beispielsweise im Staatsbürgerschaftsrecht oder in der Politik gegenüber der Türkei. Joschka Fischers sagte weiter: »Selbstvergewisserung heißt an diesem 9. November, daß die deutsche Demokratie ihren Anspruch des ›Nie wieder‹ auch im politischen Alltag durchsetzen und diese Anstrengungen immer wieder erneut auf den Prüfstand stellen muß: in der Asylpolitik, im Staatsbürgerschaftsrecht, bei neonazistischer Gewalt, beim Einsatz für Menschenrechte in China und im Iran, beim Waffenexport und in der Türkeipolitik unseres Landes gibt es dringenden Bedarf an lauter und nachhaltiger Kritik und praktischer Veränderung hin zum Positiven. Aber ich möchte heute nicht nur die Regierung schelten, sondern auch selbstkritisch bekennen, daß angesichts der Wiederkehr von Völkermord in Europa – und an den bosnischen Muslimen ist dieser Völkermord versucht worden – auch ich zu spät erkannt habe, daß unsere Geschichte nicht Hemmnis sein kann und darf bei der Beteiligung Deutschlands bei internationalen Militäreinsätzen gegen Völkermord. Bosnien hat mir klargemacht, daß die internationale Staatengemeinschaft – und das demokratische Deutschland ist davon ein nicht unwichtiger Bestandteil – Völkermord niemals mehr ungestraft und tatenlos hinnehmen darf. Auch dies gehört zum heutigen Gedenktag.«

In Flossenbürg hob der DGB-Landesbezirksvorsitzende Fritz Schösser vor rund 150 Teilnehmerinnen und Teilnehmern in seiner Gedenkrede hervor, daß der Kampf gegen den Rechtsradikalismus weiterhin aktuell sei. Er bezog sich dabei insbesondere auf den Versuch der Neonazis, sich zu einem Aufmarsch am 8. November in München zu treffen (Sie wollten an den »Hitlerputsch« vom 8./9. November 1923 erinnern). Er wandte sich auch gegen die Verharmlosung rechtsradikaler Tendenzen in der Bundeswehr. Schösser prangerte die Erfindung von Feindbildern an, die in Sozialhilfeempfängern oder ausländischen Mitbürgern gesehen würden. Otto Schwerdt von der Jüdischen Gemeinde Regensburg rief dazu auf, die Erinnerung an die Untaten der Nazis wachzuhalten. Milos Volf, ehemaliger Häftling im KZ Flossenbürg, betonte die Bedeutung einer Zusammenarbeit zwischen den Völkern für Demokratie und eine gute Nachbarschaft. Er stellte dabei besonders die deutsch-tschechische Aussöhnungserklärung und die sich daraus ergebenden Möglichkeiten heraus.

Großen Zuspruch fand bei der anschließenden Podiumsdiskussion die Vision einer euroregionalen Gedenkstätte, die geographisch das bayerisch-sächsisch-tschechische Grenzgebiet umfassen solle und zeitlich nicht auf die Zeit von 1933 bis 1945 begrenzt werden, vielmehr auch die Zeit vor 1933 und nach 1945 miteinbeziehen solle. Konzeptionell daran zu arbeiten, war die einhellige Meinung, ist eine der wichtigsten Aufgaben der näheren Zukunft.

Von der NPD organisiert, demonstrierten am 1. März 1997 ca. 5.000 Neonazis aus ganz Deutschland gegen die Wehrmachtsausstellung in München

## Kontinuität und Wandel

»Nach mehr als vier Jahrzehnten ist dies (die Gedenkveranstaltungen der DGB-Jugend Bayern, W.V.) das längste kontinuierliche Gedenkprojekt in der Bundesrepublik, das nicht von einer Verfolgtenorganisation begründet wurde. Der Gedenktag stand immer im Spannungsfeld zwischen den Bedürfnissen der Jugendlichen, die den Lernort Dachau kennenlernen sollten und dem gleichzeitigen Bemühen der Veranstalter, das Medieninteresse für eine Botschaft an die politische Öffentlichkeit zu nutzen.« So beschrieb Barbara Distel, die Leiterin der KZ-Gedenkstätte Dachau 1997, die Veranstaltungen der DGB-Jugend Bayern zum Gedenken an das Novemberpogrom 1938.

Öffentlichkeit und Medien nahmen von Anfang an regen Anteil an den Gedenkveranstaltungen. Besonders einige Direktübertragungen im Bayerischen Rundfunk in den 60er Jahren hoben den Stellenwert hervor und führten auch zu öffentlichen Reaktionen. Dies gilt auch für die Presseberichterstattung insgesamt, wobei die Intensität der Berichterstattung immer Schwankungen unterworfen war.

Die Gedenkveranstaltungen unterlagen durchaus einem inhaltlichen und formellen Wandel. Dominierte zunächst das »reine« Gedenken, d.h. die bei vielen TeilnehmerInnen noch ganz persönlich erlebte Vergangenheit und die ebenfalls in der eigenen Biographie verwurzelte Erschütterung über den Nazi-Terror, was sich auch in den Reden ausdrückte, so waren im Laufe der Jahrzehnte für Generationen von Gewerkschaftsjugendlichen ohne eigenes Erleben bzw. eigene Erinnerung Zwischenschritte der Vermittlung – wie Diskussionen, Bildungsarbeit, Vorbereitungstreffen – notwendig. Sukzessive kam der inhaltlichen Einsicht ein immer höherer Stellenwert zu. Parallel zur inhaltlichen Anreicherung wurden die Veranstaltungsformen teilweise modifiziert, als Beispiel mag hier die szenische Collage »Henker, Mörder, Generäle« aus dem Jahr 1986 genügen.

Betrachtet man die Werbematerialien in den letzten Jahrzehnten, sieht man deutlich, wie die veränderten Veranstaltungen auch in den Plakaten und Ankündigungsflugblättern ihren Niederschlag fanden. Über lange Jahre hinweg war ein stilisierter Teil des Zauns der KZ-Gedenkstätte Dachau graphisches Element, um auf die Gedenkveranstaltung hinzuweisen. Zum 50. Jahrestag der Pogromnacht wurde ein zerrissener Davidstern als Symbol gewählt, in dem Bemühen, gerade auch inhaltlich Bezug zu nehmen auf den im Jahr 1986 begonnenen sogenannten Historikerstreit. Über einige Jahre hinweg wurde mit der Überschrift »Nicht schweigen, es gibt keine Ausrede« gearbeitet. Unterlegt waren Bilder von im KZ inhaftierten Gefangenen. Seit einigen Jahren wird dieser eher moralische Slogan nicht mehr verwendet.

Beide Aufforderungen, sowohl die zum Nachdenken als auch die praktische, zu Gedenkveranstaltungen zu gehen, fanden ihren Ausfluß im 1996 entwickelten Plakat »Geh-denke«. Daß dabei für die Symbole des Gedenkens ein Gehirn verwendet wurde, hat zu manchen Diskussionen geführt. Einige sahen darin eine Analogie zu den Menschenversuchen im Faschismus. Die Graphik mag über das Ziel hinausgeschossen sein, sie versuchte jedoch nur, die Aufforderungen des Gehens und des Denkens auch optisch umzusetzen. Diese jugendgerechte Graphik wurde weiterentwickelt, systematisch mit aktuellen Fragestellungen verknüpft und in einer modernen jugendadäquaten Ausdrucksform präsentiert.

Die abnehmenden Teilnehmerzahlen verweisen darauf, daß dies nicht immer gelungen ist. Trotzdem waren – und das ist nicht hoch genug einzuschätzen – die Gedenkstunden in Dachau und Flossenbürg, ebenso wie die inhaltliche und organisatorische Vorbereitung, für Generationen von Gewerkschaftsjugendlichen sowie für die Gewerkschaften überhaupt die Basis für die Herausbildung eines demokratischen, humanen und antifaschistischen Bewußtseins. Die über die Jahre zunehmende Ergänzung der Feierstunden durch Führungen in den Gedenkstätten, Diskussionen mit Zeitzeugen und ehemaligen Häftlingen, Diskussionsrunden und Filmvorführungen unterstützten diese Bewußtseinsbildung. Eine wichtige Rolle seit Anfang der 80er Jahre bis heute spielte auch die Geschichtsarbeit in gewerkschaftlichen Projektgruppen, in denen versucht wurde, die örtliche und regionale Geschichte, bzw. in Ostbayern die Geschichte des KZ Flossenbürg, zu erforschen.

Generell kann auch von einer zunehmenden Politisierung der Gedenkstunden gesprochen werden, in dem Sinne nämlich, daß aktuelle politische, gesellschaftliche und soziale Themen vor dem Hintergrund der Vergangenheit immer mehr Eingang in die Reden, aber auch in die Veranstaltungen im Umfeld der Gedenkstunden fanden.

Der DGB-Jugend war es immer wichtig, diese Politisierung im dargestellten Sinne pluralistisch zu gestalten, um die Legitimität unterschiedlicher Zugänge zu Vergangenheit und Gegenwart herauszustellen. Dies drückte sich in besonderer Weise bei der Auswahl der Rednerinnen und Redner aus. Neben gewerkschaftlichen Beiträgen gab es Beiträge aus dem Bereich der politischen Parteien – erinnert sei hier an die CSU-Politiker Alois Hundhammer und Josef Müller, die SPD-Politiker Josef Felder und Willy Brandt, die CDU-Politikerin Rita Süssmuth und Joschka Fischer von Bündnis 90/Die Grünen –, dem konfessionellen Bereich, dem Bayerischen Jugendring mit seinen verschiedenen Präsidenten und dem Bereich der Kunst.

Es ist in den letzten Jahren schwieriger geworden, Jugendliche für diese Veranstaltungen anzusprechen. Aufgabe der Gewerkschaftsjugend wird es sein, diesen Prozeß kritisch und selbstkritisch zu untersuchen und Wege zu finden, dies wieder umzukehren (vgl. hierzu den abschließenden Aufsatz »Perspektiven des Gedenkens«). Die Entwicklung des Neonazismus und die breit verankerte Haltung, von der Vergangenheit nichts mehr wissen zu wollen, zwingen dazu, neue und erfolgreiche Zugänge zu Jugendlichen herzustellen und den Anspruch »Gedenken und Handeln« Wirklichkeit werden zu lassen – innerhalb und außerhalb der Gewerkschaften.

**Faschismus, Nationalsozialismus, Neofaschismus, Neonazismus, Rechtsradikalismus, Rechtsextremismus**

Es gibt keine einheitliche Definition. Wie auch immer die genannten Begriffe verwendet werden, entscheidend ist es, zu erkennen, daß alle diese Richtungen durch gemeinsame Grundhaltungen gekennzeichnet sind:

- Ungleichheit der Menschen und Völker.
- Ungleichheit von Mann und Frau.
- Der Stärkere setzt sich durch – in der Natur und bei den Menschen gehen die Schwächeren unter und das ist auch gut so.
- Die Demokratie muß abgeschafft, mindestens aber stark eingeschränkt werden.
- Keine Überfremdung durch Ausländer.
- Es gibt keine Klassen, sondern nur die Volksgemeinschaft, beruhend auf Blut und Boden.
- Gewalt ist ein akzeptables Mittel der Durchsetzung.
- Der einzelne hat sich der Volksgemeinschaft zu unterwerfen.
- Antisemitismus in verschiedener Intensität.

Unter **Faschismus** wird einerseits die faschistische Bewegung in Italien (von Benito Mussolini in den 20er Jahren gegründet) verstanden, andererseits wird der Begriff auch als Oberbegriff für vergleichbare Entwicklungen in anderen Ländern verwandt (der deutsche Faschismus, der Francismus in Spanien, der chilenische Faschismus etc.), wobei in jedem Land eigene historische Voraussetzungen und spezifische Ausdrucksformen bestehen.

Unter **Nationalsozialismus** wird die Herrschaft der Nazis in Deutschland von 1933 bis 1945 verstanden, dessen im negativen Sinne herausragendes Element der Völkermord an den europäischen Juden war, was ihn aus anderen Faschismen heraushebt. Trotzdem hatte der Nationalsozialismus viele Elemente mit anderen Faschismen gemein, z.B. die Volksgemeinschaftsideologie, das Führerprinzip, den Rassismus, die grundsätzliche Ablehnung der Demokratie sowie die Verherrlichung der Gewalt und die männliche Dominanz über die Frauen. Der Begriff enthält allerdings das verschleiernde Moment »Sozialismus«, verschleiernd deshalb, weil die Nazis mit Sozialismus nichts zu tun hatten.

Unter **Neofaschismus** wird in der Diskussion teilweise die Strömung gefaßt, die sich in ihren politischen Zielen ausdrücklich auf den Nationalsozialismus bezieht. Allerdings gibt es auch Strömungen, die sich nicht auf den Nationalsozialismus hin orientieren, sondern eine »moderne« Form des Faschismus anstreben, bisweilen unter Verwendung vorgeblich »linker« Begrifflichkeiten (z.B. »Gegen das Großkapital«)

Der Begriff **Neonazismus** wird meist sehr beliebig verwandt, zum Teil wie der Begriff **Neofaschismus**, aber auch um das gewaltbereite Potential bestimmter Gruppen herauszustellen.

Der Begriff **Rechtsextremismus** ist schillernd, insofern einerseits eine Gleichsetzung mit dem Faschismus erfolgt, andererseits »moderne« Ansätze rechten Denkens gekennzeichnet werden sollen. Allerdings besteht die zentrale Schwäche darin, daß mittels dieses Begriffs von einer – wie auch immer definierten »Mitte«, die positiv bewertet wird – ausgegangen wird, neben der es einen »rechten« und einen »linken« Rand der Gesellschaft gibt. Unberücksichtigt bleibt dabei, daß wesentliche Ansätze rechten Denkens aus der »Mitte« der Gesellschaft kommen und daß eben »rechts« nicht gleich »links« ist.

Völlig unterschiedlich verwandt wird der Begriff **Rechtsradikalismus.** Manche verstehen ihn als abgeschwächte Form des Rechtsextremismus, andere setzen ihn mit neofaschistischen Entwicklungen gleich.

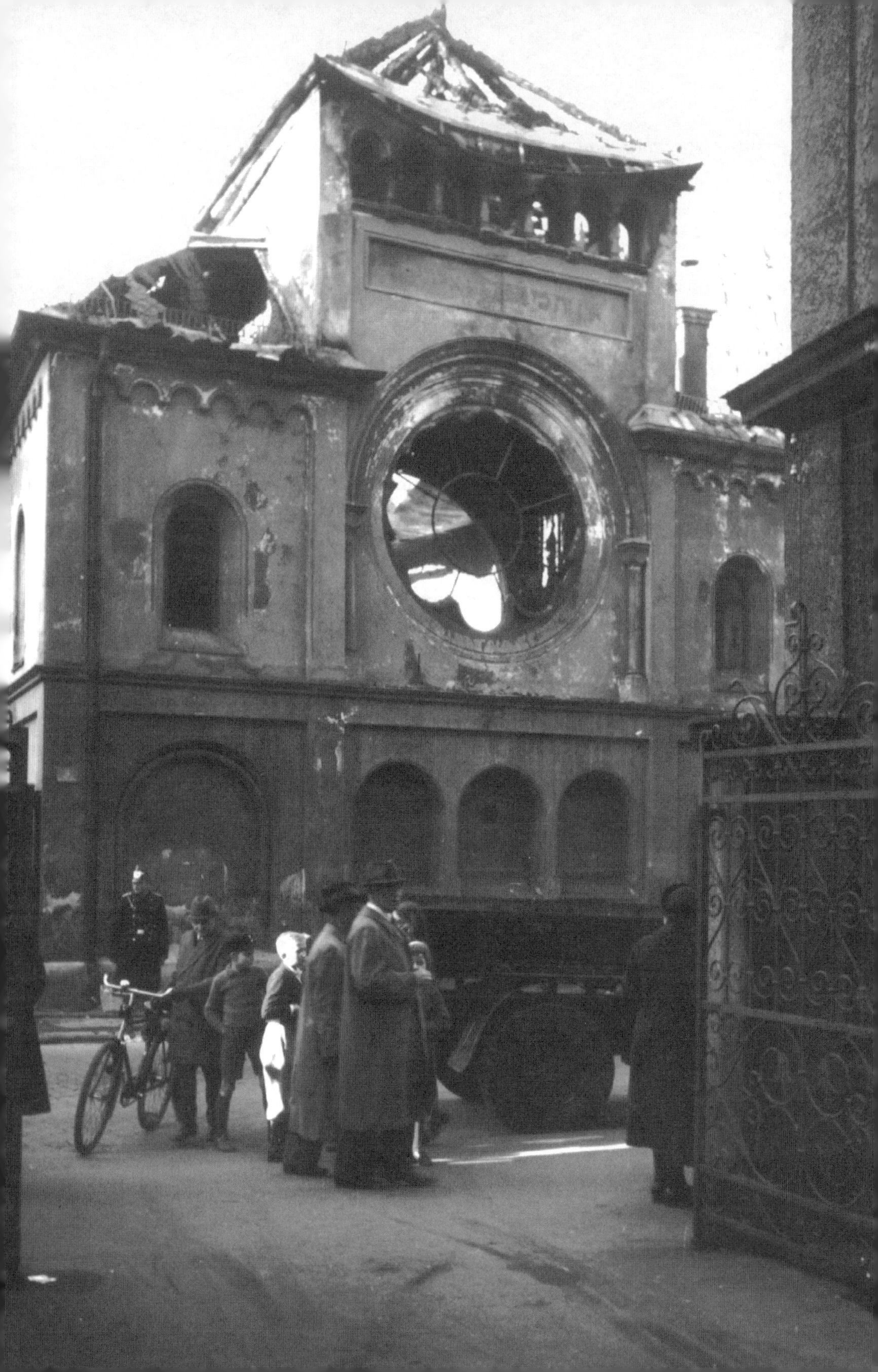

## Der Novemberpogrom darf nicht in Vergessenheit geraten

Gespräch mit Helmut Hofer (Jahrgang 1938, DGB-Landesjugendsekretär von 1974 bis 1986, seit 1986 Geschäftsführer des DGB Bildungswerks Bayern)

*Herr Hofer, seit wann haben Sie sich mit den Gedenkveranstaltungen zum Novemberpogrom befaßt?*

Das war Mitte der 50er Jahre als Leiter der Gewerkschaftsjugend in Töging und später als DGB-Kreisjugendausschußvorsitzender von Mühldorf/Altötting, wo ich mitverantwortlich gewesen bin für die Fahrten zu den Gedenkveranstaltungen. Noch mehr hatte ich ab 1962 damit zu tun. Damals wurde ich Jugendsekretär des DGB im Bezirk Oberbayern und war ab diesem Zeitpunkt als Hauptamtlicher auch zuständig für die Veranstaltungen in Dachau. Gemeinsam mit dem DGB-Jugendsekretariat München lag die Organisation und Durchführung der Gedenkstunden im Rahmen des sogenannten »Dachauausschusses« bei uns.

*Welchen Stellenwert hatten diese Gedenkveranstaltungen für Sie persönlich? Was bestimmte Ihre Motivation?*

Sie hatten für mich große Bedeutung, weil ich schon in meiner Kindheit, also in der Zeit des Nationalsozialismus und des Zweiten Weltkriegs, mit Erlebnissen konfrontiert wurde, die meinen späteren Lebensweg entscheidend beeinflußt haben.
Der Hintergrund ist der, daß ich aus einer Familie stamme, die gewerkschaftlich und sozialdemokratisch eingestellt war. Mein Vater gehörte 1925 zu den Gründern des Ortsvereins der SPD in Töging, nachdem er sich schon Anfang der 20er Jahre gewerkschaftlich organisiert hatte. Er war nie Mitglied der NSDAP. Wir wohnten in der »Straße der SA« und waren sozusagen von überzeugten Nazi-Anhängern umschlossen. Ein sogenannter »Goldfasan« (so hießen hochdekorierte NSDAP-Funktionäre im Volksmund wegen ihrer vielen Orden) wohnte direkt gegenüber, ein »Blutordensträger« (Teilnehmer am Hitlerputsch 1923) etwas weiter entfernt. Man muß sich in die Zeit hineinversetzen, um verstehen zu können, was dies damals bedeutete. Nachdem mein Vater kein »Heil Hitler« kannte, sondern immer nur den bayerischen Gruß »Grüß Gott«, wurde er offen angefeindet. Einmal wurde ihm morgens auf seinem Nachhauseweg von der Nachtschicht von den eigenen Arbeitskollegen aufgelauert, und er wurde nach dem deutschen Gruß gefragt. Da mein Vater sie mit »Guten Morgen« grüßte, warf man ihn vom Rad. Daß wir den Nationalsozialismus überstanden haben, liegt wohl daran, daß

es bei uns in Töging ein Lager für Kriegsgefangene gab, die in der dortigen Aluminiumhütte arbeiten mußten. Mein Vater war Vorarbeiter in der Gießerei und konnte mit den Gefangenen sehr gut umgehen, was für den Betrieb wichtig war. Er wurde deshalb trotz mehrerer Gestellungsbefehle auf Antrag des Betriebes immer u. k. (unabkömmlich) gestellt. Dies alles habe ich als Kind mitbekommen, auch die Kriegsgefangenen, die bei der neben unserem Haus gelegenen Bäckerei Lastwagen voller Brot holten.

*Wann haben Sie zum ersten Mal etwas von Dachau gehört?*

Das war im Sommer 1944. Damals hörte ich den Namen Dachau als sechsjähriger Junge zum ersten Mal und vergaß ihn nie wieder. Die Gefangenen hatten hin und wieder sog. Ausgehstunden und boten dabei selbstgebasteltes Spielzeug an. Eines Tages gingen zwei Gefangene durch unsere Straße. Meine Mutter, eine Nachbarin und ich standen vor dem Haus, als die beiden im Vorbeigehen vorsichtig ihr Aluminiumbesteck aus der Hosentasche zogen. Meine Mutter und die Nachbarin holten Brot und Käse, um sie den hungrigen Männern zuzustecken. Aber genau in diesem Augenblick bog ein Wagen mit Nazis in unsere Straße ein. Ehe wir uns richtig versahen, sprangen sie vom Auto und schlugen mit den Füßen und mit Stöcken auf die Gefangenen ein, bis sie blutend liegen blieben. Meine Mutter und die Nachbarin wurden belehrt, daß die Gefangenen genügend zu essen hätten; sollten sie nochmal erwischt werden, wenn sie Gefangenen etwas zu essen gäben, würden sie dahin gebracht, wo andere schon seien, nämlich nach Dachau. Nach der Rückkehr meines Vaters von der Arbeit wurde im Kreis der Familie über den Vorfall gesprochen; wir hatten alle große Angst. Lassen Sie mich noch etwas berichten, was ebenfalls mit Dachau zusammenhängt und wo ich erstmals den Begriff »Juden« hörte. Die Stadt Mühldorf, nur wenige Kilometer von Töging entfernt, erfüllte als Eisenbahnknotenpunkt eine wichtige Verkehrsfunktion, weshalb die Alliierten diesen mehrmals bombardierten. Dabei wurde die neben dem Bahnhof liegende große Getreidemühle schwer beschädigt. Mein Vater wurde vom Betrieb abgestellt und beauftragt, mit einem Arbeitstrupp Gefangener dort Aufräumungsarbeiten vorzunehmen, um die Mühle wieder in Betrieb nehmen zu können. Er sah dort zum ersten Mal die eingesetzten KZ-Häftlinge aus dem Dachauer Außenlager Mettenheim mit Judensternen auf der Kleidung. Die Häftlinge waren derart abgemagert, daß er noch eßbares Getreide in Häufchen auf die Treppenstufen legte, damit sich die Häftlinge beim Vorbeigehen davon nehmen konnten. Dies wurde von SS-Aufsehern beobachtet. Sie schlugen auf die Häftlinge ein und beschimpften meinen Vater, daß diese Untermenschen nichts zu essen bräuchten. Sie seien eine Gefahr für das deutsche Reich. Er täte bessser daran, dies zu unterlassen, sonst hätte er selbst Konsequenzen zu erwarten. Er schilderte dies im Kreise der Familie, was ich nie vergaß.

*Wie war Ihrer Erinnerung nach die Verankerung der Gedenkveranstaltungen in der Gewerkschaftsjugend?*

Die Gewerkschaftsjugend war im allgemeinen ja durch die rege Jugendgruppenarbeit politisch sehr motiviert und auch über den Novemberpogrom informiert. Die Veranstaltungen in Dachau und Flossenbürg waren bei vielen Gruppen Bestandteil des Jahresprogrammes, und ich glaube auch, daß wegen der entsprechenden Diskussion in den Jugendgruppen eine so rege Teilnahme an den Veranstaltungen selbst zustande kam. Es gab auch Vorbereitungsabende, so daß unsere Kolleginnen und Kollegen immer wieder mit der Frage der Judenverfolgung, des Nationalsozialismus und somit des Novemberpogroms 1938 befaßt waren. Natürlich hatten solche Fragen nicht für alle Kolleginnen und Kollegen den gleichen Stellenwert. Trotzdem ist es für mich nach wie vor erstaunlich, daß die Veranstaltungen über die Jahrzehnte hinweg so gut besucht waren.

*Sie haben an anderer Stelle, in einem Text für den Bayerischen Jugendring ausgeführt, daß in den 70er Jahren das Interesse und die Beteiligung an den Gedenkveranstaltungen deutlich nachgelassen hat, etwa bis zur Ausstrahlung der Fernsehserie »Holocaust« 1979. Was war der Grund für dieses nachlassende Interesse, obwohl diese Zeit ja eigentlich eine sehr politisierte Zeit gewesen ist?*

Die Zeit selbst war hochpolitisch, allerdings muß ich aus meiner Sicht auf zwei Fakten hinweisen. Zum einen war die Gewerkschaftsjugend durch den Abbau der DGB-Jugendsekretariate im Gefolge der »Springener Beschlüsse« sehr geschwächt. Es gab ja ab 1966 keine DGB-Jugendsekretariate in den Regierungsbezirken mehr, und darunter litt auch sehr stark die Jugendgruppenarbeit. Auf der hauptamtlichen Ebene fungierte nur noch Xaver Senft als Landesjugendsekretär. 1970 kam ich als Jugendbildungsreferent für Bayern dazu. Erst später konnten wir mit öffentlichen Mitteln wieder DGB-Jugendsekretariate einrichten. Die Auswirkungen der Sparmaßnahmen im DGB waren verheerend. Die gewerkschaftlichen Jugendgruppen sind jedoch die Grundlage für die Jugendarbeit in den 50er und 60er Jahren gewesen. Wenn also die Jugendgruppen nicht mehr existieren, hat dies Auswirkungen auf die gesamte Jugendarbeit und damit auch auf das Engagement für die Gedenkveranstaltungen.

Zum anderen war das Interesse für die Vergangenheit bei den Jugendverbänden in Bayern insgesamt geschwunden. Es gab in den 70er Jahren mehr oder minder nur den Blick nach vorne. Erst zu einem späteren Zeitpunkt, hierin besteht auch der Bezug zur Frage, konnten wir feststellen, daß die Fernsehserie »Holocaust« Millionen von Menschen aufrüttelte und dazu brachte, sich wieder mehr mit der Vergangenheit zu beschäftigen. Diese Serie brachte vieles an die Oberfläche, was bereits verschüttet schien. In den Schulen kamen Diskussionen auf, die es lange nicht mehr oder noch nie gegeben hatte. Diese bewegten die Lehrerschaft, mit ihren Klassen nach Dachau und Flossenbürg zu fahren, um an den Gedenkveranstaltungen zum Novemberpogrom teilzunehmen. Das war eine neue Entwicklung, und ich meine, daß ich in dieser Frage nicht der einzige bin, der diesen Bezug herstellt. Mittlerweile wird dies auch von mehreren Historikern so eingeschätzt.

*Wie sehen Sie heute die Zukunft des Gedenkens der DGB-Jugend in Dachau und Flossenbürg?*

Mein Ausscheiden aus der Jugendarbeit liegt schon weit zurück. Daher weiß ich nicht, wie die Jugend heute denkt und welche Interessen bestehen. Ich selbst habe immer zu den Veranstaltungen gestanden, weil ich sie als notwendig und wichtig empfand. Trotzdem würde ich heute aus der Erfahrung sagen wollen, daß die Gewerkschaftsjugend gut beraten ist, wenn sie die Veranstaltungen weiterführt. Trotz aller Bedenken und aller Probleme, etwa daß sich Gedenktage vielleicht auch abschleifen können, meine ich, daß es unbedingt erforderlich ist, auf diesen Veranstaltungen zu beharren. Zum einen darf der Novemberpogrom nicht in Vergessenheit geraten. Zum anderen gibt das Gedenken den jungen Menschen doch immer wieder auch die Möglichkeit, sich mit dem zu befassen, was von 1933 bis 1945 in Deutschland geschehen ist. Es gibt nach wie vor sehr viele junge Menschen, die mit dieser Thematik überhaupt nichts anfangen können. Die Gewerkschaftsjugend hat hier eine wichtige Aufgabe.

National-

## Diese Verlogenheit war unerträglich

Gespräch mit Karl Baumann (Jahrgang 1935, von 1962 bis 1967 Jugendsekretär im DGB-Kreis München)

*Herr Baumann, Sie waren bereits Anfang der 60er Jahre sehr intensiv mit den Gedenkveranstaltungen der DGB-Jugend befaßt. Was war Ihr persönlicher Antrieb für dieses Engagement?*

Das hängt mit meiner Herkunft zusammen. Ich komme aus einer sozialdemokratischen Arbeiterfamilie. Bei Kriegsende war ich zehn Jahre alt und habe einiges aus der Kriegszeit mitbekommen. Meine Eltern und mein Großvater haben als eingefleischte Gewerkschafter oft über unsere Gesellschaft gesprochen und selbstverständlich auch über die Nazis. Dadurch habe ich sehr viel mitbekommen. Wir haben uns dann später in der Lehre, insbesondere aber in der Gewerkschaftsjugend intensiv mit dem Dritten Reich beschäftigt. Das war der Grund, warum ich in die politische Arbeit eingestiegen bin.
In den 50er Jahren – mit Wiederaufbau und Remilitarisierung – ist politisch sehr viel passiert. All das waren Beweggründe, sich stärker mit gesellschaftspolitischen Dingen zu beschäftigen, also eben auch mit der Vergangenheit Deutschlands. Es hat ja kaum jemanden gegeben, der ein Nazi war, kaum jemand hat sich erinnern können, daß in Deutschland überhaupt etwas passiert ist, und wenn, dann waren es immer nur die anderen. Schon als Kind haben wir das geflügelte Wort gekannt: »Wenn Du den Mund nicht hältst, dann kommst Du nach Dachau«.
Nach 1945 hat sich kaum jemand mehr erinnern können oder hat gewußt, daß in Dachau ein Konzentrationslager gewesen ist. Diese Verlogenheit war unerträglich. Wenn man gesagt hätte, wir haben nichts machen können, weil der Staatsapparat so mächtig und die Gefahr für das eigene Leben so groß war, dafür hätte ich Verständnis gehabt. Aber so zu tun, als hätte man niemals etwas bemerkt, zu tun, als hätte man auch durch die sogenannte »Reichskristallnacht« nicht gemerkt, daß in Deutschland einiges schiefläuft, das war zuviel. Soviel Verdrängung war nicht mehr erträglich.

*Wie würden Sie die gesellschaftliche Stimmung bezüglich der Nazivergangenheit in diesen Jahren beschreiben?*

Nun, die Hauptrichtung der damaligen Zeit war, wie bereits erwähnt, die Verdrängung. Die weitaus meisten Menschen haben sich nicht verantwortlich gefühlt, das waren nicht sie, das waren irgendwelche anderen. Aber schauen Sie sich doch unsere jüngere Geschichte an: Eine richtige Aufarbeitung des Dritten Reichs und der Frage, wie es dazu kommen konnte, hat bis heute nicht stattgefunden. Dazu gehören Schlagworte, wie die »Gnade der späten Geburt«, als ob man damit entlastet wäre von dem, was unser Volk getan hat. Es ist unser Volk gewesen, das so etwas gemacht hat, es waren sehr viele Menschen, die das durch Stillschweigen geduldet haben. So kann man sich nicht aus der Verantwortung herausstehlen. Deshalb waren die KZ-Gedenkstunden für uns ein wichtiger Schritt, immer wieder daran zu erinnern, was passiert ist. Nicht irgendwo auf der Welt, sondern im hoch zivilisierten Deutschland wurden Konzentrationslager errichtet, wurden massenhaft wehrlose Männer, Frauen und Kinder umgebracht. So etwas darf nicht mehr passieren, niemals mehr!

*Hat es Ihrer Erinnerung nach in den Gewerkschaften selbst eine breite Debatte gegeben, oder gingen die Diskussionen in erster Linie von der Gewerkschaftsjugend über die Gedenkveranstaltungen in Dachau und Flossenbürg aus?*

Die Gewerkschaften bekannten sich zur Demokratie, und dennoch war die Frage nach der Vergangenheit nicht gerade die Beliebteste in der damaligen Zeit. So blieb das Erinnern zentraler Bestandteil gewerkschaftlicher Jugendarbeit. Aber die Gewerkschafterinnen und Gewerkschafter haben als Arbeiterbewegung zu den Erstverfolgten des Nazi-Regimes gehört, und Gott sei Dank haben einige die Konzentrationslager überlebt. Die haben sich sehr stark für die Jugendarbeit interessiert und eingesetzt.
Ich erinnere nur an die bekannten Gewerkschafter Bertl Lörcher vom Bund-Verlag und den Münchner DGB-Vorsitzenden Ludwig Koch. Das waren starke Stützen innerhalb der Organisation, wenn es darum ging, der Jugendarbeit Rückendeckung zu geben. So haben wir natürlich auch innerhalb der Organisation Schwierigkeiten mit der Remilitarisierung gehabt. Im Jugendbereich wurde die Wiederbewaffnung abgelehnt. Sogar Franz-Josef Strauß hatte nach Kriegsende gesagt, daß jedem Deutschen, der in den nächsten 100 Jahren ein Gewehr in die Hand nimmt, die Hand abfallen solle. In diesem Punkt haben sogar wir ihm zugestimmt. Aber in der IG Metall, in der ich organisiert war, hatten wir auch eine Reihe von Kollegen aus den Panzerschmieden, die um ihre Arbeitsplätze fürchteten. Die sind bei jedem Jugendantrag für Abrüstung aufgewacht und auf uns losgegangen. Da wurde oftmals versucht, uns unterzubuttern. Aber wir hatten auch immer starke Unterstützung von den angeführten Kollegen, die uns zur Seite standen.

*Glauben Sie, daß das Gedenken an den Novemberpogrom 1938 heutzutage noch eine wichtige Funktion hat, oder ist das einfach ein Traditionstag, den man durchführt, weil man irgendwann damit begonnen hat?*

Ich glaube, daß diese politische und gesellschaftliche Funktion die nächsten hundert Jahre nicht vergehen wird, denn was hier Menschen Menschen angetan haben, das ist so furchtbar, so unvorstellbar, so ungeheuerlich. Man hat ja Schwierigkeiten, sich diese Millionen ermordeter Menschen vorzustellen. Das faßt man ja im Kopf gar nicht.
Wenn man in Israel in Yad Vashem die Bilder der Kinder anschaut, die umgebracht worden sind, Einzelschicksale mit den dazugehörigen Familien, man möchte es nicht glauben, daß Menschen zu so etwas fähig sind. Der Opfer zu gedenken und das Vergessen zu verhindern, ist nach wie vor aktuell. Denn schon wieder sind die braunen Rattenfänger auf Stimmenfang unterwegs.
Ich glaube, die Gedenkstunden reichen über die Geschichte Deutschlands hinaus. Wir erlebten in unserer Vergangenheit die schlimmsten Formen des Fanatismus. Das Krebsgeschwür der Menschheit sind Fanatiker ganz gleich welcher Couleur, seien es religiöse oder nationale Fanatiker. Wir müssen sie aufhalten, um ein friedliches und solidarisches Zusammenleben der Menschen zu erreichen.

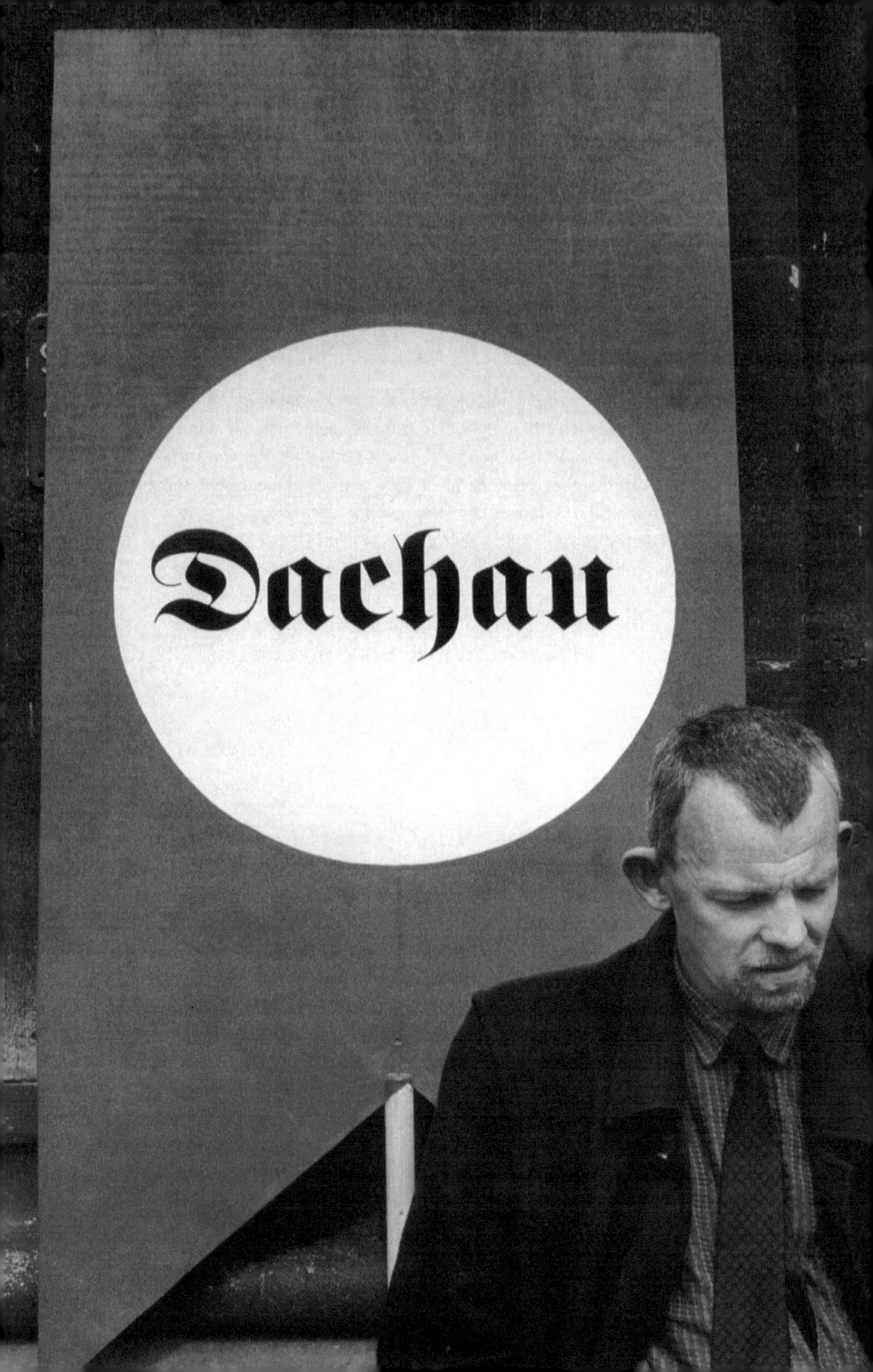
Dachau

## Programmatischer Schwerpunkt der politischen Bildung

Gespräch mit Arthur Bader (Präsident des Bayerischen Jugendrings von 1957 bis 1964)

*Herr Bader, was waren 1958 die Hauptmotive des Bayerischen Jugendrings, sich an den Gedenkveranstaltungen zum Novemberpogrom 1938 zu beteiligen?*

In dieser Zeit waren erneut neonazistische Strömungen bekannt geworden: einzelne Aktionen, Schmierereien an Kirchentüren und Synagogen, Verwüstungen von jüdischen Grabstätten. Außerdem hatten wir 1958 innerhalb der politischen Bildung den Schwerpunkt programmatisch auf die Auseinandersetzung mit der Vergangenheit gelegt. Es gab Versammlungen zum Thema: »Wächst Gras darüber«? Der Dokumentarfilm »Nacht und Nebel« wurde für Jugendgruppen vorgeführt, und es wurde auch damals schon mit Zeitzeugen diskutiert, wie man heute sagt. Und wir wußten und waren dankbar dafür, daß seit einigen Jahren schon die Gewerkschaftsjugend als äußeren Aufhänger für die Bestrebungen zur Auseinandersetzung mit der Nazizeit den Novemberpogrom 1938 benutzt hatte. Den Novemberpogrom deshalb, weil man sagte, damals mußte es eigentlich dem letzten sichtbar werden, was sich in der Nazizeit abspielte. Weil es ja immer wieder hieß: »Wir haben nichts gewußt, und es war uns nicht bekannt.« Und das war nun ein öffentlicher Pogrom; die Zerstörung vieler Geschäfte, die brennenden Synagogen und die Verschleppung von Juden in die Gefängnisse und Konzentrationslager konnten von der deutschen Öffentlichkeit nicht mehr übersehen werden. Das war wohl der Hintergrund für die Aktivitäten der DGB-Jugend. Wir waren dafür dankbar und haben gesagt: »Wir wollen die DGB-Jugend mit unterstützen« und riefen die anderen Jugendverbände auf, sich daran zu beteiligen.

*Wie würden Sie generell die gesellschaftliche Stimmung in den 50er und 60er Jahren hinsichtlich der Nazivergangenheit beschreiben?*

In den Jahren des Wiederaufbaus, des »Wirtschaftswunders«, hat die deutsche Öffentlichkeit, hat die Gesellschaft die schrecklichen Ereignisse eigentlich mehr und mehr verdrängt. Je mehr man die äußerlichen Wunden des Krieges und der Zerstörung durch den Wiederaufbau beseitigt hatte, mit der Rückholung der letzten Kriegsgefangenen und mit der Integration der Vertriebenen und der Flüchtlinge, desto weiter ist die Bereitschaft zur Auseinandersetzung mit der Vergangenheit zurückgegangen.
Man hat sich geärgert, daß ehemalige Nazis zum Teil wieder in Wirtschaft und Gesellschaft das Wort erhoben. Es gab Zeitschriften und es gab sogar rechtsradi-

kale Jugendgruppen, die selbstverständlich mit den Jugendverbänden nichts zu tun hatten und auch nirgendwo Mitglied waren. Von daher gab es das Bedürfnis, sich stärker als in den zurückliegenden Jahren mittels Schrifttum, Filmen, Versammlungen und Seminaren mit der Vergangenheit zu beschäftigen. Hierbei griff man auch auf Politiker und Zeitzeugen zurück. Ich kann mich erinnern, daß zum Beispiel Alois Hundhammer und Wilhelm Hoegner, zwei prominente bayerische Politiker aus der Nachkriegszeit gesprochen haben.
Es gab sehr viele Veranstaltungen der Jugendverbände und der Jugendringe zu dieser Thematik, und wie wichtig dies war, zeigte sich, als Ende 1958 die große antisemitische Aktion in Köln die ganze Welt erschüttert hat. Es hat sich dann die Öffentlichkeit erregt und gesagt: »Was tun die Jugendlichen und was tun die Schulen«? Der Bayerische Jugendring hat dann nicht erst reagieren müssen, sondern er konnte als allererstes einmal aufzeigen, was denn schon alles in den zurückliegenden Jahren passiert ist, leider mit wenig Unterstützung der Öffentlichkeit.

*Sie hatten 1960 in Dachau die Bundesregierung aufgefordert, endlich diplomatische Beziehungen zu Israel aufzunehmen. Was war das Ziel dieser Forderung?*

Durch die Beschäftigung mit der Nazizeit, mit den schrecklichen Dingen, die man heute unter dem Wort Holocaust zusammenfaßt, gab es viele junge Leute, die ein Zeichen setzen und nach Israel gehen wollten, um dort Aufbauarbeit zu leisten. Der Bayerische Jugendring wurde vom Bundesjugendring beauftragt, hier sozusagen die Sammelstelle zu bilden. Wir hatten mit Hunderten von Jugendlichen Briefwechsel und eine Art Vorprüfung und hatten auch schon im Sommer 1960 den ersten Austausch von bayerischen Schülern vornehmlich aus der Landeshauptstadt München mit Israel. Die haben dort in einem Kibbuz einige Wochen gearbeitet und sind dann eine Woche durch das Land gefahren. Wir hatten also auch persönliche Kontakte und waren eigentlich empört, daß die Bundesregierung immer noch keine diplomatischen Beziehungen mit Israel aufgenommen hatte. Widerstände dagegen bestanden vornehmlich im Wirtschaftsministerium und in der Wirtschaftsabteilung des Auswärtigen Amtes. Es wurde befürchtet, daß die arabischen Staaten darauf negativ reagieren würden.
Es war natürlich die Angst, daß die »Hallstein-Doktrin«, also die Nichtanerkennung der DDR als Voraussetzung für Kontakte zur Bundesrepublik, sozusagen unterlaufen würde. Die arabischen Staaten drohten zum Teil mehr oder weniger unverhohlen mit der Aufnahme diplomatischer Beziehungen zur DDR. Später ist das ohnehin passiert. Außerdem gab es unterschwellige Töne aus deutschen

Wirtschaftskreisen, die fürchteten, daß die Wirtschafts- und Handelsbeziehungen, die »Geschäfte«, mit vielen arabischen Ländern darunter leiden könnten.
Sie fürchteten vielleicht einen Boykott, wenn Deutschland die diplomatischen Beziehungen aufnimmt. All das waren Gründe, die uns umso mehr bestärkt haben dagegen anzugehen und politisch zu fordern, endlich diesen Akt zu setzen, denn es war ja für uns, für Deutschland, eher eine Ehre, wenn Israel bereit war, mit uns diplomatische Beziehungen aufzunehmen, nach all dem, was passiert war. Es hat sich dann später in der Entwicklung gezeigt, daß diese Drohungen ohnehin leere Drohungen waren.
Man kann nicht Politik und politische Konzeptionen, von denen man überzeugt ist, durch Drohungen von dritter Seite verhindern lassen. Das kann nie die richtige Politik sein. Man muß seinen Weg gehen, ohne Rücksicht zu nehmen auf Aspekte wie Wirtschaftsboykott oder die angesprochene »Hallstein-Doktrin«. Die Geschichte der Bundesrepublik in den Jahrzehnten danach hat ja auch bewiesen, daß dies obsolet geworden war.
Erfreulicherweise ist es einige Jahre später gelungen, die diplomatischen Beziehungen aufzunehmen, nämlich 1965. Man kann rückblickend sagen, daß wir uns in einem regen Austausch befinden. Der Jugendaustausch hat sich über die Jahrzehnte gehalten, und das Verhältnis der Bundesrepublik Deutschland zum Staat Israel ist ein, wenn auch immer unter besonderen Vorzeichen, doch sehr freundschaftliches und sehr enges geworden.

---

**Hallstein-Doktrin**

Benannt nach dem Staatssekretär im Auswärtigen Amt von 1950 bis 1958 Walter Hallstein. Die Hallstein-Doktrin von 1955 besagte, daß die Bundesrepublik Deutschland zu keinem Staat diplomatische Beziehungen unterhält, der die DDR anerkennt.
In dieser Sicht wurde die Bundesregierung als einzige legitime Vertretung des deutschen Volkes definiert (Stichwort: Alleinvertretungsanspruch).
Erst während der »Großen Koalition« 1966 bis 1969 wird die Hallstein-Doktrin abgewandelt (Diplomatische Beziehungen zu Jugoslawien, Botschafteraustausch mit Rumänien).
Mit dem Grundlagenvertrag zwischen BRD und DDR von 1972 war die Hallstein-Doktrin endgültig erledigt.

NAZI RAUS

## Uns haben die Hintergründe interessiert

Gespräch mit Hermann Kumpfmüller (Jahrgang 1932, Präsident des Bayerischen Jugendrings von 1964 bis 1971, davor Assistent der Präsidenten des Bayerischen Jugendrings von 1954 bis 1964)

*Herr Kumpfmüller, was war in den 50er Jahren Ihre persönliche Motivation, sich intensiv mit der Nazivergangenheit und den Neuformierungen rechter Organisationen insbesondere im Jugendbereich zu beschäftigen?*

Ich glaube, das waren eigentlich zwei sehr komplexe Dinge. Zum einen, ich war bei Kriegsende knapp 13 Jahre alt, habe also vom Krieg noch sehr viel selber mitgekriegt, durch die Fliegerangriffe, aber auch zum Beispiel in Landshut durch Beobachtungen nach einem Zug von KZ-Häftlingen nach Dachau, die dann zum Teil umgekommen sind und 1945 in Bombentrichtern notdürftig verscharrt worden sind, und wo dann der Regen die kahlen Köpfe herausgewaschen hat. Das habe ich alles noch gesehen. Ich bin, obwohl ich ganz jung war, keiner, der sagen würde oder sagen dürfte, ich habe von all dem nichts gewußt. Zum zweiten: von meinem Jahrgang und natürlich auch von meinem frühen Engagement in der Jugendarbeit her habe ich viele Leute der Generation kennengelernt, die nun wirklich Betroffene des Krieges und im Konzentrationslager waren, z.B. wie Otto Kohlhofer oder Bertl Lörcher. Das waren persönliche Freunde von mir. Oder auch Ludwig Koch. Dadurch fühlte ich mich sehr ausgezeichnet. Für mich war das nicht eine theoretische Anknüpfung an eine Zeit, die ich selbst so nicht erlebt habe, sondern ich habe diese Vergangenheit ganz konkret an Menschen erlebt, die da Schreckliches durchgemacht haben. Hinzu kamen später auch meine Kontakte auf der internationalen Ebene. Ich kannte fast alle führenden Leute des Internationalen Dachau-Komitees und viele Vorsitzende der nationalen Lagerkomitees von Polen bis Frankreich und hatte viele Gelegenheiten, durch mein Engagement in Dachau, das über die Gedenkstunden ja weit hinausging, mich mit ihnen auszutauschen.
Diejenigen, die damals in der Jugendarbeit aktiv waren, haben ganz allgemein das Gefühl gehabt, im Wissen um das, was in der Nazizeit geschehen war, einen Beitrag dazu zu leisten, daß junge Leute niemals wieder verführt werden können. Das Motto der kritischen Aufklärung hat für uns eine große Rolle gespielt. Ob uns da die Massen gefolgt sind, wage ich zu bezweifeln. Aber es war ein Stück Motivation für uns: Höllisch aufpassen. Und wenn ich daran denke, was mich damals alles aufgeregt hat, also etwa bei der Beobachtung der Rechtsradikalen im Jugendbereich, dann waren das Dinge, die heute wahrscheinlich keinen Menschen mehr aufregen würden. Es war ungeheuerlich für die damalige

Zeit, welche Aussagen es gab. Später konnte man ja zum Teil auch in konservativen Kreisen hören, was uns damals bei der Beobachtung der Rechtsradikalen erschreckt hat. Man darf dabei nicht vergessen, daß die Leute, die sich in Organisationen wie der Wiking-Jugend oder dem Jugendbund Adler zusammengefunden hatten, wirklich alte Nazis waren. Schon damals hat auch ein Dr. Frey mit seiner Deutschen Soldaten- und Nationalzeitung eine Rolle bei der Verbreitung rechtsradikalen Gedankenguts gespielt. Im Jugendring war es ganz selbstverständlich, dagegen vorzugehen, dies also nicht nur zu beobachten, sondern darüber auch etwas zu publizieren, darüber zu reden und zu dokumentieren, was da alles passiert.

*Sie haben im März 1958 in den »Jugendnachrichten« einen Artikel mit dem Titel »Werden braune Hemden wieder salonfähig?« veröffentlicht. In welcher Form wurden diese Entwicklungen für Sie persönlich und für den Bayerischen Jugendring deutlich sichtbar?*

Es gab damals sicherlich den einen oder die andere in den Jugendverbänden, die sich bei diesem Engagement gegen den Rechtsextremismus eher zurückgehalten haben. Aber keiner hat sich zu sagen getraut: laßt es! Es gab aber so eine Art Reserviertheit, die Aussage etwa: »Legt Ihr da nicht zu großen Wert darauf?« oder »Verschwendet Ihr nicht zuviel Energie auf dieses Thema?« Zum Teil war diese Haltung einiger auch erklärlich, weil die Materie wirklich sehr kompliziert war. Es war natürlich eine Sache, die man sehr solide machen mußte. Damit war klar, daß da nicht jede oder jeder einsteigen konnte. Es gab breite Zustimmung bei den meisten Jugendverbänden und Duldung bei den anderen, wenn es um diese Aktivitäten ging.

*In welcher Form haben Sie beispielsweise den Jugendbund Adler wahrgenommen? Über Schrifttum, über Demonstrationen, über Auftritte ihrer Anführer? Wie hat man sich das heute vorzustellen?*

Überwiegend geschah das sicherlich auf schriftlichem Wege. Aber es gab schon auch ganz konkrete Begegnungen, wo Jugendorganisationen, ich glaube das war zum Beispiel die DGB-Jugend in Nürnberg, Berührung mit diesen Leuten hatten. Da gab es Sonnwendfeiern mit Provokationen und alles mögliche. Aber das hat eine vergleichsweise geringe Rolle gespielt. Uns hat damals interessiert, was sich im Hintergrund tat. Wie ist da die Vernetzung? Welche Personen sind da und dort tätig? Welche Rolle haben die früher gespielt? Es war ein Stück auch prophylaktische Bemühung, zu sagen, da darf unter gar keinen Umständen etwas entstehen, was eines Tages gefährlich werden könnte, das man heute aber noch aussichtsreich bekämpfen kann.

*Wie beurteilen Sie im Rückblick das Wiederaufkommen von rechten Organisationen seit 1945, nicht nur im Hinblick auf den Jugendbereich, sondern generell?*

Da muß man sehr aufpassen, daß man die Dinge nicht mit heute vergleicht. Ich würde sagen, damals waren es wirklich ehemalige Nazis oder solche, die zu kurz gekommen waren, die von sich aus aktiv junge Leute um sich gesammelt haben. Damals war das nach meiner Einschätzung alles sehr von oben gesteuert. Die damaligen Nazis haben es verstanden, eine sehr begrenzte Zahl von jungen Leuten um sich zu scharen. Das waren keine Massenbewegungen. Ich nehme an, der Jugendbund Adler hatte auf dem Höhepunkt seiner Entwicklung vielleicht 70 oder 80 Mitglieder in Bayern und die Wiking-Jugend vielleicht noch weniger. Es waren aber sehr aktive Kader, die durch ihre Vernetzung hätten gefährlich werden können.
Die heutige Situation würde ich ganz anders beurteilen. Heute gibt es bei jungen Leuten in spezifischen sozialen Situationen wie Jugendarbeitslosigkeit und Ausbildungsplatzmisere etwas, was dann von Rechtsradikalen nur ein bißchen aufgegriffen werden muß. Es kommt zu einem Rechtsradikalismus auf Zeit.

*Sie haben über viele Jahre die Gedenkveranstaltungen in Dachau und Flossenbürg miterlebt, bzw. als Referent auch mitgestaltet. Wie bewerten Sie den Stellenwert des Gedenkens damals und den Stellenwert dieser Veranstaltungen heute?*

Ich glaube, damals hat der Kontakt zwischen den Überlebenden von Dachau und Flossenbürg und den jungen Leuten eine große Rolle gespielt. Die Ereignisse waren über betroffene Menschen vermittelt, noch ganz nah. Es war schon auch ein Ergebnis von politischer Bildungsarbeit, gerade bei der DGB-Jugend und den konfessionellen Jugendorganisationen, daß auch eine Fahrt zu den Gedenkstätten nicht einfach organisiert worden ist, sondern daß da wirklich ein Interesse dahinterstand, das durch Bildungsarbeit noch verstärkt wurde. In den 50er und 60er Jahren war das eine tolle Sache, 4.000 bis 7.000 junge Leute bei diesen Gedenkstunden in Dachau und Flossenbürg zu versammeln. Das ist nicht so geblieben, aber es ist die Kontinuität geblieben, was ich übrigens der DGB-Jugend nach dem Ausstieg des Bayerischen Jugendrings aus der gemeinsamen Mitträgerschaft zeitlebens hoch anrechne. Heute kann man natürlich sagen, all das ist soweit weg. Diese unmittelbaren Erfahrungen von jungen Leuten mit ehemaligen KZ-Häftlingen sind dünn geworden; es gibt ja nur noch eine Handvoll, die als Zeitzeugen zur Verfügung stehen und sich wirklich aufopfern, um vor Schulklassen und Jugendgruppen ihre Erfahrungen darzulegen. Aber an die Veranstalter der Gedenkstunden gedacht, glaube ich, daß es außerordentlich wichtig ist, hier die Kontinuität zu bewahren. Ich bin ja oft in Dachau. Wenn ich junge Leute beobachte, die zu Hunderttausenden die Gedenkstätte besuchen, da gibt es natürlich immer welche, die sich so lustig geben wie bei einer Brauereibesichtigung. Das weiß man, aber nach meiner Beobachtung und der Beobachtung derer, die das tagtäglich verfolgen, ist eine große Ernsthaftigkeit im Spiel bei den jungen Leuten. Da wird sehr viel ausgelöst an Diskussionen, und es geht sehr viel nach innen, glaube ich, und deshalb muß man weiterhin ein- oder zweimal im Jahr solche Treffpunkte des Gedenkens aufrechterhalten, damit nichts verlorengeht. Es ist schnell passiert, wenn man ein paar Jahre unterbricht, aber da wieder anzuknüpfen, würde ich für sehr schwierig halten. Die Treue zur Sache ist wichtig. Übrigens darf man nicht vergessen, wir werden ja auch zurecht von vielen Ländern der Welt dahingehend beobachtet, wie wir selber damit umgehen. Ich glaube, fast die Hälfte der Besucher in Dachau sind ausländische Delegationen und Einzelpersonen. Ich meine, daß es auch für sie wichtig ist, zu erfahren, daß sich Deutsche unverändert um fortdauerndes Gedenken und Erinnern bemühen.

AUSLÄNDERHASS
"Davon habe ich nichts gewußt ..."
WEGSCHAUEN GILT NICHT!

Gerhard Engel
# Aufgaben der Jugendarbeit

Jugendarbeit hat wie alles eine Geschichte, eine Herkunft. Jugendarbeit in Bayern konnte 1947 neu, bzw. wieder gegründet werden. Auch das hatte seine Herkunft. Liest man die Präambel der Gründungssatzung des Bayerischen Jugendrings, fallen einige Ansprüche auf, die ein bedeutendes Gewicht haben: »Anerkennung des eigenen Wertes der einzelnen Jugendgemeinschaften ohne Rücksicht auf politische, religiöse, klassenmäßige oder rassische Unterschiede«, »Bereitschaft, alles zu tun, was dem Frieden und der Verständigung aller Völker dient«, »die Jugend im Geist der Freiheit und der Demokratie zu erziehen«, »Den Zwang zum Waffendienst und jeden Krieg lehnen wir ab«, »Friedensbereitschaft der Jugend«, »Verantwortungsfreude am demokratischen Aufbau unseres Staates und seiner sozialen und kulturellen Gestaltung« und »Wir wehren uns insbesondere gegen jede Form einer Diktatur«.

Auf diese Kernaussagen verständigten sich die Gründungsmitglieder, unter ihnen die DGB-Jugend. Daß die Gründung freier, selbstorganisierter Jugendverbände in einem freiwilligen Zusammenschluß Jugendring möglich war, so kurze Zeit nach dem Ende des nationalsozialistischen Terrors, war keine Selbstverständlichkeit. Die amerikanische Besatzungsmacht war sich sehr wohl der Schwierigkeiten, aber eben auch der Notwendigkeit bewußt, einem ganzen Volk, dessen große Mehrheit das Unrechtsregime unterstützt und gestützt hatte, die Ideen von Humanität wieder nahezubringen und die Vorstellungen von Demokratie zu vermitteln. Dabei vor allem bei den Jungen anzusetzen, gehörte zum Programm der Demokratisierung Deutschlands. Zusammen mit denjenigen aus der deutschen Bevölkerung, die 12 Jahre in der offenen, äußeren oder inneren Emigration gelebt hatten und nun bereit und in der Lage waren, die neue Gesellschaft zu gestalten, wurde die neue Jugendarbeit aufgebaut.

So ist mit ihrer Gründungsgeschichte das Engagement für eine freie, demokratische Gesellschaft mit dem Hintergrund der Vergangenheit eng, ja unauflöslich verbunden. Was tatsächlich alles zu dieser Vergangenheit gehörte, wurde von vielen wohl erst im Laufe der Jahre und allmählich begriffen und akzeptiert. Aber gerade in der Jugendarbeit ist die Auseinandersetzung mit der Zeit des nationalsozialistischen Terrors zu einem festen Bestandteil der Arbeit geworden. Einen wichtigen Anteil daran wiederum hat das Erinnern und Gedenken, das wesentlich mit dem Irrsinn und Grauen des Antisemitismus und des Holocaust zu tun hat. Ebenso wie eine Gedenkarbeit, die versucht Ursachen und Strukturen zu begreifen – und daher auch immer aktuelle Entwicklungen, die in ähnlichen Denk- und Bewußtseinsstrukturen gründen, in den Blick nimmt und deshalb Vergangenes und Gegenwärtiges in Verbindung setzt, um dazu beizutragen, das »Nie Wieder« dauerhaft zu ermöglichen.

Aktuell, in einer historischen Phase, in der bedeutende weltpolitische Veränderungen dazu geführt haben, daß vom Ende der Nachkriegsepoche gesprochen wird, drängen sich Fragen auf hinsichtlich des Stellenwerts der Gründungsgeschichte und des künftigen Umgangs mit dem, was für sie so bestimmend war – politisch wie pädagogisch: Ist der pädagogische Auftrag beendet, junge Leute über den Zweiten Weltkrieg, die nationalsozialistische Diktatur, über den Rassismus und Antisemitismus jener Zeit aufzuklären? Darf und kann Jugendarbeit von ihrer Gründungsgeschichte lassen oder warum nicht?

Ich will diese beiden Fragen kurz, aber mit der Kraft der Argumente zweier Philosophen eindeutig beantworten: Der pädagogische Auftrag ist nicht beendet, denn, wie Theodor W. Adorno formuliert, »die Forderung, daß Auschwitz nicht noch einmal sei, ist die allererste an Erziehung«. Und Jugendarbeit darf von ihrer Gründungsgeschichte nicht lassen, denn »die sich des Vergangenen nicht erinnern, sind dazu verurteilt, es noch einmal zu erleben«, wie uns George Santayana sagt. Aber wie ist es möglich, gerade in der Arbeit mit jungen Menschen diese historische Verpflichtung in die aktuelle Tätigkeit, die von so schnellem Wandel geprägt ist und sein muß, zu integrieren?

Wenn Jugendarbeit nur irgend etwas betreiben, anbieten oder sich in Beliebigkeit verlieren oder nur nach Modeströmungen ausrichten würde, wäre sie uninteressant und verlöre ihre Daseinsberechtigung. Sie hat ihre Besonderheiten zu benennen, erkennbar und erfahrbar zu machen. Jugendarbeit ist nur Jugendarbeit, wenn sie einerseits ihr zentrales Selbstverständnis aufrechterhält und andererseits in der Lage ist, dieses stets neu, jeder jungen Generation neu in ihr Lebensgefühl, in ihre Sprache zu übersetzen. Was also macht dieses Selbstverständnis aus, und welche Aspekte sind relevant für Gedenkarbeit? Ich will einige kurz beleuchten: Internationalität, Wertorientierung, demokratische Strukturen, Lebensweltbezug.

## 1. Internationalität

Vielen ist es glücklicherweise heute selbstverständlich, daß unser Leben in internationalen Bezügen stattfinden kann. Wir erleben aber auch, daß dies in seinen vielfältigen Ausdrucksformen immer neu bewußt gemacht und im Zeitalter der Globalisierung nicht auf Wirtschaftsverflechtung, auf Konsumartikel oder Tourismus reduziert werden darf.

Wirkliche und ganzheitliche Begegnung zwischen den Menschen unterschiedlicher Kulturen zu ermöglichen, ist eine zentrale Aufgabe von Jugendarbeit: Junge Menschen interessieren und neugierig machen für die Begegnung mit dem anderen, dem Fremden, damit es vertraut und bereichernd erlebt wird. Und dies soll im Lebensgefühl der jeweiligen jungen Generation geschehen, nicht als Pflichtprogramm oder durch moralische Appelle. Gelebte Internationalität ist damit und insofern ein wesentlicher Bestandteil von Gedenkarbeit, als sie einem Kerngedanken nationalsozialistischer Ideologie widerspricht: der Rassenideologie, der Ausgrenzung und Diffamierung alles Nichtdeutschen; womit damals die Grundlagen gebildet wurden, anderes, Fremdes letztlich zu vernichten.

Für die Praxis von Gedenkarbeit heißt dies konkret, daß die Einbeziehung von ausländischen Gästen, unserer Partner aus anderen Ländern in die Veranstaltungen, in die Auseinandersetzung mit unserer Vergangenheit hilfreich ist. Eine ganz eigene Intensität und Tiefe kann so erreicht werden, Themen und Dimensionen können erschlossen werden, die in dieser Form im nationalen Rahmen kaum erreichbar sind. Internationaler Jugendaustausch, insbesondere mit Israel und mit den von Deutschland im Zweiten Weltkrieg überfallenen Nachbarländern, ist ein entscheidender Baustein von gegenwartsbezogener und zukunftsorientierter Beschäftigung mit unserer Vergangenheit. Dabei kann besonders die Zusammenarbeit mit bzw. der Besuch von Gedenkstätten bei uns wie in diesen Ländern als Lernorte der eigenen Art nochmals weitergehende Bereiche eröffnen.

Da Jugendarbeit heute im Kontext einer interkulturellen Gesellschaft in Deutschland stattfindet, stellt sich ihr im übrigen noch eine andere Aufgabe, die in ihrer Tragweite noch nicht deutlich genug aufgegriffen ist. Es gilt, für interkulturell zusammengesetzte Gruppen ganz eigene Konzepte zu entwickeln; die Erfahrungen aufzugreifen, die junge Nicht-Deutsche in einem Land machen mit einer hysterischen Diskussion um Ausländerpolitik; auch zu sehen, was es für junge Menschen bedeutet, in eine deutsche Staatsbürgerschaft einzutreten und dann mit diesem Teil deutscher Geschichte konfrontiert, u. U. dafür von anderen auch befragt zu werden.

## 2. Wertorientierung

In einer von materiell orientiertem Denken beherrschten Welt ist es nicht modern, von Werten zu sprechen. Wer Geld verdienen will, hat dafür anscheinend keine Zeit. Im linken Lager ist vielen der Begriff suspekt, weil er für konservativ besetzt gehalten wird – obwohl es gerade hier bedeutsame Berührungspunkte gibt. In einer säkularisierten, von der unübersehbaren Vielfalt von Meinungen, Strömungen und Organisationen gekennzeichneten Welt, in einer lauten, glitzernden Medien- und Geldgesellschaft ist es schwierig, Gehör zu finden mit Überzeugungen, die in der Tiefe der Geschichte humanen Denkens gründen.

Doch junge Menschen sind auf der Suche, gerade nach solchermaßen überzeugenden Positionen; sie suchen aber – glücklicherweise – in ihrer großen Mehrheit nicht die Indoktrination durch ideologiebefrachtete Organisationen; wer junge Menschen erreichen will, muß sich um sie, muß sich um ehrlichen Dialog bemühen. Jugendarbeit darf und soll sich also ihrer Werte und Ziele bewußt sein und sie nach außen vertreten und pädagogisch wirksam werden lassen. Nicht ideologisch eifernd, sondern als überzeugendes Bild einer humanen Gesellschaft. Als ein Bild, das durch Solidarität, Nächstenliebe, Achtung des Lebens, Toleranz, Gleichwertigkeit der Menschen so sehr für sich selbst spricht, daß es anziehend wirkt; daß es junge Menschen fasziniert, damit sie nicht den pseudo-gemeinschaftlichen Verlockungen erliegen, die auf manche in schwierigen Entwicklungsphasen Stärke, Gewalt, rechte Sprüche oder Rassismus ausüben können.

In der aufklärenden und entlarvenden Konfrontation aber mit der Haßideologie und der tyrannischen Struktur des Nationalsozialismus kann jungen Menschen deutlich werden, was das Gegenbild einer gerechten und lebensbejahenden Gesellschaft ausmacht; daß diese täglich errungen werden muß, daß es Möglichkeiten gibt, gemeinsam dafür einzutreten. Und daß es notwendig ist, angesichts der immer noch und immer wieder gegenwärtigen Haßideologie des Rechtsextremismus. Es ist eine Chance, dies zum Gegenstand von Gedenkveranstaltungen zu machen.

## 3. Demokratie

Daß Demokratie die beste und humanste Form menschlichen Zusammenlebens ist, erschließt sich offenbar nicht jedem und nicht immer von allein. Dazu ist sie oft zu anstrengend, zu langwierig, auch zu fehlerbehaftet. Manche erliegen deshalb dem Reiz, sich vornehm von ihr zu distanzieren; Jugendarbeit geht den Weg, sich kritisch-aktiv in ihr zu bewegen und vor allem in ihrem

Alltagshandeln Demokratie selbst zu leben und jungen Menschen, schon von Kindheit an, demokratische Mitgestaltung, Partizipation zu ermöglichen: Beteiligung an internen Entscheidungen, an Positionsfindungen und an der Gestaltung von Maßnahmen und Veranstaltungen – auch und gerade von Gedenkveranstaltungen.

Echte Formen der Beteiligung Jugendlicher an der Vorbereitung und Durchführung von Gedenkveranstaltungen zu entwickeln, ist eine wesentliche Voraussetzung dafür, daß dabei etwas in Bewegung gerät. Die Alternative wäre passives Beobachten. Die Bedingung der Beteiligung führt zu einer ständigen Veränderung der Veranstaltungen und Formen des Gedenkens. Sie hält den Blick wach für das, was junge Menschen heute entdecken können an Strukturen der Mißachtung der Würde des Menschen. Echte Beteiligung setzt schließlich darauf, daß es dem anderen zutraut, eigene und zusätzliche Erkenntnisse und bedeutsame Sichtweisen beizutragen. Für Jugendarbeit kommen im übrigen Form und Inhalt in dieser Weise zur Deckung. Was ja eine Sache von Glaubwürdigkeit ist.

## 4. Lebensweltbezug

Und nur so kann der Lebensweltbezug, der für Jugendarbeit ein unabdingbares Element darstellt, möglich werden. Ein schwieriges Terrain, wenn es um ein so ernstes Thema geht. Wie entwickelt man Formen des Gedenkens und des Trauerns, die nicht erstarren, in denen Jugendliche sich wiederfinden können? Ihre Musik, ihre Sprache, ihre Umgangsformen sind andere als die, welche die traditionellen Formen der Älteren ausmachen. In der Jugendarbeit werden der Mut und die Phantasie aufgebracht, Jugendliche selbst ihre Formen finden zu lassen; verständnisvoll begleitet, aber nicht bevormundend; gemeinsam immer neu auf der Suche; dabei das Wesentliche bewahren und neu zum Ausdruck bringen: erinnern und gedenken des Grauens, aufarbeiten seiner Ursachen und Zusammenhänge, aufdecken, wo ähnliche Strukturen heute wirksam werden und ihnen und ihren Erscheinungsformen entgegentreten.

Dies alles in adäquater Form der Rede; mit Platz für das Emotionale; in jugendgemäßer musikalischer Gestaltung; mit neuen Formen der Inszenierung des Eigentlichen; in der Suche nach dem Transzendenten; mit direkter Begegnung von Menschen verschiedener Herkunft; in der Entwicklung der Vielfalt zeitweisen Zusammenlebens und -arbeitens; im Spüren von eigenen Ängsten und Vorurteilen und Entdecken von eigener Erfahrung.

Das Letztgenannte mag Wesentliches sein. Es hilft nicht viel, immer wieder zu erklären, warum man 60 Jahre später sich mit Ereignissen der Geschichte beschäftigen soll und daß sie bedeutsam seien für das Verstehen der Gegenwart und die Gestaltung der Zukunft, so richtig das ist und so singulär das Geschehene ist. Für einen 17jährigen heute liegt der Holocaust zeitlich so weit zurück wie für 50jährige das Jahr 1908. Wie können Jugendliche die Strukturen im menschlichen Sein entdecken, die das Grundmuster hergeben, nach dem Entwicklungen eintreten können, die den »Menschen zum Wolf des Menschen« werden lassen? Wie kann das »Wehret den Anfängen« statt in Appellform als erkennbare Erkenntnis wahrgenommen werden? Ohne vorschnelle, platte und falsche Gleichsetzungen zu konstruieren, welche nur die Opfer des Holocaust beleidigen. Ohne aber andererseits das trügerische Gefühl zu vermitteln, das Damals könne mit uns heute überhaupt nichts mehr zu tun haben.

Wir wissen, es hat. Nicht nur wenn Glatzen grölend ihre Rechte emporrecken, Ausländer überfallen und totgeprügelt werden, Hakenkreuzschmiereien auf zerstörten jüdischen Gräbern uns entgegenglotzen. Es geht auch subtiler, und das Grobe wächst auf dem Nährboden der versteckten Ressentiments des alltäglichen Rassismus und Antisemitismus: Die Verweigerung, 60 Jahre später noch die Erinnerung an das Grauen und die Verbrechen im Bewußtsein der Allgemeinheit wachzuhalten; die scheinbare Logik, daß Inländer und Ausländer so einfach auseinanderzuhalten wären, worauf dann eine Politik der Spaltung aufgebaut wird; die Erklärung der Ursachen von Problemen durch die Stigmatisierung einzelner Gruppen von Menschen zu ersetzen; allesamt Grundmuster, die das Wuchern von Herrschaft über andere, Aussonderung, Rassismus und Gewalt begünstigen.

Aufgabe von Jugendarbeit bleibt es, Gedenkstätten und Gedenktage für junge Menschen erfahrbar und gegenwärtig zu halten. Wer sonst würde diese Aufgabe, die sich dem Volk der Täter dauerhaft stellt, mit Jugendlichen gemeinsam, in einem Prozeß des Lernens und Erfahrens wahrnehmen können? Dies ist nicht an den Staat alleine delegierbar, dessen Organe sowie Vertreterinnen und Vertreter in ihren Formen die Verantwortlichkeit zu tragen haben. Die Gedenkstätten (in Bayern) in Dachau und Flossenbürg, der 9. November wie der 27. Januar und der 1. September bleiben Orte und Tage, da sich Erinnern bündelt. Orte und Tage, die ihre symbolische Kraft für ein kollektives wie individuelles Bewußtsein entfalten. Für ein Bewußtsein, daß nie wieder sein darf, wovon diese Orte und Tage zu uns sprechen.

Die Völlig
Unwählbaren

Robert Günthner/
Wolfgang Veiglhuber

# Perspektiven des Gedenkens

Die Gedenkveranstaltungen der DGB-Jugend Bayern zum Novemberpogrom 1938 sind von ihrer jahrzehntelangen Tradition sowie der Entwicklung von Inhalt und Form als ein wesentliches Element der gewerkschaftlichen Jugendarbeit in Bayern zu begreifen. Dies betrifft nicht nur den Stellenwert, den Vorbereitung, Durchführung und Nachbereitung der Veranstaltungen einnehmen, sondern besonders die Bewußtseinsbildung, die mit diesem Arbeitsschwerpunkt bei den beteiligten Gewerkschaftsjugendlichen bis heute verbunden ist. Darüber hinaus waren die Veranstaltungen immer auch ein Kristallisationspunkt für alle am Thema Interessierten außerhalb der Gewerkschaftsjugend. Dominierte in der Anfangszeit der Aspekt der Trauer und des Gedenkens, so entwickelten sich die Veranstaltungen im Laufe der Jahre und Jahrzehnte zu einem Focus, auf den hin grundsätzliche und aktuelle gesellschaftliche und politische Vorgänge im Lichte antifaschistisch-demokratischer Wertvorstellungen und Überzeugungen diskutiert und beurteilt wurden.

Die Kontinuität über Jahrzehnte ist sicherlich in erster Linie auf die Ungeheuerlichkeit des Nationalsozialismus und die daraus sich ableitende moralische und politische Verpflichtung zurückzuführen. Trotzdem beruht sie auch auf der Verbindung von Gedenken und Handeln, das heißt, die Gewerkschaften und die Gewerkschaftsjugend haben sich in ihrer politischen Praxis immer im Sinne der auf den Gedenkveranstaltungen formulierten Inhalte und Wertvorstellungen praktisch betätigt. Eine derartige Verbindung, ergänzt durch die gewerkschaftliche Bildungsarbeit, ist der Garant für Stabilität und Kontinuität. In dieser Perspektive war Gedenken nie Selbstzweck, sondern immer auch Basis für gesellschaftliches und politisches Handeln. Dabei war es der Gewerkschaftsjugend ein wichtiges Anliegen, bei der Planung der Veranstaltungen und bei der Auswahl der Referentinnen und Referenten den Pluralismus der Zugänge zum Gedenken sicherzustellen.

### Die Gedenkveranstaltungen im Wandel der Zeit

Die Formen des Gedenkens haben sich in den Jahren verändert. Führungen durch die Gedenkstätten in Dachau und Flossenbürg, Gespräche mit ehemaligen Häftlingen, Podiumsdiskussionen zu historischen und aktuellen Themen vor oder nach der eigentlichen Gedenkfeier haben die Gesamtveranstaltungen ebenso angereichert wie Lesungen, szenische Collagen und Kulturbeiträge unterschiedlichster Art. Allerdings ist die Grundstruktur der Gedenkfeiern im engeren Sinne, von einigen Ausnahmen abgesehen, gleichgeblieben. Mittelpunkt war meist die Rede einer bekannten Persönlichkeit. Der über viele Jahre übliche Fackelzug wird seit einigen Jahren nicht mehr durchgeführt und das am Ende der Veranstaltungen gemeinsam gesungene »Lied der Moorsoldaten« wurde durch diverse andere Kulturbeiträge ersetzt. Die geänderten Formen lassen sich nicht allein auf veränderte kulturelle Bedürfnisse zurückführen, sondern auf die Notwendigkeit, den Menschen, die nicht mehr über eigene biographische Zugänge zum Nationalsozialismus verfügen, einen Zugang zu ermöglichen. Dieser Zugang ist im Unterschied zum eigenen, auch emotionalen Erfahrungshintergrund sehr stark rational geprägt. Dies beinhaltete, mehr Raum für Diskussion und Auseinandersetzung zu schaffen, eigene Geschichtsprojekte und deren Resultate zu präsentieren, kontrovers diskutierte Themen – z.B. die Debatte über das Recht auf Asyl – aufzugreifen, um auf diese Weise das »Lernen aus der Geschichte« jeweils aktuell praktisch werden zu lassen. Ein solcher Zugang wirkt selbst wiederum wertbildend – etwa im Hinblick auf die Vorstellungen von sozialer Gleichheit und Freiheit der Menschen – und schafft damit auch emotionale Anknüpfungspunkte. Gedenken wird so zu einem politischen Akt, der auf alle diejenigen gesellschaftlichen und politischen Kräfte verstörend wirkt, die die Vergangenheit ruhen lassen wollen. Denn bewußtes und reflektierendes Gedenken und Erinnern ist nicht rückwärts gewandt, sondern beeinflußt aktuelle und zukünftige Entwicklungen unmittelbar. Wer die Vergangenheit kritisch beleuchtet, kann in der Gegenwart nicht mehr umstandslos zum Untertan gemacht werden. Die sukzessive inhaltliche Anreicherung der Veranstaltungen und die Veränderung ihrer Formen war deshalb notwendig und im Rückblick durchaus erfolgreich.

In den letzten Jahren wurde es allerdings zunehmend schwieriger, junge Menschen zur Teilnahme an den Veranstaltungen zu motivieren. Trotz durchaus respektabler Teilnehmerzahlen muß klar festgestellt werden, daß die jungen Menschen mittlerweile nur noch einen kleinen Teil der Anwesenden ausmachen. Neben einer Reihe älterer Kolleginnen und Kollegen, für die die

Teilnahme ein lebenslanges Anliegen darstellt, dominiert die Altersgruppe zwischen 35 und 50 Jahren. Sicherlich hat die Entwicklung bei den Gewerkschaftmitgliedern unter 25 Jahren einen Anteil an diesen Schwierigkeiten, obwohl die DGB-Jugend in verschiedenen Bereichen durchaus ihre Mobilisierungsfähigkeit nachgewiesen hat. Auch die Themen Rassismus, Angriffe auf die Unterkünfte von Asylbewerbern etc. wurden immer wieder umfassend behandelt. Offenkundig ist die Lage aber so, daß die Verbindung von Trauer und Gedenken mit dem aktuellen gesellschaftlichen, sozialen und politischen Geschehen für viele junge Gewerkschaftsmitglieder nicht mehr so zwingend ist wie für die Generationen davor, ohne daß dies einfach auf mangelndes Geschichtsbewußtsein zurückgeführt werden könnte. Form und Ablauf sind nicht beliebig zu verändern, da Orte und Anlaß einem solchen Vorgehen Grenzen setzen. Es bleibt offen, ob es tatsächlich an kaum zu umgehenden Ritualisierungen liegt, oder ob eine häufig vorfindbare »Hier-und-Jetzt-Haltung« vieler Jugendlicher die Akzeptanz traditioneller Gedenkformen erschwert. Möglicherweise liegt die Ursache auch darin, daß der Zusammenhang von Gedenken und erfolgreicher Auseinandersetzung mit nazistischen Entwicklungen nicht gesehen wird, unter anderem auch deshalb, weil sich viele ideologische Bestandteile rechten Denkens in der Mitte der Gesellschaft fest verankert haben und nur schwer zu verändern sind.

Die Entwicklungen in der Wirtschafts- und Sozialpolitik haben auch im Alltagsbewußtsein der Menschen einschneidende Wirkungen hinterlassen. Es ist daher gewiß nicht übertrieben, resignative Tendenzen auch bei politisch bewußten jungen Gewerkschaftsmitgliedern zu vermuten. Rassistische und nationalistische Vorurteile sind im Alltagsleben vom Arbeitsplatz über die Kneipe bis in die Stadien hinein derart verbreitet, daß selbst sinnvolle Aktivitäten hilflos erscheinen und wenig Wirkung zeigen. Was können da – so mögen sich manche fragen – Gedenkstunden an Resultaten erzielen außer den dadurch immer wieder gefestigten eigenen Anschauungen und Empfindungen der Teilnehmenden? Einer der Leitsätze der Gedenkfeiern der letzten Jahre lautete: »Nicht schweigen – es gibt keine Ausrede!« Dieser richtige Leitsatz dient zunächst ausschließlich der Stärkung der Anwesenden, denn in Wirklichkeit schweigen viele – ob zustimmend oder ablehnend – und haben eine Ausrede und genau diese werden nicht erreicht. Betrachten wir Trauer und Gedenken als punktuelles, moralisch zwingendes und gegenüber den Opfern der Nazis verantwortliches Handeln für sich, so steht es außer jedem Zweifel. Begreifen wir aber Trauer und Gedenken in einem unauflöslichen Zusammenhang mit dem gesellschaftlichen Geschehen, so befindet sich dieses Gedenken in ernsthaften Schwierigkeiten, nicht weil es überflüssig oder nicht mehr begründbar geworden wäre, sondern weil es nicht in ausreichendem Maße mit wirklicher kontinuierlicher Gegenwehr korrespondiert. Deshalb sind, bevor über eine Weiterentwicklung der Gedenkveranstaltungen und mögliche neue Anknüpfungspunkte zu diskutieren ist, einige Zwischenschritte der Argumentation unumgänglich.

### Aus der Mitte der Gesellschaft

Spätestens seit der Regierungsübernahme 1982 durch CDU, CSU und FDP hat sich die politische Kultur in der Bundesrepublik und später im vereinigten Deutschland erheblich verändert, sowohl in den Anschauungen der Menschen als auch in den Denk- und Vermittlungsweisen der gesellschaftlichen und politischen Führung. Als herausragende Beispiele seien genannt:

- Einleitung einer neuen Ausländerpolitik (z.B. Gesetz zur Förderung der Rückkehrbereitschaft von Ausländern 1983)
- Förderung nationaler Symbolik zur (Wieder)herstellung einer nationalen Identität (z.B. die Hervorhebung der Nationalhymne vom Fernsehen bis in die Fußballstadien)
- Besuch des Soldatenfriedhofs Bitburg durch Kanzler Kohl und US-Präsident Reagan (hier befinden sich auch Gräber von Angehörigen der Waffen-SS)
- Historikerstreit Mitte der 80er Jahre (dabei wurde versucht, den Holocaust zu relativieren)
- Sukzessiver Abbau des Sozialstaats und Relativierung seiner Bedeutung für eine demokratische Gesellschaft (etwa durch die Debatte über den angeblichen Mißbrauch von Sozialleistungen oder die Stigmatisierung von sozial Schwachen)
- Nutzung der »Standortdebatte« zur Etablierung völkisch-nationaler Ideologien (Deutschland zuerst in der Festung Europa)
- Debatte über die Stellung des wiedervereinigten Deutschland in der Welt und die daraus entspringende neue Rolle der Bundeswehr
- Allzuoft Verharmlosung der rassistischen Gewalt gegen Ausländer, Asylbewerber und andere »undeutsche Elemente«
- Teilweises Verschwimmen der Grenzen zwischen Konservatismus und Rechtsextremismus auf der Basis völkisch-nationaler Positionen (dies wurde in der Auseinandersetzung um die Wehrmachtsausstellung beispielhaft vorgeführt).

Die seit 1982 betriebene Politik hat nicht nur die politische Kultur in Deutschland verändert, sondern gleichzeitig auch den Spielraum von rechts gegen die Demokratie und soziale Wertvorstellungen erweitert. Die versuchte »Entfesselung der Marktkräfte«, die Identifizierung und Bekämpfung von Sündenböcken, die Schwächung der bürgerlichen Rechte, die beharrliche Förderung nationalistischer Anschauungen (»Deutschland als Schutz- und Schicksalsgemeinschaft«, W. Schäuble), das Abstoßen deklassierter Bevölkerungsteile (wenn etwa gefordert wird, obdachlose Menschen aus den Innenstädten zu verbannen und damit aus dem Blickfeld der Öffentlichkeit zu drängen), die Forderung nach »Elitenbildung« und die versuchte Neubewertung der deutschen Geschichte führten zu einem fundamentalen Wechsel in den Anschauungen, Denkweisen, Wertvorstellungen und Mentalitäten.

Der markanteste Vorgang in dieser Perspektive war die Ausländer- und Asyldiskussion vor und nach der Grundgesetzänderung und dem neuen Asylverfahrensgesetz 1993. Besonders die Vertreter der Union – aber nicht nur diese! – haben hierbei eine verschärfende Rolle gespielt und dazu beigetragen, daß nicht allein das gesellschaftliche Klima auf breiter Ebene verändert wurde, sondern auch dazu, daß alle diejenigen, die mit nazistischen Parolen, Baseballschlägern, Messern und Brandbeschleunigern gegen Ausländer und Asylbewerber vorgingen, glaubten, im Interesse und mit Zustimmung der Bevölkerung und der Politik zu handeln. Da wurde nicht nur das politisch-kulturelle Klima verändert, sondern auch ganz praktisch an der Durchsetzung von Heimat, Volksgemeinschaft und Vaterland gearbeitet – beispielsweise in dem ostdeutschen Ort Dolgenbrodt, wo eine Unterkunft für Zuwanderer mit breiter und auch finanzieller Unterstützung der Bevölkerung abgebrannt wurde.

Entscheidend ist, daß nicht derjenige Teil der Gesellschaft, der sich bewußtseinsmäßig nazistischem Gedankengut zurechnet (hier hat sich seit der SINUS-Studie von 1981 nichts Grundlegendes geändert), und auch nicht die neonazistische Szene im engeren Sinne diese Veränderungen bewirkten, sondern daß diese der Mitte der Gesellschaft entspringen.

Selbstredend durfte sich die neonazistische Szene durch diese Entwicklungen bestätigt fühlen. Sie erlebt derzeit vor allem in den neuen Bundesländern einen Aufschwung, wobei die Lage dort sicher als »historischer Sonderfall« (Burkhard Schröder) bezeichnet werden muß, was hier aber nicht ausgeführt werden kann.

### Die rechte Szene und ihr Wirkungskreis

Die deutsche Rechte ist eine vielgliedrige, differenzierte und in sich mit vielen Querverbindungen strukturierte ideologische, politische und gesellschaftliche Strömung. In Anlehnung an das »Handbuch deutscher Rechtsextremismus« ist folgende grobe Grundstruktur darstellbar:
- Rechtsextreme und neofaschistische Gruppen, Organisationen und Parteien, z.B. NPD, DVU, Bund heimattreuer Jugend, Deutsch Nationale Partei, Die Republikaner, Junge Nationaldemokraten, Sozialrevolutionäre Arbeiterpartei, Deutsche Nationalisten, Hilfsorganisation für nationale politische Gefangene und deren Angehörige
- National- und rechtskonservative Organisationen, z.B. Bund freier Bürger, Deutsche Soziale Union, Deutschland-Stiftung, Düsseldorfer Herrenrunde, Paneuropa-Union
- Burschenschaften und studentische Verbindungen, z.B. Burschenschaft Danubia, Burschenschaft Germania, Coburger Convent, Deutsche Gildenschaft
- Militärische Traditionsvereine, z.B. Bundesverband der Soldaten der ehemaligen Waffen-SS, Ordensgemeinschaft der Ritterkreuzträger des Eisernen Kreuzes, Stahlhelm e.V. – Kampfbund für Europa
- Revanchistische Organisationen, z.B. Bund der Vertriebenen, Junge Landsmannschaft Ostpreußen, Witikobund
- Heidnische Gruppen, Sekten und christlich fundamentale Organisationen, z.B. Armanenorden, Deutsche Unitarier Religionsgemeinschaft, Opus Dei, Ritterorden vom Heiligen Grab zu Jerusalem, Scientology Church, Universelles Leben, Vereinigungskirche – Moon Sekte

Kennzeichnend für die gesamte Szene ist bei allen Unterschieden:
- Vielfache interne Vernetzung auf den verschiedensten Ebenen
- Vielfach nachweisbare Schnittstellen zwischen Konservativen und Neofaschisten, teilweise bis hin zu Liberalen, Sozialdemokraten und Grünen (hier v. a. im Sektenbereich und im Umwelt- und Tierschutzbereich)
- Das Bestehen eines Netzes von wissenschaftlichen Einrichtungen, Vereinen und intellektuellen Einzelpersonen mit wiederum umfassenden internen Vernetzungen, z. B. Carl-Friedrich-von-Siemens-Stiftung, Studienzentrum Weikersheim, Verein zur Förderung der psychologischen Menschenkenntnis, Zeitgeschichtliche Forschungsstelle Ingolstadt, Institut für Gesellschaftswissenschaften Walberberg
- Umfassendes Medien-und Autorennetz.

Es soll hier nicht die These aufgestellt werden, zwischen Konservativen und Neofaschisten gebe es eine weitgehende inhaltliche Übereinstimmung und politisch-organisatorische Verschränkungen! Allerdings muß darauf hingewiesen werden, daß es mittlerweile eine derartige Vielzahl von nachweisbaren Zusammenhängen gibt, die die These erlauben, daß es eine stabile Grauzone – bestehend aus Personen aus dem konservativen Spektrum und der äußersten Rechten – gibt und daß in dieser Grauzone gemeinsam publiziert, agitiert, genauer: daß an einer fundamentalen Veränderung der Wertvorstellungen einer bürgerlich-aufgeklärten Demokratie gearbeitet wird.


### Die »Neue Rechte«

Besondere Erwähnung verdient eine rechte Strömung, für die sich der Begriff »Neue Rechte« etabliert hat. Unter Bezugnahme auf Theoretiker der »Konservativen Revolution« in der Weimarer Republik (z. B. Carl Schmitt, Ernst Jünger, Hans Freyer) und die »Neue Rechte« (Nouvelle Droite) in Frankreich wird seit Ende der 60er Jahre versucht, ein Gegengewicht zur angeblichen linken Vorherrschaft in der Gesellschaft zu bilden, wie es ein Theoretiker der »Nouvelle Droite« formuliert: »Es geht darum, ... die Wichtigkeit der Theorie der ›Kulturellen Macht‹ anzuerkennen. Dabei geht es gar nicht darum, einer politischen Partei den Zugang zur Macht vorzubereiten, sondern die Mentalitäten zu verändern, um ein neues Wertesystem durchzusetzen.« (M. Wayoff)

Ihnen ist klar, daß in einer entwickelten und komplizierten Gesellschaft die Übernahme der Macht nicht mittels Straßenkampf erfolgen, sondern nur

einem langfristigen »kulturellen« Veränderungsprozeß entspringen kann. In diesem Prozeß müssen die Wertvorstellungen und Denkweisen der Menschen nach und nach verändert werden. Im Unterschied zu vielen Neofaschisten knüpft die »Neue Rechte« nicht mehr direkt ans »Dritte Reich« an, sondern an die nationalen Bedingungen nach 1945, sie steht für einen vom Nazi-Hintergrund befreiten völkischen Nationalismus. Die »Neue Rechte« ist sehr stark geprägt von Intellektuellen und deren Versuch, vom alkoholisierten »Ausländer raus«-Image wegzukommen und in etablierte Kreise der Bevölkerung einzudringen. Trotzdem sind ihre ideologischen Grundlagen einschlägig:
- Natürliche und unveränderliche Ungleichheit der Menschen und Völker
- Autoritärer Staat
- Die Volksgemeinschaft rangiert vor dem einzelnen Menschen
- Ethnopluralismus als rechtsmodischer Begriff für Rassismus
- Ablehnung allgemeingültiger Menschen- und Bürgerrechte
- Relativierung der Nazi-Verbrechen
- Einbeziehung ökologischer Fragen auf der Grundlage einer biologistischen Vorstellung der Welt und der Menschen
- Annahme einer Bedrohung der abendländischen Kultur
- Ablehnung der pluralistischen Gestaltung der Gesellschaft.

Obwohl die »Neue Rechte« durchaus eine eigene Stellung im rechten Spektrum einnimmt, besteht ihre zentrale Bedeutung darin, eine Scharnierfunktion zwischen konservativen und rechtsextremen Theoriebestandteilen und deren Trägern zu erfüllen, wobei die Rechtsentwicklungen im konservativen Bereich diese Funktion zusätzlich begünstigen. So gibt es auf der Ebene von Stiftungen, Studienzentren, Zeitschriften und Büchern etc. ein enges Geflecht von vielfältigsten Beziehungen, die bis in die CDU/CSU und die FDP reichen.

In der Wochenzeitung »Junge Freiheit« (neben Criticon eines der wichtigsten Publikationsorgane der »Neuen Rechten«) schrieben u.a. Heinrich Lummer (CDU), Steffen Heitmann (CDU), Peter Gauweiler (CSU) und Horst Mahler (Ex-Apo-Anwalt). Die Zusammenarbeit zwischen der »Neuen Rechten« und Teilen des konservativen Spektrums erfolgt mittlerweile so ungeniert und umfassend, daß dies bereits in diversen Verfassungsschutzberichten zur Kenntnis genommen wird, obwohl Weißmann, einer der führenden Vertreter der »Neuen Rechten«, fordert: »Die Fähigkeit, in die Offensive zu gehen, muß entwickelt werden und dazu die Fähigkeit, die Situation zu beurteilen, ob hier der offene Angriff oder politische Mimikry (Schutzfärbung, Anpassung) gefordert ist.« So wird die »Neue Rechte« im Verfassungsschutzbericht Hamburg 1993, im Verfassungsschutzbericht Nordrhein-Westfalen 1994 (»gefährlicher als die rechtsextremistischen Gruppen alter Prägung«) und im Verfassungsschutzbericht Rheinland-Pfalz 1994 erwähnt. Interessanterweise findet sich im Vorabdruck des Verfassungsschutzberichtes des Bundes 1994 ebenfalls ein Hinweis auf die »Neue Rechte«, und zwar wird die »Erosion der Abgrenzung zwischen Rechtsextremismus und Konservatismus« festgestellt und als »bedenklich« bewertet. In der Tat, wer sich mit den rechten Entwicklungen in Deutschland auseinandersetzt, muß die »Neue Rechte« mit ihren Verbindungen ins rechtsextreme und ins konservative Lager zum Zentrum der Auseinandersetzung machen. Hier wird der politisch-kulturelle Stoff hergestellt, aus dem die Machtveränderungen gegen die Demokratie erwachsen sollen.

## Biozentrismus, Esoterik, Neuheidentum und die Durchdringung der Gesellschaft

Ebensoviel Aufmerksamkeit neben dem Neofaschismus und seinen vielfältigen organisatorischen Ausdrucksformen und neben der intellektuellen und publizistischen Zuarbeitsstruktur verdienen Szenen, die bislang kaum zur Kenntnis genommen wurden, die aber im Sinne der Gewinnung »Kultureller Macht« zunehmend an Bedeutung gewonnen haben, aufgrund ihrer eigenen ideologischen Hervorbringungen und aufgrund ihrer Funktion als Infiltrationsterrain für den Neofaschismus: Biozentrismus, Öko-Faschismus, Neuheidentum und Sekten. In dieselbe Kategorie fallen Teile der Esoterik- und Tierschutzszene. Wenngleich sich aus naheliegenden Gründen die Mitglied- und Anhängerschaft nicht quantifizieren läßt, so muß bei der Bandbreite von einer Massenbasis ausgegangen werden. Diesen Organisationen, Gruppen und Verbindungen sind zentrale Wertvorstellungen in unterschiedlicher Ausprägung gemeinsam:
- Aufteilung der Menschen in Eliten und Fußvolk
- Kampf gegen die Werte der Aufklärung und Vernunft
- Haß gegen die Vorstellung der Freiheit und Gleichheit aller Menschen
- Ablehnung der Demokratie
- Die Gleichsetzung von Mensch und Tier (»Menschenrechte für Tiere«, »Gegen Hühner-KZ«)
- Kultische Verehrung einer glorifizierten Germanen- und Götterwelt
- Rassismus und Antisemitismus
- Ablehnung von Christentum, Judentum und Islam als »artfremde« orientalische Religionen.

Diese Wertvorstellungen sind in reiner Form nicht bei allen dieser heterogenen Szene angehörenden Gruppen und Einzelpersonen vorhanden und nicht jeder, der einen Selbsterfahrungskurs besucht, in einem Naturkostladen einkauft oder sich dem Tierschutz widmet, ist rechts orientiert. Allerdings sind die jeweils transportierten Inhalte genau zu analysieren und der breit vorhandenen Ignoranz und Verniedlichung in Öffentlichkeit und Publizistik ist durch Aufklärung entgegenzutreten.

»In der Grauzone zwischen New Age, Naturmagie, Lebensreform, Hexenkult, alternativer Medizin, Okkultismus und Runenkunde siedeln sich auch neuheidnische und völkische Gruppen an. Ein Netzwerk aus Vereinen, Zeitschriften, Leserkreisen, Kultstätten und heidnischen Versandfirmen ist bereits entstanden. Auch rechtsextremistische Vertriebssysteme mischen mit und profitieren davon.« (Franziska Hundseder)

Es ist richtig, was Jutta Ditfurth schreibt: »Faschismus kommt theoretisch ohne Esoterik aus, aber esoterische Ideologie enthält eine Vielzahl von Elementen, die mit faschistischer Ideologie kompatibel sind. Esoterik hilft dabei, den Menschen jeden emanzipatorischen Gedanken auszutreiben ... Wer sich entpolitisiert und nur noch mit sich selbst beschäftigt, Ausbeutung und Elend mit ›Karma‹ rechtfertigt, Eliten anbetet, Sozialdarwinismus, höhere Wesen, naturgesetzliche Ordnungen und den Kosmos vergöttert, bekämpft alles, was den Menschen von Ausbeutung und Fremdbestimmung befreien könnte.«

Solange jedoch potentielle Gegenkräfte diese Entwicklungen nicht zur Kenntnis nehmen (wollen) – obwohl damit auch an ihrem Stuhl gesägt wird – und aufklärerisch handeln, ist zu befürchten, daß rechtes Denken, in welcher Maskerade auch immer, und der Maskeraden sind viele, nach und nach weiter in die Poren der Gesellschaft eindringt und zu einer echten Gefahr für die Demokratie werden kann.

**Wie weiter? – Acht Anforderungen an die Gewerkschaftsjugend**

Verstehen wir Gedenken im oben skizzierten Sinne, d. h. als in die je aktuellen Auseinandersetzungen integrierten politischen und ethischen Vorgang, so ergeben sich die folgenden weiteren Perspektiven:

**1.**
Die Gewerkschaftsjugend muß wieder stärker in eine Diskussion über die Grundlagen ihrer antifaschistischen Arbeit eintreten. Die Gedenkfeiern zum Novemberpogrom dürfen nicht zu einer Gewohnheitsübung werden, sondern müssen verbunden werden mit einer kontinuierlich laufenden Diskussion. Nur auf diese Weise ist Gedenken Jugendlichen nach und nach als wichtiges Element der Verbindung zwischen Vergangenheit, Gegenwart und Zukunft zu vermitteln. Es reicht nicht aus, sich hin und wieder seiner Grundorientierung zu vergewissern, aber die realen Entwicklungen nur unzureichend zu reflektieren. Genau genommen heißt dies, die moralische Dimension des Gedenkens noch mehr um die rationale zu ergänzen.

**2.**
Damit zusammen hängt auch die Frage, wie eigentlich eine antifaschistische Strategie im weitesten Sinne (also nicht nur punktuelle Aktivitäten) konzipiert werden müßte. Es ist unstrittig, daß der Widerstand 1933 bis 1945 ebenso wie die antifaschistischen Aktivitäten nach 1945 ganz entscheidend von der Arbeiterbewegung und ihren Organisationen getragen wurde, nicht zuletzt von den jeweiligen Jugendorganisationen. Der so über die Jahrzehnte konstituierte Antifaschismus zeigt sich jedoch zunehmend hilflos gegenüber vielen Erscheinungsformen rechten Ursprungs. So ist die Frage anzugehen, wie die Gedenkarbeit, ihre Voraussetzungen und ihre angestrebten Folgen mit der alltäglichen Arbeit der Gewerkschaften und der Gewerkschaftsjugend verbunden werden kann. Denn wenn es richtig ist, daß die »kulturelle« Vorherrschaft rechter An-

schauungsweisen im Alltag und im öffentlichen Raum deutlich zugenommen hat, stellt sich natürlich das Problem, wie auf betrieblicher Ebene, in der Arbeit von Betriebs- und Personalräten und von gewerkschaftlichen Vertrauensleuten darauf reagiert werden kann. So sind viele ausländische Arbeitnehmerinnen und Arbeitnehmer in den Mitgliedsgewerkschaften des DGB organisiert. Der Umgang mit diesen Kolleginnen und Kollegen ist gerade in einer Zeit der Massenarbeitslosigkeit der Maßstab für eine Fundierung antirassistischer und solidarischer Grundhaltungen. Diese müssen sich im gewerkschaftlichen und gesellschaftlichen Alltag bewähren, sollen Kundgebungen, Demonstrationen und Gedenkfeiern nicht im Ritual erstarren.

3.
Das im Januar 1998 gegründete Jugendbündnis (Motto: »Wer, wenn nicht WIR. Jugendbündnis für eine zukunftsfähige Politik«), dem neben anderen parteipolitisch unabhängigen Jugendverbänden auch die Gewerkschaftsjugend im DGB angehört, führte im Sommer 1998 eine bundesweite Jugendumfrage durch, deren Ziel es war, die Stimmung bei jungen Menschen zu erkunden. Nach der im Juli vorgelegenen Teilauswertung war »eine zum Teil massive ausländerfeindliche und auch rechtsextreme Stimmung unter den Jugendlichen ... zu verzeichnen«. Dies betrifft vor allem die mit Ausländern zusammenhängenden Fragen (z.B. bessere Beteiligungsmöglichkeiten, doppelte Staatsbürgerschaft), aber auch die Option auf die Wahl von DVU oder NPD. Für die Gewerkschaftsjugend ergibt sich daraus die Notwendigkeit einer Binnenstrategie gegen die unzweifelhaft auch in den Gewerkschaften vorhandenen rechten Bewußtseinsformen. Hierzu gehört sicherlich auch die Frage, wie (junge) ausländische Mitglieder besonders unter den gegebenen ausländerpolitischen und ausländerrechtlichen Bedingungen für die Mitarbeit in der Ge-

werkschaftsjugend interessiert werden können. Denn gerade sie sind es, die die »Kulturelle Macht« der Rechten tagtäglich hautnah zu spüren bekommen und gerade zusammen mit ihnen müßte die Diskussion von Rassismus und Diskriminierung aufgenommen werden. Verdrängung und Verharmlosung helfen nicht weiter. Auf allen Ebenen sind Konzepte für diese Binnenstrategie gefragt, von der betrieblichen Arbeit über die Arbeit mit Schülerinnen und Schülern bis zur Bildungsarbeit.

**4.**
Ein wichtiges Problem besteht auch darin, daß, gesamtgesellschaftlich betrachtet, die Gewerkschaften im Ringen um die »Kulturelle Macht« in Rückstand geraten sind. 16 Jahre konservativ-liberale Politik, Massenarbeitslosigkeit, soziale Zerrüttungsprozesse, ideologisches Übergewicht »moderner« Ideologien und Ideologen in den öffentlichen Debatten haben ein erhebliches Gewicht. Wir hatten bereits festgestellt, daß konservative und neoliberale Ideologie und Politik seit 1982 den Spielraum von rechts gegen die Demokratie und eine demokratische Kultur erweitert haben, insofern Theoriebestandteile der Mitte durchaus kompatibel mit solchen der extremen Rechten wurden (z.B. in der Asylfrage). Diesen Prozessen muß bewußt wieder mehr entgegengetreten werden, denn der angesprochene Rückstand im theoretischen, ideologischen und intellektuellen Bereich schwächt auch die Fähigkeit zur Auseinandersetzung mit den inhaltlichen und ideologischen Voraussetzungen der Rechtsentwicklung.

**5.**
Seit vielen Jahren hat sich neben dem traditionellen Antifaschismus eine Bewegung herausgebildet, die mit dem Kürzel »Antifa« sicherlich unzureichend charakterisiert wird. Diese Bewegung entstammt im Kern jugendkulturellen Strömungen jenseits der traditionellen Organisationen der Arbeiterbewegung und definiert sich als entschlossenster und auch militantester Teil aller Kräfte gegen rechts – in Abgrenzung zum traditionellen Antifaschismus. Bestimmte Aktivitäten dieser Szene sind scharf abzulehnen und massiv zu kritisieren. Trotzdem ist diese Bewegung sehr aktiv und legitimiert sich teilweise durch Erfolge (z.B. erklärt der Bremer Verfassungsschutz die geringe Ausbreitung rechter Gewalt in Bremen u.a. mit der Existenz einer großen und aktiven Antifa). Es wäre durchaus eine Aufgabe der Gewerkschaftsjugend, zu versuchen, die gegebene Sprachlosigkeit zu überwinden und mit den gesprächsbereiten Teilen in einen Dialog über antifaschistische Perspektiven speziell im Jugendbereich einzutreten.

**6.**
Gedenken findet in Bezug auf die deutsche Geschichte statt. Dies ist naheliegend, da die nationale Geschichte die Schwerpunkte setzt. Dennoch gibt es wichtige Gründe, zukünftiges Gedenken mehr und mehr zu internationalisieren. Zum einen wurde der nationalsozialistische Vernichtungskrieg über ganz Europa ausgedehnt. Diese Tatsache muß dazu führen, gerade in einem zusammenwachsenden Europa, die Erinnerung besetzter und geschundener Länder in das eigene Erinnern mit einzubeziehen. Die DGB-Jugend hat deshalb konsequenterweise bei der Gedenkveranstaltung in Flossenbürg tschechische Zeitzeugen einbezogen und tschechische Jugendliche angesprochen. Das ehemalige Konzentrationslager Flossenbürg mit seiner weiten Ausdehnung fordert geradezu dazu auf, binationale Gedenktage durchzuführen, den Umgang mit Geschichte in beiden Ländern zu thematisieren und Zeitzeugen der jeweiligen Länder einzubeziehen. Zum zweiten spricht für einen solchen Ansatz internationalen Gedenkens der mögliche Erfahrungsaustausch mit anderen Ländern. Welche Art der Auseinandersetzung mit der jüngeren Geschichte gibt es andernorts? Wie werden dort Gedenkveranstaltungen durchgeführt? Welche Erfahrungen werden bei der Einbeziehung Jugendlicher gemacht? Nicht zuletzt bedingt die internationale Vernetzung im rechtsextremistischen Bereich eine solche Kooperation. Wichtig dabei ist es, den je aktuellen Umgang mit rechtsextremistischen Tendenzen zu diskutieren und daraus zu lernen. So ist beispielsweise eine der wichtigsten politischen Fragen gegenwärtig für uns, wie es Haider in Österreich gelungen ist, eine Schattenpartei mit Versatzstücken rechtsextremistischer Ideologie zu einer Art Massenbewegung zu machen. Aus solchen Diskussionen müssen gegebenenfalls Schlußfolgerungen für die Entwicklung in Deutschland gezogen werden. Und zum dritten bedingt gerade die historische Verpflichtung gegenüber Israel einen systematischen und kontinuierlichen Austausch im Jugendbereich mit Israel. Die Gedenkveranstaltungen der DGB-Jugend finden schließlich zur Erinnerung an den Novemberpogrom statt, dem sichtbaren Fanal für die anschließend beginnende Vernichtung der europäischen Juden. Die den Tätern nachfolgenden Generationen haben hier deshalb eine besondere Verpflichtung.

**7.**
Die Gewerkschaftsjugend muß versuchen, bisherige Ansätze zur Gedenkarbeit zu vernetzen. Sinnvoll ist insbesondere eine Verknüpfung mit Gedenkprojekten, die an Schulen durchgeführt werden. Die Gewerkschaftsjugend stellt seit Jahren die logistischen Rahmenbedingungen bei den Gedenkveranstaltungen

in Dachau und Flossenbürg zur Verfügung. Diese könnten problemlos von Schulklassen genutzt werden, Führungen durch Zeitzeugen sind bei den Veranstaltungen ebenso selbstverständlich wie Kranzniederlegungen. Umgekehrt muß den Schülerinnen und Schülern eine Möglichkeit eingeräumt werden, ihre im Rahmen des Unterrichts erarbeiteten Erkenntnisse und Darstellungsformen bei einer Gedenkveranstaltung der Gewerkschaftsjugend zum Novemberpogrom einzubringen. Für die DGB-Jugend bedeutet dies, das bisherige Maß an Pluralität bei der Auswahl der Rednerinnen und Redner auch hinsichtlich der jeweils spezifischen Sichtweisen von Jugendlichen zu erweitern. Für die Schülerinnen und Schüler würde eine solche Form bedeuten, Projekterfahrungen nicht nur theoretisch in der Schule zu machen, sondern sie ganz praktisch auch bei einer Gedenkveranstaltung anwenden zu können. Hier besteht eine Art Verbindungsfunktion der DGB-Jugend, die für beide Seiten produktiv genutzt werden kann. Selbstverständlich muß dabei sein, die Berufsschulen nicht zu vergessen.

8.
In der Gewerkschaftsjugend selbst muß über Projektarbeit vor Ort nachgedacht werden. Auch über einen solchen Ansatz ist die Verknüpfung antifaschistischer Arbeit mit der Alltagsarbeit möglich. Dies muß nicht notwendig Geschichtsarbeit im engeren Sinne bedeuten, sondern kann von der Untersuchung der Gemeindebibliothek auf kriegsverherrlichende Literatur bis hin zur Analyse der Lebenssituation von benachteiligten Minderheiten gehen. Genauso denkbar ist es, sich an internationalen Jugendbegegnungen in Dachau mit eigenen Beiträgen zu beteiligen oder an den Entwicklungen im ehemaligen Konzentrationslager Flossenbürg mitzuwirken. Entscheidend ist, den Gedenkansatz mit der bestehenden Realität zu verbinden. »Nie wieder« hat immer praktische Konsequenzen im persönlichen und politischen Alltag.

Das Gedenken der DGB-Jugend zum Novemberpogrom 1938 muß und wird fortgesetzt werden. Völlig klar ist allerdings, daß die Stabilität und das Niveau dieser Fortsetzung davon abhängt, ob es der DGB-Jugend gelingt, das Gedenken in ihre Arbeit organisch zu integrieren und in einen engen, nachvollziehbaren Zusammenhang zur Auseinandersetzung mit der rechten Entwicklung zu stellen. Ebenso klar ist aber auch, daß die Positionierung der Gewerkschaften in den politischen, gesellschaftlichen und sozialen Auseinandersetzungen – und damit in den ideologischen! – die Folie für das Handeln der Gewerkschaftsjugend abgibt.

Pogromnacht, Kaufhaus Uhlfelder in München

# Unvollständige Chronik des Terrors und Massenmordes

1933  30. Januar: Machtübergabe an die NSDAP. Adolf Hitler wird von Reichspräsident Hindenburg zum Reichskanzler ernannt.

Februar/März: Nazi-Gewaltakte gegen Juden und jüdische Geschäfte.

20. März: Himmler gibt die Errichtung des ersten »offiziellen« Konzentrationslagers in Dachau bekannt.

23. März: »Ermächtigungsgesetz«. Die Nazi-Regierung gibt sich das Recht, Gesetze – auch verfassungsändernde – ohne den Reichstag zu erlassen. Die bürgerlichen Parteien stimmen zu, nur die verbliebenen SPD-Abgeordneten dagegen. Den KPD-Abgeordneten ist die Teilnahme an der Reichstagssitzung bereits verwehrt.

1. bis 3. April: Reichsweite Boykott-Aktionen gegen jüdische Geschäfte

7. April: Durch das »Gesetz zur Wiederherstellung des Berufsbeamtentums« werden jüdische und politisch gegen die Nazis eingestellte Beamte aus dem Staatsdienst entlassen.

25. April: Der Anteil jüdischer Schülerinnen und Schüler sowie Studentinnen und Studenten wird durch das »Gesetz gegen die Überfüllung von deutschen Schulen und Hochschulen« auf 1,5 Prozent begrenzt.

2. Mai: Die Gewerkschaften werden zerschlagen, aktive Gewerkschafterinnen und Gewerkschaftern verschleppt, eingesperrt, gefoltert und ermordet. Die Deutsche Arbeitsfront wird eingeführt.

4. Mai: Erlaß von Gesetzen und Durchführungsverordnungen zur Entlassung von jüdischen Arbeitern und Arbeiterinnen sowie Angestellten aus dem Öffentlichen Dienst.

10. Mai: Bücherverbrennungen gegen den »undeutschen Geist«. Insbesondere sind auch die Bücher jüdischer Autoren betroffen.

14. Juli: Einbürgerungen von »ostjüdischen« Einwanderern werden widerrufen. Die deutsche Staatsangehörigkeit wird ihnen aberkannt.

29. September: Das »Reichserbhofgesetz« bestimmt, daß Erbhofbauern eine »arische« Abstammung seit dem Jahr 1800 nachweisen müssen.

4. Oktober: Durch das »Schriftleitergesetz« werden Juden aus dem Pressewesen gedrängt.

**1934** 5. Februar: Jüdische Studentinnen und Studenten werden durch die Prüfungsordnung vom Examen für Ärzte und Zahnärzte ausgeschlossen.

22. Juli: Ausschluß jüdischer Studierender von den Juristen-Examina.

8. Dezember: Ausschluß jüdischer Studierender von den Pharmazie-Examina.

**1935** 21. Mai: Das Wehrgesetz schließt Juden vom Militärdienst aus.

16. Juli: Anweisung von Innenminister Frick an die Standesbeamten, nicht mehr bei »Rassenmischehen« mitzuwirken.

15. September: »Nürnberger Gesetze«: Den Juden werden die staatsbürgerlichen Rechte genommen, Eheschließungen und außereheliche sexuelle Beziehungen zwischen Juden und »Deutschblütigen« zu Verbrechen erklärt, die mit Haftstrafe zu ahnden sind.

14. November: Die letzten noch verblieben Juden werden ausnahmslos aus dem Staatsdienst und öffentlichen Ämtern entfernt.

**1936** 11. Januar: Ausschluß von Juden von der Zulassung zum Steuerberater.

24. März: Jüdische Familien werden von den staatlichen Zuschüssen für kinderreiche Familien ausgeschlossen.

26. März: Juden wird es verboten, eine Apotheke zu pachten oder zu leiten.

15. April: Mitglieder der Reichspressekammer müssen ihre »arische Abstammung« nachweisen.

26. Mai: Mitglieder der Reichskammer der bildenden Künste müssen ihre »arische Abstammung« nachweisen.

Sommer: Zur Täuschung internationaler Gäste der Olympischen Spiele werden antisemitische Schilder kurzzeitig entfernt.

15. Oktober: Jüdischen Lehrern wird es verboten, Privatunterricht an »Deutschblütige« zu erteilen.

**1937** 15. April: Juden werden von der Möglichkeit ausgeschlossen, einen Doktortitel zu erlangen.

12. Juni: Heydrich, Chef der Sicherheitspolzei, verfügt per Geheimerlaß, den oder die jüdische/n Partner/in einer »rassenschänderischen« Beziehung nach der Verbüßung der Gefängnisstrafe in ein KZ einzuweisen.

8. September: Juden werden ausnahmslos von der kassenärztlichen Zulassung ausgeschlossen.

**1938** März: Ständige judenfeindliche Gewaltakte und »Arisierungen« (d.h. Enteignung bisheriger jüdischer Besitzer und Übergabe der Betriebe an »Arier«) in Österreich nach dem »Anschluß« an das Deutsche Reich.

28. März: Jüdischen Kultusvereinigungen wird der Status von Körperschaften des öffentlichen Rechts entzogen.

Frühjahr: Unter der Parole »Juden raus aus der Wirtschaft« werden reichsweit Terrorakte organisiert.

26. April: »Jüdische« Vermögen über 5.000 Reichsmark müssen angemeldet werden. Der »Beauftragte für den Vierjahresplan« wird berechtigt, sie im »Einklang mit den Belangen der deutschen Wirtschaft« einzusetzen (d.h. faktisch zu enteignen).
Rechtsgeschäfte zwischen Juden und »Ariern« müssen genehmigt werden.

Anfang Mai: Eröffnung des KZ Flossenbürg.

9. Juni: Die Münchner Synagoge wird zerstört.
Juden wird es verboten, als Gasthörer an Vorlesungen in Universitäten teilzunehmen.

15. Juni: Im Rahmen der sogenannten »Juni-Aktion gegen Asoziale« werden auch ca. 1.500 Juden festgenommen und in Konzentrationslager verschleppt.

20. Juni: Juden werden von den Aktienbörsen ausgeschlossen.

22. Juni: Juden müssen in Krankenhäusern gesondert untergebracht werden. In Wien wir ihnen das Betreten von Parks verboten.

6. Juli: Durch eine gesetzliche Änderung der Gewerbeordnung wird Juden eine Tätigkeit im Auskunfts- und Bewachungsgewerbe, in Hausverwaltungen, Fremdenführerunternehmungen, im Wandergewerbe, in der Heiratsvermittlung und im Immobiliengewerbe verboten.

11. Juli: Juden wird der Aufenthalt in Kurorten verboten.

16. Juli: Die Einquartierung von Wehrmachtsangehörigen bei Juden wird untersagt.

23. Juli: Eine besondere Kennkarte für Juden wird eingeführt.

25. Juli: Jüdische Ärzte dürfen sich nur noch »Krankenbehandler« nennen und nur noch jüdische Patienten behandeln.

27. Juli: Es wird verfügt, daß alle Straßen, die nach Juden oder »Mischlingen« ersten Grades benannt sind, umbenannt werden müssen.

31. Juli: »Ariern« wird es verboten, Juden testamentarisch als ihre Erben einzusetzen.

10. August: Die Nürnberger Synagoge wird zerstört.

17. August: Jüdinnen müssen den zusätzlichen Vornamen Sara, Juden den zusätzlichen Vornamen Israel annehmen.

24. August: Nach einer Weisung der Geheimen Staatspolizei ist jeder Kontakt zwischen »deutschen und jüdischen« Sportlern und Zuschauern bei Sportveranstaltungen zu verhindern.

27. September: Jüdische Rechtsanwälte dürfen nur noch für jüdische Klienten tätig werden und sich nur noch als »Konsulenten« bezeichnen.

28. September: Jüdische Krankenpfleger dürfen nur noch Juden pflegen, bzw. nur noch in jüdischen Krankenhäusern arbeiten.

5. Oktober: Einführung der Bestimmung, daß alle Reisepässe von Juden mit einem großen roten »J« versehen werden müssen. Ohne dieses »J« verlieren sie ihre Gültigkeit.

6. Oktober: Juden darf kein privater Musikunterricht mehr erteilt werden.

7. Oktober: Anordnung Görings, daß Juden keine Luftschutzwarte sein dürfen.

19. Oktober: Juden, die aus öffentlichen Mitteln unterstützt werden, müssen auf Anordnung des Präsidenten der Reichanstalt für Arbeitsvermittlung zu geschlossenen Arbeitseinsätzen herangezogen werden. Während dieser Zwangsarbeit sollen sie nicht mit »Ariern« in Berührung kommen.

26.–28. Oktober: Ca. 17.000 Juden polnischer Staatsangehörigkeit werden ausgewiesen und an die deutsch-polnische Grenze transportiert.

31. Oktober: Juden wird die Tätigkeit als Patentanwalt verboten.

5. November: Jüdischen Wirtschaftsprüfern wird ihre Tätigkeit verboten.

7. November: In Paris verübt Herschel Grünspan ein Attentat auf den Legationssekretär Ernst vom Rath.

8.–13. November: Die Nazis, insbesondere Joseph Goebbels, nutzen das Attentat, um mehrere Tage andauernde »spontane« antijüdische Gewaltaktionen zu organisieren. Fast 100 Juden werden ermordet, mehr als 20.000 in Konzentrationslager verschleppt, nahezu alle Synagogen und über 7.000 jüdische Geschäfte zerstört oder schwer beschädigt.
Reichsweite Massenpogrome in der Nacht vom 9. auf den 10. November (sogenannte »Reichskristallnacht«). Am 12. November wird den Juden in Deutschland eine »Sühneleistung« von 1 Milliarde Reichsmark auferlegt. Die systematische »Ausschaltung aus der Wirtschaft« und die konsequente »Arisierung« jüdischer Betriebe wird verfügt.

**1939** 24. Januar: Auf Anweisung von Göring wird mit dem Aufbau einer »Reichszentrale für jüdische Auswanderung« begonnen. Heydrich, Chef der Sicherheitspolizei, wird zu ihrem Leiter ernannt.

30. Januar: In einer Rede behauptet Hitler, daß das »Weltjudentum« zum Krieg hetze, und sagt für den Kriegsfall die »Vernichtung der jüdischen Rasse in Europa« voraus.

1. September: Überfall der Nazi-Wehrmacht auf Polen und damit Beginn des Zweiten Weltkriegs.

20. September: Juden müssen ihre Radios abliefern.

21. September: Heydrich erläßt die Richtlinien für die »Einsatzgruppen« im besetzten Polen. Darin wird u.a. die Konzentrierung der Juden in Ghettos verfügt. In der Folge werden zahlreiche Juden ermordet.

24. Oktober: Deutsche Besatzungsbehörden in Polen verfügen erstmals im 20. Jahrhundert die Einführung eines »Judenabzeichens« an der Kleidung.

23. November: Das Tragen des »Gelben Sterns« wird allen Juden im »Generalgouvernement« (dem besetzten Polen) zur Pflicht gemacht.

Dezember: Aus dem »Reichsgau Wartheland« (okkupierten polnischen Gebieten) werden Juden massenhaft ins »Generalgouvernement« deportiert.

**1940** Mitte Februar: Juden aus Wien, Mährisch-Ostrau, Teschen und Stettin werden ins »Generalgouvernement« deportiert.

27. April: Befehl zur Errichtung des Konzentrationlagers Auschwitz durch den Reichsführer der SS, Heinrich Himmler.

Sommer: Das Auswärtige Amt und das Reichssicherheitshauptamt arbeiten an Plänen zur Zwangsausweisung der europäischen Juden auf die afrikanische Insel Madagaskar.

22. Oktober: Aus Südwest-Deutschland und dem von Frankreich abgetrennten Elsaß-Lothringen werden die Juden ins unbesetzte Frankreich deportiert und in Internierungslager gesperrt.

**1941** 1. März: Himmler befiehlt den Ausbau des KZ Auschwitz.

Frühjahr: Für den geplanten Überfall auf die Sowjetunion werden vier »Einsatzgruppen« aufgestellt. Aufgabe dieser etwa 3.000 Mann soll es sein, das »Hinterland im Rücken der Front« zu sichern. Faktisch bedeutet dies den Auftrag zum systematischen Massenmord an Juden und kommunistischen Funktionären.

22. Juni: Beginn des deutschen Überfalls auf die Sowjetunion und damit auch des Mordes an den sowjetischen Juden.

Sommer: Die »Endlösung der Judenfrage«, also der industriell organisierte Massenmord, wird intensiv vorbereitet.

20. August: Die Polizeiverordnung schreibt vor, daß auch im Reichsgebiet Juden ab einem Alter von 6 Jahren den »Gelben Stern« tragen müssen.

3. September: Erstmals wird Zyklon B »probeweise« zur Ermordung von Menschen in Auschwitz verwendet.

Herbst: Beginn des Aufbaus der Vernichtungslager Chelmno, Belzec, Majdanek und Auschwitz-Birkenau.

Oktober: Die Massendeportation von Juden aus dem Reichsgebiet in die Vernichtungslager beginnt. Auswanderungen von Juden aus dem deutschen Machtbereich werden verboten.

**1942** 20. Januar: »Wannsee-Konferenz«. Unter Heydrichs Leitung tagen in einer Villa am Wannsee in Berlin Vertreter der Ämter und Ressorts, die an der »Endlösung« mitwirken sollen.

Februar/März: Beginn der Deportation von Juden aus polnischen Ghettos in die Vernichtungslager.

24. März: Deportation der Würzburger Juden ins Vernichtungslager Belzec.

26./27. März: Erste Verschleppungen von Juden aus dem besetzten Westeuropa nach Auschwitz.

Mai/Juni: Der »Gelbe Stern« wird im besetzten Westeuropa eingeführt.

Mitte Juli: Erste Transporte niederländischer Juden nach Auschwitz. »Staatenlose« Juden aus Frankreich werden nach Auschwitz deportiert. Den ganzen Sommer über Massenverschleppungen westeuropäischer Juden nach Auschwitz.

November: Befehl Himmlers, alle Konzentrationslager im Reichsgebiet »judenfrei« zu machen.

25. November: Beginn der Deportation der norwegischen Juden.

**1943** 18. Januar: Erster organisierter jüdischer Widerstand im Warschauer Ghetto.

15. März: Beginn der Deportation der griechischen Juden.

19. April: Militärischer Widerstand der Juden im Warschauer Ghetto.

16. Mai: Nach verzweifelten Kämpfen der Juden kann SS-Obergruppenführer Stroop die Vernichtung des Warschauer Ghettos melden.

11. Juni: Befehl Himmlers, sämtliche polnische Ghettos zu liquidieren.

19. Juni: Goebbels verkündet, daß Berlin »judenfrei« sei.

2. August: Bei einem Häftlingsaufstand in Treblinka werden die Gaskammern zerstört.

Sommer bis Jahresende: Die Insassen der jüdischen Ghettos in den besetzten sowjetischen Gebieten werden in die Vernichtungslager gebracht.

Mitte August: Widerstandsaktionen gegen die Deportationen aus dem Ghetto Bialystok, das gesamte Ghetto wird vernichtet.

14. Oktober: Häftlingsaufstand in Sobibor.

Herbst: Norditalienische Juden werden nach Auschwitz verschleppt.

1944 Frühjahr: Massendeportation griechischer Juden nach Auschwitz, einem kleinen Teil gelingt die Flucht in die Türkei.

19. März: Die Deutschen übernehmen die Regierungsgewalt in Ungarn. In der Folge beginnen die Massendeportationen von Juden nach Auschwitz und der Massenmord an den ungarischen Juden.

24. Juli: Die Rote Armee befreit das KZ Majdanek.

7. Oktober: In Auschwitz revoltiert ein jüdisches Sonderkommando.

November: Die Vergasungen in Auschwitz werden eingestellt und die Spuren des Massenmordes so weit wie möglich vernichtet.

**1945** 27. Januar: Die Rote Armee befreit das KZ Auschwitz.

11. April: Die US-Armee befreit das KZ Buchenwald.

14. April: Die Britische Armee befreit das KZ Bergen-Belsen.

23. April: Die US-Armee befreit das KZ Flossenbürg.

29. April: Die US-Armee befreit das KZ Dachau.

5. Mai: Die US-Armee befreit das KZ Mauthausen.

7.–9. Mai: Bedingungslose Kapitulation der Nazi-Wehrmacht.

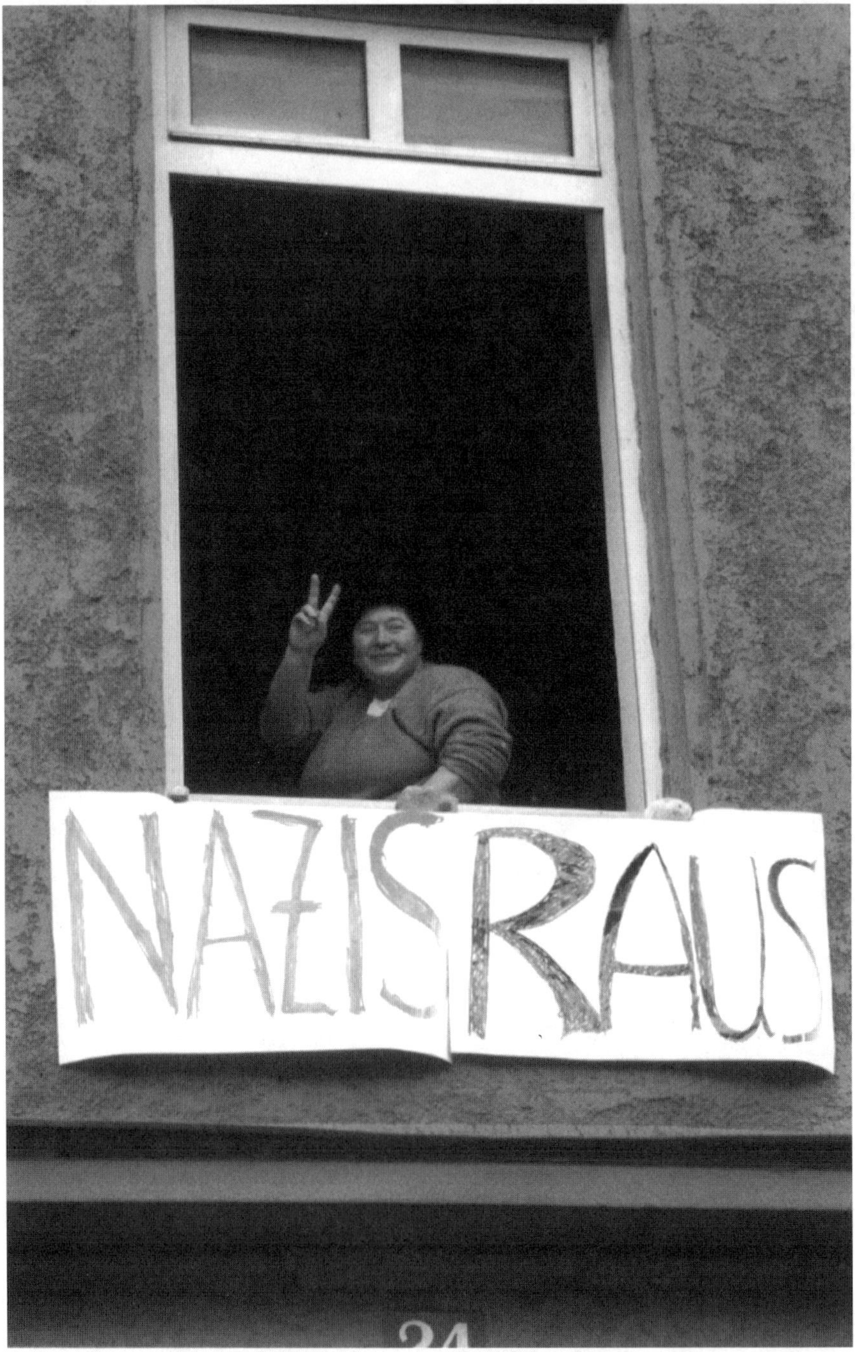
NAZIS RAUS

# Chronologie der Gedenkveranstaltungen

## Dachau

1952 Erste Gedenkveranstaltung mit Kranzniederlegung auf dem jüdischen Friedhof an der Ungererstraße.
1953 Erste Gedenkveranstaltung auf dem Gelände des ehemaligen Konzentrationslagers vor dem Krematorium (keine Dokumente).
1954 Es existieren keine Dokumente.
1955 Es existieren keine Dokumente.
1956 Rede: Ludwig Linsert (stellv. DGB-Landesbezirksvorsitzender)
1957 Rede: Heinrich Stöhr (Mitglied des bayerischen Landtags und ehemaliger KZ-Häftling)
»Lied der Moorsoldaten« durch Münchner Gewerkschaftschor
1958 Rede: Ludwig Koch (DGB-Kreisvorsitzender München)
Nico Rost (Holländischer Schriftsteller, ehem. Häftling in Dachau)
Manfred Maucher (Gewerkschaftsjugendleiter Schwaben)
Vor der Gedenkfeier in Dachau Schweigemarsch zum Gedenkstein der Geschwister Scholl im Lichthof der Universität München.
Erstmals Mitträgerschaft des BJR und des KJR München-Stadt.
1959 Rede: Staatsminister Alois Hundhammer
Ludwig Koch (DGB-Kreisvorsitzender München)
Hans Preißinger (Stadtrat in München, stellv. Vorsitzender des BJR)
1960 Rede: Nico Rost (s. o.)
Arthur Bader (Präsident des Bayerischen Jugendrings)
Rudi Scheuermeyer (DGB-Jugendsekretär München)
Verlesung von Auszügen aus dem »Tagebuch der Anne Frank«.
Die Veranstaltung fand in diesem Jahr auf dem KZ-Ehrenfriedhof auf dem Leitenberg statt.

| | |
|---|---|
| 1961 | Rede: Xaver Senft (DGB-Landesjugendsekretär) |
| | Arthur Bader (s.o.) |
| 1962 | Rede: Dr. Albert Guerisse (Präsident des Intern. Dachau-Komitees) |
| | Arthur Bader (s.o.) |
| | Leinwand-Präsentation mit Bilddokumenten aus Konzentrationslagern. |
| 1963 | Rede: Karl-Heinz Neukamm (Evangelischer Landesjugendpfarrer) |
| | Szenische Darstellung: »Gespräch zwischen den Generationen« von Meyer-Amery. |
| 1964 | Rede: Ludwig Rosenberg (DGB-Bundesvorsitzender) |
| | Dr. Hans-Jochen Vogel (Oberbürgermeister der Landeshauptstadt München) |
| | Tonbildvortrag über Anfang und Ende des Konzentrationslagers Dachau. |
| 1965 | Rede: Hermann Kumpfmüller (Präsident des Bayerischen Jugendrings) |
| | Gerhard Schoenberner (Publizist, Berlin) |
| | Der Chor der Münchner Gewerkschaften und die Münchner Bläservereinigung tragen den »Freiheitschor« von Georg Friedrich Händel vor. Viele der über 3.000 Teilnehmenden besichtigen das neu gestaltete KZ-Museum. |
| 1966 | Rede: Xaver Senft (2. Präsident des Bayerischen Jugendrings, hauptamtliches Vorstandsmitglied des DGB-Landesbezirks Bayern) |
| | Szenische Darstellung: »Gespräch zwischen den Generationen« (s.o.) |
| 1967 | Rede: Hermann Kumpfmüller (s.o.) |
| 1968 | Rede: Jürgen Böddrich (SPD-Landtagsabgeordneter) |
| | Fritz Arndt (Landesjugendpfarrer) |
| 1969 | Rede: Dr. Ulrich Sonnemann (Schriftsteller und Publizist) |
| | Nach der Gedenkfeier drei Arbeitskreise sowie Vorführung des neuen Dokumentarfilms »Dachau«. |
| | In diesem Jahr war dies die Gedenkfeier für ganz Bayern. |
| 1970 | Rede: Dr. Albert Guerisse (s.o.) |
| | Immanuel Birnbaum (Publizist, München) |
| 1971 | Rede: Heinz Westphal (Staatssekretär im Jugend- und Familienministerium, Bonn) |
| 1972 | Gedenkfeier laut »Süddeutscher Zeitung« vom 8. November 1972 bereits am Vortag der Olympiade in München am 24. August 1972 – allerdings fehlen eine weitere Berichterstattung ebenso wie Dokumente. |
| | Am 9. November 1972 Kranzniederlegung durch den Vorstand des Kreisjugendrings München-Stadt. |
| 1973 | Keine Dokumente vorhanden. |
| 1974 | Keine Dokumente vorhanden. |

1975 Gedenkfeier im Rahmen der 1. Friedenswoche von DGB-Jugend und Kreisjugendring München-Stadt mit Vorführung des Dachau-Films.
Lutz Görner spricht Texte zu Chile.
1976 Rede: Xaver Senft (stellv. DGB-Landesbezirksvorsitzender)
Auch diese Veranstaltung fand wie 1975 im Rahmen der Friedenswoche statt. Die Gedenkstunde wurde von der DGB-Jugend veranstaltet.
1977 Rede: Helmut Hofer (DGB-Landesjugendsekretär)
Ab diesem Jahr war die DGB-Jugend wieder alleiniger Veranstalter.
1978 Rede: Erhard Eppler (SPD-Landesvorsitzender Baden-Württemberg)
Rezitation durch Harry Täschner, Auftritt der Songgruppe der DGB-Jugend München.
1979 Rede: Adolf Waibel (Präsident des Bayerischen Jugendrings)
Richard Polzmacher (Vorsitzender des DGB-Landesjugendausschusses)
1980 Rede: Jakob Deffner (DGB-Landesbezirksvorsitzender)
Rezitation von Gedichten von Knut Becker, Liedbeitrag vom Chor der GEW Nürnberg.
1981 Rede: Georg Benz (Mitglied des Vorstandes der IG Metall)
1982 Rede: Willy Brandt (Vorsitzender der SPD)
Umrahmung: Chor der Nürnberger Gewerkschaften und Helmut Ruge.
1983 Rede: Ilse Brusis (Mitglied des DGB-Bundesvorstandes)
Beiträge der Theaterwerkstatt »Vorhang« und der DGB-Songgruppe.
1984 Rede: Bruno Kreisky (ehemaliger österreichischer Bundeskanzler)
Umrahmung durch den Gewerkschaftschor München und Helmut Ruge.
1985 Rede: Werner Vitt (stellv. Vorsitzender der IG Chemie, Papier und Keramik)
Rezitationsprogramm mit einer Collage aus dokumentarischen und literarischen Texten, Liedern und Balladen, vorgetragen von zwei Berufsschauspielern, zwei Musikern und dem Münchner DGB-Chor.
1986 Keine Rede, statt dessen szenische Collage von Walter Ohm mit dem Titel »Henker, Mörder, Generäle« mit dem Schriftsteller Michael Ende, Martin Urtel, Jürgen Arndt, Elisabeth Woska und dem Münchner DGB-Chor.
1987 Rede: Fritz Schösser (stellv. DGB-Landesbezirksvorsitzender)
1988 Rede: Jakob Deffner (DGB-Landesbezirksvorsitzender)
Anläßlich des 50. Jahrestages des Novemberpogroms fand am 12. November in Ottobrunn ein Symposium der DGB-Jugend zum Thema »Rassismus, Ausländerhaß und Nationalismus« statt. Ebenfalls am 12. November veranstaltete die DGB-Jugend ein Kulturprogramm mit Susanne Weinhöppel, Kinderlech und dem Häns'sche Weiss Ensemble.

**1989** Rede: Dietmar Schönherr (Schauspieler)
Werner Neugebauer (Bezirksleiter der IG Metall Bayern)
Rezitation: »Die Todesfuge« von Paul Celan
**1990** Rede: Josef Felder (ehemaliger SPD-Reichstagsabgeordneter)
Klaus Dittrich (DGB-Kreisvorsitzender München)
Rezitation: Achim Höppner
Vor der Gedenkfeier Gesprächsrunde mit Josef Felder (s.o.), Ludwig Stark (ehemaliger Häftling in Dachau) und Rainer Wessely (DGB-Landesjugendsekretär).
**1991** Rede: Dr. Klaus Hahnzog (Landtagsabgeordneter und Vorsitzender des Fördervereins für Internationale Jugendbegegnung in Dachau e.V.)
Fritz Schösser (DGB-Landesbezirksvorsitzender)
Rezitation: Achim Höppner
»Lied der Moorsoldaten« durch die DGB-Songgruppe Rosenheim
Vor der Gedenkfeier Gesprächsrunde zum Thema »Internationale Jugendbegegnung in Dachau mit Dr. Klaus Hahnzog (s.o.), und Rainer Wessely (s.o.). Die Rede der italienischen Journalistin Franca Magnani entfiel wegen Krankheit.
**1992** Rede: Dr. Hans-Jochen Vogel (ehemaliger SPD-Vorsitzender)
Achim Höppner rezitiert Gedichte von Gerd Heidenreich.
Vor der Gedenkfeier Diskussionsrunde zum Thema »Wieviel Fremde dürfen's sein«? mit Tacettin Kececi (IG Metall Augsburg), Rosi Schneider (IG Metall Rosenheim), Martina Lobensommer (IG CPK Altötting) und Alex Judé (DPG München).
**1993** Rede: Ignatz Bubis (Vorsitzender des Zentralrats der Juden in Deutschland)
Michael Knuth (Vorsitzender des DGB-Landesjugendausschusses)
Musik: Daniel Kempin
Vor der Gedenkfeier drei Diskussionsforen zu den Themen »Geschichte erarbeiten - Geschichte erleben«, »Internationales Jugendbegegnungszeltlager in Dachau« und »Jüdischen Leben in München«.
**1994** Rede: Dr. Dieter Wunder (Vorsitzender der Gewerkschaft Erziehung und Wissenschaft)
Musik: Daniel Kempin
Vor der Gedenkfeier Diskussionsrunde zum Thema »Über Widerstand reden« mit den ehemaligen KZ-Häftlingen Bertl Lörcher und Ernst Grube, dem Historiker Jürgen Zarusky und Linda Schneider von der DGB-Jugend.

1995 Rede: Christian Ude (Oberbürgermeister der Landeshauptstadt München)
Vor der Gedenkfeier Diskussionsrunde mit Hans Gasparitsch (ehemaliger KZ-Häftling), Thomas Kalkbrenner (IG Metall Jugendsekretär) und Christoph Zöchbauer (Österreichische Gewerkschaftsjugend) zum Thema »Gedenkfeiern zur Befreiung – und dann?«.
1996 Rede: Prof. Dr. Rita Süssmuth (Bundestagspräsidentin, CDU)
Vor der Gedenkfeier Diskussion mit Rita Süssmuth zum Thema »Zeichen setzen für eine tolerante Zukunft«.
Musik: Schtetl-Musikanten
1997 Rede: Joschka Fischer (Fraktionsvorsitzender von Bündnis 90/Die Grünen im Bundestag)
Musik: Schtetl-Musikanten
Vor der Gedenkfeier Diskussionsrunde mit Joschka Fischer.

### Flossenbürg

1958 Erste dokumentierte Gedenkveranstaltung der DGB-Jugend im ehemaligen Konzentrationslager Flossenbürg.
Rede: Heinz Benke (DGB-Jugendsekretär Regensburg)
Heinrich Stöhr (Landtagsabgeordneter und ehem. KZ-Häftling)
Kurt Adelmann (Vorstandsmitglied des Bezirksjugendrings Nürnberg)
Umrahmung: Chor der Nürnberger Gewerkschaftsjugend
1959 Rede: Franz Haas (Bürgermeister der Stadt Nürnberg)
Arthur Bader (Präsident des Bayerischen Jugendrings)
1960 Rede: Dr. Martin Niemöller (Präsident der Evangelischen Kirche von Hessen, ehemaliger KZ-Häftling in Sachsenhausen und Dachau)
Prolog von Mitgliedern des Schauspielhauses Nürnberg »Wir sind allein, das letzte Tor ist zugefallen«; Mitwirkung: Jugendchor der IG Metall Nürnberg.
1961 Rede: Dr. Josef Müller (Landtagsabgeordneter und Staatsminister a.D., ehemaliger Häftling in Flossenbürg)
Rezitation von Schauspielern des Nürnberger Opernhauses, Darbietung des Jugendchors der IG Metall Nürnberg und von Albert Ehrhard, Nürnberg
1962 Rede: Dr. Dr. Alois Hundhammer (Bayerischer Landwirtschaftsminister).
Vor der Rede werden von verschiedenen Sprechern eindringliche Schilderungen des KZ-Alltags vorgetragen.

1963 Rede: Dr. Heinz-Joachim Heydorn (Pädagogische Hochschule Frankfurt a. Main)
Prologe durch Künstler des Schauspielhauses Nürnberg.
1964 Rede: Karl-Heinz Neukamm (Evangelischer Landesjugendpfarrer)
Beiträge des evangelischen Jugendchors Nürnberg und des Nürnberger Schauspielhauses.
1965 Rede: Karl Küpper (2. Vorsitzender der IG Chemie, Papier und Keramik)
Mitwirkung des Gesangvereins Treue/Typographie und des Schauspielhauses Nürnberg.
1966 Rede: Gerhard Schoenberner (Publizist, Berlin)
Sprecher des Schauspielhauses Nürnberg zitieren Texte von Ossietzky und Bonhoeffer.
1967 Rede: Dr. Fritz Bauer (Generalstaatsanwalt, Frankfurt)
Nürnberger Schauspieler tragen Texte von Mitgliedern der Weißen Rose vor.
1968 Keine Gedenkrede. Künstler des Schauspielhauses Nürnberg und der junge Schriftsteller Erasmus Schöfer verlesen seinen Text »Die Wahrheit ist die Veränderung«; davor Freiheitslieder von Mikis Theodorakis.
1969 Keine Veranstaltung in Flossenbürg. Die Gedenkfeier wurde in Dachau für ganz Bayern durchgeführt. Allerdings fand am 21. September eine Gedenkveranstaltung der DPG-Jugend im Rahmen ihres Grenzlandtreffens statt.
1970 Rede: Horst Klaus (IG Metall, Frankfurt a. Main)
Vortrag aus »Die Ermittlung« von Peter Weiss. Gewerkschaftsjugendliche stellen faschistische Entwicklungen in Spanien, Portugal, Griechenland und Vietnam dar.
1971 Keine Dokumente vorhanden.
Nach einem Artikel im »Neuen Tag« vom 9. November 1971 trafen sich Mitglieder und Freunde der VVN und der Gewerkschaften am 6. November 1971 und legten Kränze nieder. Es sprach Herrmann Schirmer, langjähriger Häftling im KZ Dachau.
1972 Keine Dokumente vorhanden.
1973 Keine Dokumente vorhanden.
1974 Gedenkveranstaltung der IG Metall Jugend
Rede: Otto Kraus (Senator a. D.)
Burghardt Alborn (Jugendvertreter)
Danach Veranstaltung mit dem Chefredakteur der Zeitung der IG Metall, Jakob Moneta, und Ilias Katsoulis von der Freien Universität Berlin über den Zusammenhang zwischen Kapitalismus und Faschismus.

1975  Rede: Fritz Schösser (DGB-Landesjugendausschußvorsitzender)
Danach Vorführung des Films »Nackt unter Wölfen« und Vorführung des Stücks »Die Zündschnur« durch die DGB-Laienspielgruppe Amberg.
1976  Veranstaltung in Hersbruck (KZ-Außenlager Schupf bei Hersbruck)
Rede: Dieter Lattmann (Verband deutscher Schriftsteller in der IG Druck und Papier, Bundestagsabgeordneter)
1977  Keine Dokumente vorhanden.
1978  Keine Gedenkstunde in Flossenbürg. Anläßlich des 40. Jahrestags des Novemberpogroms zentrale Gedenkstunde in Dachau.
1979  Keine Dokumente vorhanden. Laut Geschäftsbericht für 1978 bis 1981 zur 11. ordentlichen Landesbezirksjugendkonferenz hat aber eine Veranstaltung stattgefunden.
1980  Rede: Ludwig Göhring (VVN Nürnberg, KZ-Häftling in Dachau, Neuengamme und Flossenbürg)
Dr. Helmut Beer (ÖTV-Hauptverwaltung, Stuttgart)
Lieder von der Songgruppe »Stechmücken«.
1981  Rede: Detlef Hensche (Mitglied des geschäftsführenden Hauptvorstandes der IG Druck und Papier)
Hans Reiß (Mitglied des DGB-Landesjugendausschusses)
Umrahmung durch den Gewerkschaftsjugendchor Nürnberg.
1982  Rede: Dr. Gerhard Schmid (Mitglied des Europäischen Parlaments)
Davor in Markt Floß Aufführung des Brecht-Stücks »Furcht und Elend des 3. Reiches« durch die Theatergruppe »Vorhang« sowie eine Ansprache von Willi Schmidt, einem Mitinitiator des Aufstandes in Buchenwald; Liedervortrag von Helus Hercygir, Ösay Rieck und Ranco Brantner.
1983  Rede: Jakob Deffner (DGB-Landesbezirksvorsitzender)
Die Veranstaltung findet im ehemaligen Arbeits- und KZ-Außenlager in Hersbruck statt. Jakob Deffner enthüllt einen Gedenkstein für die Opfer des KZ Hersbruck.
Davor Podiumsdiskussion mit Ludwig Göhring (s. o.), dem Historiker Rainer Rotermundt und dem früheren Bezirksleiter der IG Metall Erwin Essl.
Trotzdem fand auch in Flossenbürg eine Gedenkveranstaltung statt. Die Rede hielt Hartmut Hoffmann (DGB-Jugendsekretär Ostbayern).
1984  Rede: Fritz Schösser (stellv. DGB-Landesbezirksvorsitzender)
Davor in Floß Vortrag und Podiumsdiskussion mit Adalbert Rückerl (Leiter des Amts für Verfolgung von Naziverbrechen in Ludwigsburg) und Diavortrag zur Ausstellung zum Thema »Jugend forscht über den Nationalsozialismus am Ort«; Umrahmung: »Hexenschuß«.

1985 Rede: Hermann Langbein (Verfolgter des Nazi-Regimes)
Davor: »Vermächtnis KZ Flossenbürg« (Beitrag der »Projektgruppe KZ Flossenbürg« der DGB-Jugend Ostbayern zum Wettbewerb des DGB »Leben nach der Stunde Null«), Vorführung des Films »KZ-Häftlinge für die deutsche Industrie« sowie Kulturprogramm mit »Hexenschuß« in Floß.

1986 Rede: Klaus Dittrich (DGB-Landesjugendsekretär)
Davor in Floß Lesung und Gespräch mit dem Schriftsteller Bernt Engelmann (ehemaliger Häftling im KZ Flossenbürg), Lieder von der Songgruppe »Widerstand« und Gedichte von Josef Wittmann. Im Foyer der Mehrzweckhalle Floß Präsentation der Ausstellung »Vom KZ zur Parkanlage« durch die »Arbeitsgemeinschaft ehemaliges KZ Flossenbürg«.

1987 Rede: Karin Benz-Overhage (Geschäftsführendes Vorstandsmitglied der IG Metall, Frankfurt a. Main)
Davor politisches Kabarett mit Helmut Ruge.

1988 Rede: Rainer Wessely (DGB-Landesjugendsekretär)
Lieder von Alexander Lipping (Schauspieler, Sänger und Regisseur).
Der DGB-Kreis Bamberg gibt zum 50. Jahrestag des Novemberpogroms eine Broschüre »Stellungnahmen – Berichte – Veranstaltungen« heraus.

1989 Rede: Dr. Gerhard Schmid (s.o.)
Davor szenische Filmdokumentation der DGB-Jugend zum Thema »Faschismus und Krieg« im Café Plattenberg und Referat des Gewerkschaftssekretärs Klaus Heyert, Erlangen, zur Rechtsentwicklung in Deutschland.

1990 Rede: Ulrich Chaussy (Journalist, München)
Anschließend Filmvorführung »Das schreckliche Mädchen«, Diskussion mit Anja Rosmus (Historikerin, Passau) und Robert Günthner (DGB-Jugend).

1991 Rede: Gerhard Engel (Präsident des Bayerischen Jugendrings)
Anschließend Rezitation von »Der Tod ist ein Meister aus Deutschland« von Paul Celan durch den Regensburger Schauspieler Ernst Radtke.

1992 Vor der Kranzniederlegung (ohne Rede) fand eine Podiumsdiskussion zum Thema »Wieviel Fremde dürfen's sein?« mit Dr. Jörg Wollenberg (Universität Bremen) und Fritz Schösser (DGB-Landesbezirksvorsitzender) statt.

1993 Veranstaltung in Floß mit Kurzfilm über Ausländerhetze, einer Diskussion zum Thema »Was tun – gegen Ausländerfeindlichkeit, Fremdenhaß und Antisemitismus? – Aktiv für Völkerverständigung, Migration und mehr Menschlichkeit« mit Leibl Rosenberg (Israelitische Kultusgemeinde Nürnberg), Klaus Farin (Schriftsteller) und Dr. Hans Simon-Pelanda (Arbeitsgemeinschaft ehemaliges KZ Flossenbürg), und Liedern von Tucholsky und Brecht, vorgetragen von Barbara Dorsch.

Am Vormittag Busfahrt von Regensburg nach Flossenbürg entlang einer der Todesmarschrouten über Rettenbach, Neunburg vorm Wald und Winklarn.

1994 Vor der Kranzniederlegung (ohne Rede) ein Gesprächsforum zu den Themen »Die Geschichte des KZ Flossenbürg« und »Die Außenlager des KZ Flossenbürg« sowie eine große Diskussionsrunde mit Ron Williams (Schauspieler), Devrim Gygun (Arbeitskreis ausländische Arbeitnehmerinnen und Arbeitnehmer Regensburg), Klaus Dittrich (stellv. DGB-Landesbezirksvorsitzender) und Rainer Wessely (DGB-Landesjugendsekretär) zum Thema »Wohin Deutschland?«.

1995 Rede: Robert Günthner (DGB-Landesjugendsekretär)
   Helmut Fiedler (DGB-Kreisvorsitzender Weiden)
Am 12. November in Pottenstein (ehemaliges KZ-Außenlager von Flossenbürg) Veranstaltung mit Exkursionen, einer Diskussionsrunde zum Thema »Geschichtsaufarbeitung in Deutschland gestern, heute, morgen – Pottenstein als Beispiel« (mit dem Bürgermeister von Pottenstein, Dieter Bauernschmitt, dem Zeitzeugen Freiherr von Wintzigerode, dem WDR-Journalisten Helge Cramer und dem Journalisten Peter Engelbrecht) und einer Lichterkette um das ehemalige Außenlager.

1996 Keine Veranstaltung in Flossenbürg. Gemeinsame Veranstaltung in Dachau mit Bundestagspräsidentin Prof. Dr. Rita Süssmuth.

1997 Rede: Otto Schwerdt (Jüdische Gemeinde Regensburg)
   Milos Volf (ehemaliger Häftling im KZ Flossenbürg, Prag)
   Fritz Schösser (DGB-Landesbezirksvorsitzender)
Anschließend Diskussionsrunde »Zeichen setzen für eine tolerante Zukunft« mit den genannten Referenten sowie Robert Leiter, dem Vorsitzenden der sudetendeutschen Jugend in Bayern und deutschen und tschechischen Jugendlichen.

# Kommentiertes Bücherverzeichnis

Die folgenden Buchtips können nur eine kleine Auswahl darstellen. Sicherlich sind viele lesenswerte Bücher nicht enthalten. Allerdings finden sich in den meisten hier angegebenen Büchern selbst wiederum umfassende Literaturverzeichnisse, so daß sich interessierte Leserinnen und Leser problemlos weitere Zugänge verschaffen können.
Die ausgewählten literarischen Titel basieren auf den persönlichen Leseerfahrungen der Redaktion.

### Bücher zum Novemberpogrom 1938

*Micha BRUMLIK* (1988), Reichspogromnacht, Frankfurt a. Main.
*Hermann GRAML* (1988), Reichskristallnacht, Antisemitismus und
    Judenverfolgung im Dritten Reich, München.
    Ausgehend vom Novemberpogrom entwickelt Graml die Judenverfolgung
    im Dritten Reich und die Ursprünge des Antisemitismus.
*Wilfred MAIRGÜNTHER* (1987), Reichskristallnacht, Kiel.
    Der Autor stellt in verständlicher Form die Vorgeschichte des
    Novemberpogroms und dessen Folgen dar.
*Kurt PÄTZOLD/Irene RUNGE* (1988), Kristallnacht, Zum Pogrom 1938, Köln.
    Auch in diesem Buch wird der Platz des Novemberpogroms im Rahmen
    der Judenverfolgung und des Holocaust dargestellt. Das Buch enthält eine
    Vielzahl von Dokumenten aus dieser Zeit.
*Walter H. PEHLE* (1988), Der Judenpogrom 1938, Von der »Reichskristallnacht«
    zum Völkermord, Frankfurt a. Main.
    Verschiedene Autoren stellen Ursachen und Folgen des Pogroms dar.

## Sachbücher zu Faschismus, Holocaust und Neofaschismus

*Till BASTIAN* (1994), Auschwitz und die »Auschwitz-Lüge«, Massenmord und Geschichtsfälschung, München.
Kurze, verständliche Darstellung des Systems der Konzentrationslager und der Versuche von Neonazis und anderen, die Verbrechen der Nazis zu bestreiten.

*Till BASTIAN* (1997), Furchtbare Soldaten, Deutsche Kriegsverbrechen im Zweiten Weltkrieg, München.
Ebenso verständliche Darstellung gegen die Legende von der sauberen Wehrmacht.

*Brigitte BAILER-GALANDA/Wolfgang BENZ/Wolfgang NEUGEBAUER* (Hg.) (1996), Die Auschwitzleugner, Berlin.
Das Buch enthält umfassende Informationen über die Inhalte und Träger der Propaganda über die »Auschwitz-Lüge« und stellt diesen die historische Wahrheit gegenüber.

*Friedemann BEDÜRFTIG* (1997), Lexikon Drittes Reich, München.
Alle wichtigen Begriffe, Personen und Ereignisse der Nazi-Zeit werden kurz und verständlich dargestellt. Als Nachschlagewerk unverzichtbar.

*Laura BENEDICT* (1998), Sehnsucht nach Unfreiheit, Der Fall Kay Diesner und die rechte Szene, Berlin.
Am Beispiel des neonazistischen Mörders Diesner analysiert die Autorin die Strukturen und die Logistik der rechten Szene und stellt die bereits vorhandene Infrastruktur eines Rechtsterrorismus dar.

*Wolfgang BENZ* (1993, 3. Aufl.), Legenden Lügen Vorurteile, Ein Wörterbuch zur Zeitgeschichte, München.
In kurzen Texten werden die gröbsten Lügen und Legenden der Rechten dargestellt und widerlegt – Von »Bei Hitler gab es keine Kriminaliät« bis »Hitler hat doch die Autobahnen gebaut«.

*Wolfgang BENZ/Hermann GRAML/Hermann WEISS* (Hg.) (1998, 2. Aufl.), Enzyklopädie des Nationalsozialismus, München.
Auf 900 Seiten (nicht erschrecken!) bietet dieses Werk ein Sachlexikon, ein Personenregister und eine Vielzahl von Einzeldarstellungen zum Nationalsozialismus. Das Werk ist als Lexikon nutzbar, aber ebenso als Einführung in die wichtigsten Aspekt der Nazi-Herrschaft. Die Texte sind gut lesbar und enthalten jeweils die einschlägige weiterführende Literatur. Lohnenswert.

*Wolfgang BENZ* (1997, 3. Aufl.), Der Holocaust, München.
Das kleine Büchlein eignet sich hervorragend als Einführung in die Geschichte des Holocaust.

*Christoph BUTTERWEGGE* (1996), Rechtsextremismus, Rassismus und Gewalt, Darmstadt.
Der Autor stellt kritisch die gängigsten Erklärungsansätze zum Rechtsextremismus dar. Ein »MUSS« für den Einstieg ins Thema.

*Barbara DISTEL/Wolfgang BENZ* (1994), Das Konzentrationslager Dachau 1933–1945, Geschichte und Bedeutung, München.
Das Buch ist über die Bayerische Landeszentrale für Politische Bildungsarbeit erhältlich.

*Jutta DITFURTH* (1996), Entspannt in die Barbarei, Esoterik, (Öko-)Faschismus und Biozentrismus, Hamburg.
Wichtige Darstellung einer bislang kaum zur Kenntnis genommenen Szene. Faschismus auf leisen Sohlen und im Gewande der Menschheitsbeglückung. Lesenswert und verbreitungswürdig.

*Jürgen ELSÄSSER* (1998), Braunbuch DVU, Eine deutsche Arbeiterpartei und ihre Freunde, Hamburg.
Sehr eigenwillige und provokative Interpretation der Teilerfolge der DVU.

*Klaus FARIN/Eberhard SEIDEL-PIELEN* (1993), Skinheads, München.
Gute Darstellung der Geschichte der Skinheads, des rechten Netzwerks der Szene, der Inhalte, der Musik und der Moden. Die Darstellung erstreckt sich auch auf linke und antirassistische Skins.

*Saul FRIEDLÄNDER* (1998), Das Dritte Reich und die Juden, Die Jahre der Verfolgung 1933-1939, München.
Erster von zwei Bänden zur Geschichte der Judenverfolgung und des Holocaust. Eines der besten Bücher zum Thema.

*Ludolf HERBST* (1996), Das nationalsozialistische Deutschland 1933-1945, Frankfurt a. Main.
Gute Gesamtdarstellung der Nazi-Zeit mit den Schwerpunkten Krieg und Rassenpolitik.

*Raimund HETHEY/Peter KRATZ* (1991), In bester Gesellschaft, Antifa-Recherche zwischen Konservativismus und Neofaschismus, Göttingen.
Verschiedene Autoren decken die oft schwer sichtbaren Beziehungen zwischen Konservativen und der rechten Szene auf. Über die Kontinuität rechter intellektueller Eliten in den Masken konservativer Biedermänner.

*Raul HILBERG* (1990), Die Vernichtung der europäischen Juden, Band 1 bis 3, Frankfurt a. Main.
Monumentales Werk über den Holocaust. Für intensivere Beschäftigung mit dem Thema unverzichtbar.

*Franziska HUNDSEDER* (1998), Wotans Jünger, Neuheidnische Gruppen zwischen Esoterik und Rechtsradikalismus, München.
Darstellung einer kaum bekannten, aber enorm großen Szene mit vielfältigen Berührungspunkten zur rechten Szene.

*Eugen KOGON* (1974), Der SS-Staat, Das System der deutschen Konzentrationslager, München.
1946 erstmals erschienene Darstellung des Terrorsystems der Nazis. Wohl eines der wichtigsten und bekanntesten Bücher zum Thema.

*Peter KRATZ* (1994), Die Götter des New Age, Im Schnittpunkt von »Neuem Denken«, Faschismus und Romantik, Berlin.
Detaillierte Analyse vieler New-Age-Strömungen mit ihren Parallelen zur Nazi-Ideologie.

*KULTURREFERAT DER LANDESHAUPTSTADT MÜNCHEN* (Hg.) (1998), Bilanz einer Ausstellung, Dokumentation der Kontroverse um die Ausstellung »Vernichtungskrieg. Verbrechen der Wehrmacht 1941 bis 1944«, München.
Die Dokumentation enthält die Eröffnungsreden, die Stadtratsdebatte in München, die Presseberichterstattung und Auszüge aus den Berichten des Betreuungspersonals in der Ausstellung. Ein sehr aufschlußreiches Dokument.

*Kurt LENK u. a.* (1997), Vordenker der Neuen Rechten, Frankfurt a. Main/NewYork.
Hier werden die wichtigsten Denker der »Konservativen Revolution« in den 20er Jahren dargestellt (z. B. Carl Schmitt, Ernst Jünger, Hans Freyer), deren Denken für die aktuelle »Neue Rechte« von erheblicher Bedeutung ist. Kein Geschichtsbuch, sondern höchst aktuell.

*Jens MECKLENBURG* (Hg.) (1996), Handbuch Deutscher Rechtsextremismus, Berlin.
35 Autoren beschreiben den deutschen Rechtsextremismus, seine Organisationen, seine Funktionäre, seine nationalen und internationalen Verbindungen und seine Ideologie. Neben in sich geschlossenen Aufsätzen enthält der Band ein Namenslexikon, eine Übersicht über die wichtigsten Organisationen und die entsprechenden Medien. Im Anhang findet sich eine Chronologie des deutschen Rechtsextremismus von 1945 bis 1995, ebenso wie ein umfangreiches Literaturverzeichnis und eine Übersicht über antifaschistische Einrichtungen, Organisationen und Medien.

*Jens MECKLENBURG* (Hg.) (1996), AntifaReader, Antifaschistisches Handbuch und Ratgeber, Berlin.
   Dieses Buch ist bei allen Unterschieden in manchen Details »der kleine Bruder« des »Handbuchs«, hat aber ebenfalls einen hohen Gebrauchswert.
*Hartmut MEHRINGER* (1997), Widerstand und Emigration, Das NS-Regime und seine Gegner, München.
   Umfassende Darstellung des antifaschistischen Widerstands der unterschiedlichen Strömungen in den verschiedenen Phasen des NS-Regimes. Sehr präzise Darstellung.
*Ingrid MÜLLER-MÜNCH* (1998), Biedermänner und Brandstifter, Fremdenfeindlichkeit vor Gericht, Bonn.
   Die Autorin beschreibt anhand von acht Prozessen gegen rechte Gewalttäter den skandalösen Umgang staatlicher Instanzen mit rechter Gewalt.
*Hans-Günter RICHARDI* (1995), Schule der Gewalt, Das Konzentrationslager Dachau, München.
   Dokumentarischer Bericht über die beiden ersten Jahre des KZ Dachau.
*Konrad SCHACHT/Thomas LEIF/Hannelore JANSSEN* (Hg.) (1995), Hilflos gegen Rechtsextremismus? Ursachen, Handlungsfelder, Projekterfahrungen, Köln.
   Hilfreiches Buch mit praktischen Handlungsansätzen insbesondere hinsichtlich der pädagogischen Auseinandersetzung mit dem Rechtsextremismus.
*Burkard SCHRÖDER* (1997), Im Griff der rechten Szene, Ostdeutsche Städte in Angst, Reinbek b. Hamburg.
   Schröder untersucht im Reportage-Stil die bereits in kleinen und mittleren Städten der neuen Bundesländer vorhandene kulturelle Vorherrschaft der rechten Szene und setzt sich am Ende des Buches mit untauglichen, aber gängigen Erklärungsansätzen auseinander. Lesenswert!
*Georg SEEßLEN* (1993), VOLKsTÜMLICHKEIT, Über die gnadenlose Gemütlichkeit im neuen Deutschland, Greiz.
   Für kulturell Interessierte eine Analyse der volkstümlichen Musik. Wer meint, daß Kultur nichts mit Faschismus zu tun hat, dem sei dieses Buch wärmstens ans Herz gelegt.
*Toni SIEGERT* (1992, 4. Aufl.), 30.000 Tote mahnen. Die Geschichte des Konzentrationslagers Flossenbürg und seiner 100 Außenlager von 1938 bis 1945, Weiden.
   Obwohl bereits 1984 veröffentlicht, ist dies noch heute das Standardwerk zum KZ Flossenbürg. In leicht verständlicher Sprache werden die wichtigsten Stationen der Flossenbürger Lagergeschichte beleuchtet.

*Wolfgang SOFSKY* (1997), Die Ordnung des Terrors: Das Konzentrationslager, Frankfurt a. Main.
»Ein Buch, das unsere Kenntnis vom Wesen menschlicher Natur, der Organisation von Herrschaft, der Ausübung von Gewalt wesentlich bereichert« (Wolfgang Benz).

*Gudrun SCHWARZ* (1997, 2. Aufl.), Die nationalsozialistischen Lager, Frankfurt a. Main.
Sehr informative Beschreibung des Systems der Konzentrationslager, seines Terrors und seiner wirtschaftlichen Verflechtungen.

*SOZIALISTISCHE STUDIENGRUPPEN* (1986), Zwischen Neokonservatismus und Rechtsradikalismus, Politische und populistische Rechtstendenzen in der Bundesrepublik, Hamburg.
Ein Buch für theoretisch Interessierte. Analyse des Zusammenhangs zwischen der konservativen Wirtschafts- und Sozialpolitik und dem dadurch eröffneten Spielraum für den Rechtsextremismus.

*SOZIALISTISCHE STUDIENGRUPPEN* (1980), Spaltung der Arbeiterbewegung und Faschismus, Sozialgeschichte der Weimarer Republik, Hamburg.
Ebenfalls für theoretisch Interessierte. Es wird versucht, ohne die Interessen des Kapitals zu vernachlässigen, den Charakter des Faschismus als Massenbewegung zu erklären.

*Markus TIEDEMANN* (1996), »In Auschwitz wurde niemand vergast«, 60 rechtsradikale Lügen und wie man sie widerlegt, Mülheim an der Ruhr.
Unverzichtbare Argumentationshilfe zur Auseinandersetzung mit dem Rechtsextremismus. Für die gewerkschaftliche Bildungsarbeit nützlich.

*Johannes TUCHEL* (1994): Die Kommandanten des KZ Flossenbürg – eine Studie zur Personalpolitik der SS. In: Die Normalität des Verbrechens, Berlin.
Die bislang einzige Studie zu den Tätern des KZ Flossenbürg. Tuchels wissenschaftlicher Aufsatz erhellt die Biographien der Flossenbürger Lagerkommandanten. Er versucht herauszuarbeiten, daß der Einsetzung der jeweiligen Kommandanten kein systematisches Konzept der SS-Reichsführung zugrunde lag. Vielmehr zeichnete sich die Personalpolitik der SS-Führung durch Unfähigkeit, Improvisation und Korruption aus. Tödliche Faktoren für das Schicksal der Häftlinge.

*Bernd WAGNER* (1998), Rechtsextremismus und kulturelle Subversion in den neuen Ländern, Berlin.
Eine sehr faktenreiche Studie zur alltäglichen Rechtsentwicklung, herausgegeben vom Zentrum Demokratische Kultur, Rechtsextremismus, Jugendgewalt, Neue Medien.

*John WEISS* (1997), Der lange Weg zum Holocaust, Die Geschichte der Judenfeindschaft in Deutschland und Österreich, Hamburg.
> Weiss stellt gut verständlich die Vorgeschichte und die theoretischen Grundlagen des Weges zum Holocaust dar.

*Wolfgang WIPPERMANN* (1997, 7. Aufl.), Faschismustheorien, Die Entwicklung der Diskussion von den Anfängen bis heute, Darmstadt.
> Wer an den theoretischen Erklärungen des Faschismus interessiert ist, dem sei dieses Buch empfohlen. Die gut verständliche Darstellung reicht von kommunistischen über sozialdemokratische bis hin zu konservativ-liberalen Faschismustheorien. Außerdem findet sich im Anhang ein kommentiertes Literaturverzeichnis für weitergehend Interessierte.

### Biographien, Erfahrungsberichte und Romane

*Alfred ANDERSCH* (1957/1970), Sansibar oder der letzte Grund, Zürich.
> In einer kleinen Stadt an der Ostsee treffen sechs Menschen zufällig zusammen, unter ihnen ein KPD-Funktionär und eine Jüdin. Sie alle haben kein anderes Anliegen, als Deutschland zu verlassen. »Alfred Anderschs großes Buch von Sansibar ist ein Mißtrauensvotum ersten Ranges gegen unser behäbig-aufgeblasenes ›Volk der Mitte‹.« (Arno Schmidt)

*Clara ASSCHER-PINKHOFF* (1969), Sternkinder, Hamburg.
> Die Autorin berichtet von jüdischen Kindern während der deutschen Besatzung in den Niederlanden. Einzelne Geschichten erzählen von ihren Leidensstationen im Ghetto und im Lager Bergen-Belsen.

*Jurek BECKER* (1995), Jakob der Lügner, Frankfurt a. Main.
> Jakob lügt bewußt den anderen Zwangsbewohnern im Ghetto vor, er habe ein Radio, wo er gehört habe, die Deutschen seien bald besiegt. Ein Buch voller Optimismus.

*Lutz van DICK* (1993), Der Attentäter, Herschel Grynszpan und die Vorgänge um die »Kristallnacht«, Reinbek b. Hamburg.
> Verständliche Darstellung der Voraussetzungen des Novemberpogroms.

*Lisbeth EXNER* (1998), Land meiner Mörder, Land meiner Sprache, Die Schriftstellerin Grete Weil, München.
> Die Exiljahre waren für die Jüdin und spätere Schriftstellerin nicht einfach nur eine Zäsur ohne Folgen. Entwürdigung und Verfolgung, die Trauer um ihren Mann Edgar Weil, der in Mauthausen ermordet wurde, und Schuldgefühle sind für sie noch heute prägende Erfahrungen.

*Anne FRANK* (1993), Das Tagebuch der Anne Frank, Frankfurt a. Main.
Das jüdische Mädchen Anne Frank lebt mit seinen Eltern während der deutschen Besatzung in einem Versteck in Amsterdam. In ihrem berühmten Tagebuch erzählt sie von dieser Zeit, den Problemen und der Angst vor der Entdeckung durch die Deutschen.

*Carl FRIEDMANN* (1993), Vater, Zürich.
Die Kinder eines Überlebenden des Holocaust stellen kindliche Fragen, z.B. warum andere Väter Schnupfen haben, ihrer aber immer wieder an »Lager« erkrankt.

*Roman FRISTER* (1997), Die Mütze oder der Preis des Lebens, Berlin.
Darf man einem Mitgefangenen die Mütze stehlen, um selbst zu überleben, wohl wissend, daß es für den anderen Gefangenen den sicheren Tod bedeuten kann? Erschütternde literarische Autobiographie.

*Oskar Maria GRAF* (1984), Unruhe um einen Friedfertigen, Frankfurt a. Main.
Roman über die Entwicklung des Faschismus im dörflichen Milieu.

*DAS UNBEGREIFLICHE BERICHTEN* (1997), Zeitzeugenberichte ehemaliger Häftlinge des KZ Dachau, München.

*Marie HAGEMANN* (1993), Schwarzer, Wolf, Skin. Stuttgart.
Der Jugendliche Wolf schließt sich den Skins an. Aus der Sicht des Jugendlichen werden die Haltungen und Handlungsweisen aufgezeigt, die in dieser Szene üblich sind.

*Roberto INNOCENTI* (1986), Rosa Weiss.
Das Mädchen Rosa erlebt 1944/1945 in einer deutschen Kleinstadt den Abtransport von Zivilisten und entdeckt ein Konzentrationslager. Ihre Unterstützung der Häftlinge bezahlt sie mit dem Leben.

*Victor KLEMPERER* (1995), Ich will Zeugnis ablegen bis zum letzten, Tagebücher 1933-41/1942-45, Berlin.
Obwohl jüdischer Herkunft, überlebte der Sprachwissenschaftler Klemperer den Faschismus in Deutschland. Seine Ehe mit einer Nichtjüdin bewahrte ihn vor der Deportation. In seinen Tagebüchern schildert er mit äußerster Genauigkeit, was er erlebte, was er sah und was ihm zugetragen wurde. Ein einmaliger und ungewöhnlicher Bericht über den Alltag der Judenverfolgung.

*Ruth KLÜGER* (1992), Weiter Leben, Göttingen.
»Wie kann einer, der in Auschwitz war, so reden? fragte der Deutsche. Ich hake ein, bemerke, vielleicht härter als nötig, was erwarte man denn, Auschwitz sei keine Lehranstalt für irgendetwas gewesen und schon gar nicht für Humanität und Toleranz.« Schlicht beeindruckend!

*Wolfgang KOEPPEN* (1992), Jakob Littners Aufzeichnungen aus einem Erdloch, Frankfurt a. Main.
    Jakob Littner, Münchner Briefmarkenhändler, wird zur Flucht gezwungen und landet schließlich im Vernichtungslager. Er überlebt und muß nach 1945 mit der gesellschaftlichen Verdrängung des Geschehenen zurechtkommen.
*Zvi KOLITZ* (1946/1997), Jossel Rakovers Wendung zu Gott, Berlin.
    In den letzten Stunden des Warschauer Ghettos schreibt Jossel Rakover seinen Dialog mit Gott über das Leid der Juden und seine Verzweiflung an der Menschlichkeit nieder. Eindrucksvoller Bericht des Journalisten Zvi Kolitz, der am 25. September 1946 erstmals in der »Jiddischen Zeitung« in Buenos Aires erschien. Jahrzehntelang galt der Text als authentisches Zeugnis aus dem Warschauer Ghetto.
*Irina KORSCHUNOW* (1979), Er hieß Jan, Köln.
    Die Autorin erzählt die Geschichte der siebzehnjährigen Regine, die streng nationalsozialistisch erzogen wurde, einen polnischen Fremdarbeiter kennenlernt, deshalb ins Gefängnis kommt und flieht. »In reflektierenden Rückblenden erzählt Irina Korschunow vom Dritten Reich mit seinen Parolen, vom Haß, von der Angst, von der Unmenschlichkeit. Sie erzählt aber auch von Liebe, Menschlichkeit und gegenseitigem Verständnis.« (Stadtbibliothek Bremen)
*Primo LEVI* (1988), Ist das ein Mensch?, München/Wien.
    Ist jemand noch ein Mensch, der darauf wartet, daß sein Nachbar stirbt, damit er ihm ein Viertel Brot abnehmen kann, um selbst zu überleben? Das berühmte Buch von Primo Levi über sein Jahr in Auschwitz.
*Primo LEVI* (1990), Die Untergegangenen und die Geretteten, München/Wien.
    Das Vermächtnis Levis u. a. über die Scham derjenigen, die überlebt haben.
*Sally PEREK* (1992), Ich war Hitlerjunge Salomon, Berlin.
    Der Jude Sally Perek überlebt als vermeintlicher »Volksdeutscher«, wird Liebling der Kompanie und wird zum Hitlerjungen. Die Lebensgeschichte reflektiert die innere Zerrissenheit des Jungen.
*Ingeborg PRIOR* (1997), Der Clown und die Zirkusreiterin, München.
    Irene ist Akrobatin, Clownin – und Jüdin. Im Jahr 1941 kann das tödlich sein. Die Zirkusfamilie Althoff nimmt sie auf und versteckt sie.
*Oskar ROSENFELD* (1994), Wozu noch Welt – Aufzeichnungen aus dem Ghetto Lodz, Frankfurt a. Main.
    Tagebücher aus dem Ghetto Lodz – Fragmentarische Eintragungen über den heute und auch damals unvorstellbaren Alltag im Ghetto.

*Inge SCHOLL* (1993 3. erw. Aufl.) Die Weiße Rose, Frankfurt a. Main.
Inge Scholl, die Schwester von Hans und Sophie Scholl, erzählt die Vorgeschichte und den Verlauf der Widerstandsbewegung der »Weißen Rose«.

*Coco SCHUMANN* (1997), Der Ghetto-Swinger, Eine Jazz-Legende erzählt, München.
Coco Schumann, ein Swing-Musiker aus Berlin, wird nach Auschwitz-Birkenau deportiert. Dort muß er in einer Kapelle spielen, die die SS-Bewacher beim Tätowieren der Neuankömmlinge unterhält.

*Otto SCHWERDT/Mascha SCHWERDT-SCHNELLER* (1998), Als Gott und die Welt schliefen, Viechtach.
Die beeindruckende Lebensgeschichte von Otto Schwerdt, der über Ghetto und Zwangsarbeitslager 1943 nach Auschwitz deportiert wurde.

*Jorge SEMPRUN* (1994 4. Aufl.), Was für ein schöner Sonntag, Frankfurt a. Main.
Erfahrungsbericht aus dem KZ Buchenwald. Minutiös beschreibt Semprun den Tagesablauf im Lager, die kommunistischen Untergrundorganisationen und die Spannungen zwischen den einzelnen Nationalitäten.

*Jorge SEMPRUN* (1994), Die grosse Reise, Frankfurt a. Main.
Erinnerung an die Deportation in das KZ Buchenwald.

*Ignazio SILONE* (1936/1992), Wein und Brot, Köln.
Der Widerstandskämpfer Pietro Spina ist auf der Flucht vor den Schergen Mussolinis. Schließlich muß er sogar seine Identität aufgeben und in die Rolle des Priesters Don Paolo Spada schlüpfen. Ein anschauliches Lehrstück über das Wesen jeder Diktatur – und spannend wie ein Polit-Thriller.

*Art SPIEGELMAN* (1989/1992), Maus (Band 1 und 2), Reinbek b. Hamburg.
Der Comic zum Holocaust. Die Geschichte, in der Juden als Mäuse, Deutsche als Katzen und Polen als Schweine dargestellt werden, wechselt zwischen zwei Ebenen. Einerseits berichtet Art Spiegelmans Vater Wladek von Enteignung und Verfolgung, Flucht und Verschleppung, KZ-Alltag und Auswanderung in die USA. Andererseits unterbricht Spiegelman immer wieder diese Berichte, um Sequenzen aus der Entstehungsgeschichte von »Maus«, aus der Recherchearbeit bei seinem Vater, einzuarbeiten. »Maus« ist eine Fabel auf die verzweifelte Hilflosigkeit, die die Juden angesichts der nationalsozialistischen Verfolgung empfanden.

*Margret STEENFATT* (1993), Haß im Herzen. Im Sog der Gang, Reinbek b. Hamburg.
Ein dreizehnjähriger ist Mitglied einer rechtsradikal ausgerichteten Jugendgang. Das Buch beschreibt die Loslösung von der Gang, deren hierarchische Struktur und politische Ausrichtung dem Jungen letztlich widerstrebt.

Mark STERN/Isabel ALCOFF (1955): Rückkehr nach Flossenbürg. Erinnerung eines Überlebenden des Holocaust, Viechtach.
Mark Stern, ein jüdischer Überlebender des Holocaust berichtet über seine Lebens- und Familiengeschichte. Die Kindheit in Polen endet abrupt mit dem Einmarsch der Deutschen Armeen und führt ihn in die Hölle der nationalsozialistischen Ghettos und Lager, auch in das KZ Flossenbürg. Nach der Befreiung auf dem Todesmarsch in der Nähe von Neunburg vorm Wald wandert er nach Amerika aus. 1995, am 50. Jahrestag seiner Befreiung kehrt er erstmals nach Flossenbürg zurück. Ein bewegendes Buch, das den anonymen Zahlen des nationalsozialistischen Rassenwahns ein sehr persönliches Gesicht gibt.

Aleksandar TIŠMA (1993), Die Schule der Gottlosigkeit, München/Wien.
Vier Geschichten um Menschen am Abgrund, wie jenen unglücklichen Vater, der eine ganze Nacht verzweifelt auf den Wecker starrt, weil er weiß, daß er und seine Familie am nächsten Morgen ins Vernichtungslager deportiert werden. Oder das Psychogramm eines Folterers, der einen Menschen zu Tode quält, während sein eigenes Kind zu Hause im Sterben liegt. Tišmas hohe Kunst der Menschenschilderung vermag den Leser gerade da am tiefsten zu rühren, wo sie am schonungslosesten ist.


**Zeitschriften**

BLICK NACH RECHTS. Aufklärung über rechtsextreme Aktivitäten.
Herausgegeben vom Institut für Information und Dokumentation e.V.
Erscheint 14tägig, Bezug nur im Abonnement, Preis DM 125,- jährlich.
Für Schüler, Studenten, Jugendorganisationen und -verbände sowie gemeinnützige Vereine Vorzugspreis DM 64,-
Redaktion: Pressehaus I/216, Heussallee 2-10, 53113 Bonn,
Telefon 02 28/2 42 21 30
»Blick nach rechts« informiert regelmäßig über die Aktivitäten der rechten Szene und kommentiert wichtige Vorgänge und Inhalte.

DACHAUER HEFTE. Studien und Dokumente zur Geschichte der nationalsozialistischen Konzentrationslager.
Erscheint einmal jährlich, Einzelheft DM 26,-, Abo DM 22,-, für Studenten DM 19,80.
Redaktion: Dachauer Hefte, Alte Römerstraße 75, 85221 Dachau.

Die »Dachauer Hefte« enthalten längere wissenschaftliche Artikel zu jeweils einem einschlägigen Schwerpunktthema.

*DER RECHTE RAND.* Informationen von und für AntifaschistInnen.
Erscheint alle zwei Monate, Einzelheft DM 3,-, Jahresabo DM 20,- (Inland) und DM 30,- (Ausland).
Redaktion: Der Rechte Rand, Postfach 13 24, 30013 Hannover,
Telefon 05 11/33 60 209
»Der Rechte Rand« ist ein periodischer Informationsdienst von und für AntifaschistInnen. Neben Informationen über Entwicklungen in der rechten Szene enthält die Zeitschrift auch solche über die Grauzone zwischen Konservatismus und Neofaschismus.

*THEMENHEFTE LANDSBERGER ZEITGESCHICHTE.*
Erscheinungsweise: 3 bis 4 Hefte pro Jahr, Abo DM 28,-
Redaktion: Bürgervereinigung »Landsberg im 20. Jahrhundert«,
Postfach 11 32, 86881 Landsberg
Der Bürgervereinigung ist es in jahrelanger zäher Arbeit gelungen, die Überreste eines der elf Lager des Dachauer KZ-Kommandos in Kaufering/Landsberg vor dem völligen Verfall zu bewahren und den Erdbunker des Frauenlagers Kaufering VII unter Denkmalschutz zu stellen.
Die »Themenhefte« sind jeweils einem Schwerpunkt gewidmet, der Bezüge zur Geschichte Landsbergs und der Dachauer Außenlager in Kaufering/Landsberg enthält.

# Filmempfehlungen

*KÜCHENGESPRÄCHE MIT REBELLINNEN*, Österreich 1984, 80 Minuten.
Der Film behandelt in Gesprächsform den Widerstand von vier Frauen gegen die Nazis.
40 Jahre lang waren die Erlebnisse dieser Frauen verschüttet. Die Filmemacherinnen haben die Erzählungen der Frauen im Film nicht kommentiert, haben versucht, mit ihrer Erinnerung vorsichtig umzugehen, ihre Erzählungen für sich sprechen zu lassen.

*VERFOLGT UND VERGESSEN?* Die Vernichtung der Zigeuner in Auschwitz und ihre Verfolgung bis heute. BRD 1985, 62 Minuten.
Deutsche Sinti und Roma fahren zu einem Besuch des ehemaligen KZ Auschwitz. Sie gehören zu den wenigen Überlebenden und erinnern sich; ihre Erzählungen handeln aber auch von den heutigen Verfolgungen und Diskriminierungen.

*ESTHER BEJARANO* »Es steht mir zu zu leben ...« BRD 1992, 30 Minuten.
Der Interviewfilm berichtet von den Erlebnissen der Esther Bejarano in den Konzentrationslagern Auschwitz und Ravensbrück. In Auschwitz wird sie in das Mädchenorchester gezwungen, in Ravensbrück muß sie im Rüstungsbetrieb der Firma Siemens arbeiten, beteiligt sich an Sabotageaktionen.

*WAHRHEIT MACHT FREI*, BRD 1992, 60 Minuten.
Der Autor des Films, Michael Schmidt, durfte in der Neonaziszene um Michael Kühnen über Jahre filmen. Es entstanden eindringliche Bilder und beklemmende Informationen über die Gefahr, die von Neonazismus und Haß ausgehen.

*REPUBLIKANER AUF ZEIT,* BRD 1991, 58 Minuten.
Der Journalist Michael Schomers recherchierte unter verändertem Namen bei den »Republikanern«. Der Film offenbart erhellende Einblicke in diese Partei, ihre Ideologie und in den Bewußtseinsstand ihrer handelnden Personen.

*»VON GEWALT HALT' ICH NICHT VIEL, ABER MIT GEWALT ERREICHST DU 'NE MENGE«,* BRD 1991, 55 Minuten.
Die Filmemacherinnen begleiteten fünf Jugendliche aus Berlin-Marzahn über ein halbes Jahr und erhellen den Hintergrund des Alltags und der rechten Einstellungen der Jugendlichen.

*VIELE HABE ICH ERKANNT,* Gedächtnisprotokoll eines mosambikanischen Kontraktarbeiters aus Hoyerswerda, BRD 1993, 25 Minuten.
Manuel, ein mosambikanischer Kontraktarbeiter noch zu DDR-Zeiten, erzählt vom alltäglichen Rassismus, von den rassistischen Exzessen in Hoyerswerda 1991 und von seiner Ausweisung 1992.

Die Filmtitel und die kurzen Inhaltsangaben sind mit freundlicher Genehmigung des ELEFANTEN PRESS Verlags Berlin dem ANTIFAREADER entnommen.
Diese Filme sind zu bestellen über
Medienwerkstatt Freiburg e.V., Konradstraße 20, 79100 Freiburg,
Telefon 07 61/70 97 57, Telefax 07 61/70 17 90.

Eine umfassende Spiel- und Kurzfilmliste ist erhältlich über das
Institut Jugend Film Fernsehen (IFF), Pfälzer-Wald-Straße 64, 81539 München,
Telefon 0 89/6 89 89-0, Telefax 0 89/68 98 91 11
Jeder Katalog kostet DM 14,–. Über das IFF ist keine Ausleihe möglich!!

Ausleihen sind möglich über
– die regional gegliederten 19 Landesbildstellen,
– die ebenfalls regional gegliederten 13 Landesfilmdienste,
– die Außenstellen des Interessenverbandes Filmkommunikation (IVFK),
– die regional gegliederten 19 Evangelischen Medienzentralen (EMZ) und
– die regional gegliederten 22 Katholischen Medienzentralen (KMZ).
Die Adressen dieser Stellen sind dem o.e. Katalog des IFF zu entnehmen.

# Adressen

AKTION COURAGE e.V. – SOS RASSISMUS
Postfach 26 44, 53016 Bonn, Telefon 02 28/21 30 61

ARBEITSGEMEINSCHAFT VERFOLGTER SOZIALDEMOKRATEN
über Bayern SPD, Oberanger 38, 80331 München, Telefon 0 89/23 17 11-0

ARBEITSGEMEINSCHAFT EHEMALIGES KZ FLOSSENBÜRG e.V.
Rote Hahnengasse 6, 93047 Regensburg, Telefon 09 41/5 82 64

AKTION SÜHNEZEICHEN FRIEDENSDIENSTE e.V.
Auguststraße 80, 10117 Berlin, Telefon 0 30/28 39 51 84

ARCHIV DER MÜNCHNER ARBEITERBEWEGUNG e.V.
Ebenböckstraße 11, 81241 München, Telefon 0 89/8 34 46 83

BAYERISCHER JUGENDRING
Herzog-Heinrich-Straße 7, 80336 München, Telefon 0 89/5 14 58-0

BUNDESZENTRALE FÜR POLITISCHE BILDUNG
Berliner Freiheit 7, 53111 Bonn, Telefon 02 28/51 50

BÜRGERVEREINIGUNG »LANDSBERG IM 20. JAHRHUNDERT«
Postfach 11 32, 86881 Landsberg

DEUTSCHER GEWERKSCHAFTSBUND LANDESBEZIRK BAYERN
Schwanthalerstraße 64, 80336 München,
Abteilung Jugend, Telefon 0 89/5 43 30-256
Jugendsekretariat Schwaben, Schaezlerstraße 13 $^1/_2$, 86150 Augsburg,
Telefon 08 21/5 09 74-46

Jugendsekretariat Oberbayern, Paradeplatz 9, 85049 Ingolstadt,
Telefon 08 41/9 37 58 13
Jugendsekretariat Ostbayern, Ingolstädter Straße 15, 84030 Landshut,
Telefon 08 71/9 73 56 42
Jugendsekretariat Nordbayern, Wilhelm-Leuschner-Straße 2, 97421 Schweinfurt,
Telefon 0 97 21/18 95 24
Jugendsekretariat Nürnberg/Mittelfranken, Kornmarkt 5-7, 90402 Nürnberg,
Telefon 09 11/23 76-25
Jugendsekretariat München, Schwanthalerstraße 64, 80336 München,
Telefon 0 89/5 43 30-134

FÖRDERVEREIN FÜR INTERNATIONALE JUGENDBEGEGNUNG IN DACHAU e.V.
Zur Alten Schießstatt 1, 85221 Dachau, Telefon 0 81 31/8 33 03

VEREIN »GEGEN VERGESSEN - FÜR DEMOKRATIE e.V.«
Godesberger Allee 139, 53175 Bonn, Telefon 02 28/88 32 99

INTERNATIONALE JUGENDBIBLIOTHEK MÜNCHEN
Schloß Blutenburg, 81247 München, Telefon 0 89/89 12 11-0

IDA
Informations-, Dokumentations- und Aktionszentrum gegen
Ausländerfeindlichkeit für eine multikulturelle Zukunft
Friedrichstraße 61a, 40217 Düsseldorf, Telefon 02 11/37 10 26

JUGENDGÄSTEHAUS DACHAU
Roßwachtstraße 15, 85221 Dachau, Telefon 0 81 31/32 29 50

KÖRBER-STIFTUNG
Kurt.-A.-Körber-Chaussee 10, 21033 Hamburg
Die Körber-Stiftung veranstaltet seit 25 Jahren den Schülerwettbewerb
Deutsche Geschichte um den Preis des Bundespräsidenten.

KZ-GRAB- UND GEDENKSTÄTTE FLOSSENBÜRG (INFORMATIONSBÜRO)
Hohenstaufenstraße 24, 92696 Flossenbürg, Telefon 0 96 03/10 81

KZ-GEDENKSTÄTTE DACHAU
Alte Römerstraße 75, 85221 Dachau, Telefon 0 81 31/17 41

LANDESZENTRALE FÜR POLITISCHE BILDUNGSARBEIT
Briennerstraße 41, 80333 München, Telefon 0 89/21 65-0

MEMENTO INITIATIVE KZ-GEDENKSTÄTTE e.V.
Königinstraße 99, 80802 München, Telefon 0 89/34 31 73

VEREINIGUNG DER VERFOLGTEN DES NAZIREGIMES/
BUND DER ANTIFASCHISTINNEN (VVN/BdA) Landesverband Bayern
Frauenlobstraße 24, 80337 München, Telefon 0 89/53 17 86

WEISSE ROSE STIFTUNG e.V.
Genterstraße 13, 80805 München, Telefon 0 89/36 54 45

ZENTRUM DEMOKRATISCHE KULTUR, RECHTSEXTREMISMUS – JUGENDGEWALT –
NEUE MEDIEN
Schumannstraße 5, 10117 Berlin, Telefon 0 30/2 82 96 27

## Autorenverzeichnis

*Arthur Bader*
Jahrgang 1926, Präsident des Bayerischen Jugendrings 1957 bis 1964

*Karl Baumann*
Jahrgang 1935, Jugendsekretär im DGB-Kreis München 1962 bis 1967

*Prof. Dr. Wolfgang Benz*
Jahrgang 1941, Historiker und Publizist, Leiter des Zentrums
für Antisemitismusforschung der Technischen Universität Berlin

*Barbara Distel*
Jahrgang 1943, Leiterin der KZ-Gedenkstätte Dachau

*Klaus Dittrich*
Jahrgang 1955, stellvertretender DGB-Landesbezirksvorsitzender Bayern

*Gerhard Engel*
Jahrgang 1952, Präsident des Bayerischen Jugendrings

*Robert Günthner*
Jahrgang 1958, Landesjugendsekretär im DGB-Landesbezirk Bayern

*Helmut Hofer*
Jahrgang 1938, DGB-Landesjugendsekretär 1974 bis 1986,
seit 1986 Geschäftsführer des DGB Bildungswerks Bayern

*Hermann Kumpfmüller*
Jahrgang 1932, Präsident des Bayerischen Jugendrings 1964 bis 1971

*Franz J. Müller*
Jahrgang 1924, Gründer und Vorsitzender der Weißen Rose Stiftung

*Jörg Skriebeleit*
Jahrgang 1968, Leiter des Informationsbüros der KZ-Gedenkstätte Flossenbürg

*Wolfgang Veiglhuber*
Jahrgang 1954, Sekretär im DGB-Kreis München

1. Auflage 1998
© A1 Verlags GmbH
Alle Rechte vorbehalten
Fotomechanische Wiedergabe nur mit Genehmigung des Verlages
Titelfotos: Volker Derlath/dpa
Entwurf und Gestaltung: Konturwerk, Herbert Woyke
Satz: Fotosatz Kretschmann GmbH, Bad Aibling
Litho: Datagraph, München
Druck und Verarbeitung: Hofmann-Druck Augsburg GmbH
Papier: 90 g/m$^2$ Munken Pure, chlorfrei gebleicht
Bildnachweis:
Archiv der KZ-Gedenkstätte Flossenbürg (Seite 41, 46)
Archiv der Münchner Arbeiterbewegung e.V. (Seite 54, 76)
Archiv des DGB Bayern (Seite 82, 87, 94, 96, 97, 103, 105, 108, 109, 114, 115, 118, 120, 129)
argum/Christian Lehsten (Seite 60, 132, 192)
Werner Bachmeier (Seite 91, 121, 124, 127, 128, 135, 150)
Volker Derlath (Seite 88, 106, 142, 146, 156, 164, 169, 174, 176)
dpa (Seite 52, 57, 65, 75, 78, 89, 92, 111)
Stadtarchiv München (Seite 16, 137, 180)

ISBN 3-927743-38-0


Für die großzügige Unterstützung bei der Produktion des Buches danken
der DGB-Landesbezirk Bayern und der Verlag den Sponsoren

Stadtsparkasse München

Kulturstiftung der Stadtsparkasse München

Hans-Böckler-Stiftung

Bayerische Volksstiftung

Weiße Rose Stiftung




Die Deutsche Bibliothek – CIP-Einheitsaufnahme

**Dittrich, Klaus/Günthner, Robert (Hg):**
Lehrstück Novemberpogrom 1938;
Ein Lesebuch der DGB-Jugend/Klaus Dittrich/Robert Günthner. –
München : A1-Verl., 1998
ISBN 3-927743-38-0